JN145260

憲法用語の源泉をよむ

ORIGINAL MEANING OF CONSTITUTIONAL WORDS

●編　著
大林啓吾　見平典

●執筆者
鵜沢剛　尾形健　奥村公輔　斎藤一久
高畑英一郎　溜箭将之

三省堂

はしがき

本書は、憲法および憲法学の外来用語について、元来の意味を解説するものである。

憲法を学んでいると、外来用語が頻繁に登場する。しかも、重要なキーワードであればあるほど、外来用語であることが多い。たとえば、「人権保障」、「権力分立」、「立憲主義」などの憲法の基本原理を表す言葉はいずれも舶来品である。

外来用語の中には、「プライバシーの権利」や「パターナリズム」のようにすぐに外来用語とわかる言葉もあれば、「司法審査」や「憲法判断回避の準則」のように原語が日本語なのか外来語なのかわかりにくい言葉もある。そのため、外来用語であることが基本書で説明されていないと、その言葉がいずれの国に由来するものであるのか知らないまま学んでしまうことも少なくない。

外来用語であることがわかったとしても、基本書では外来用語を日本の文脈に置き換えて説明されるので、言葉の元の意味や、言葉が意味する制度等の由来・起源については必要最低限の説明しかされていないことが多い。たとえば、「司法審査」という言葉（制度）はアメリカのマーベリー判決によって登場したと説明されることが多いが、歴史を掘り起こしていくと、それ以前から続く判例法理の延長線上にあることがわかる。つまり、司法審査は1つの判決によって突然登場したわけではなく、それまでの基盤があったからこそ生み出すことができたものだったのである。

また、外来用語の中には、日本で説明されているのと同じ意味の場合もあれば、そうでない場合もある。たとえば、「プライバシーの権利」という言葉は、いわゆるプライバシー（私生活や個人情報など）を指すこともあれば、その母国であるアメリカでは自己決定を指すこともある。

このように、その言葉がどのような背景で登場し、いかなる文脈で展開してきたのかを知ることで、原語が持つ本来の意味を理解し、憲法をより深く学んでいくことができるだろう。

そこで、憲法外来用語の「原意」(original meaning) を探りながら、その言葉の元の意味を明らかにし、憲法の理解を深めてもらいたいと考え、本書を企画した。

外来用語を解説するためには、それぞれの言葉を専門的に分析する必要があることから、アメリカ、イギリス、ドイツ、フランスを専門とする憲法の先生方にそれぞれの国の言葉を担当してもらい、さらに憲法以外の知識が必要な言葉もあることから、英米法や行政法の知見を持つ先生方にも執筆をお願いした。そのため、各用語は、専門知識をフルにいかした解説となっている。

本書を読むことは憲法用語を深く学ぶだけでなく、外国法を学ぶことにもつながる。言い換えれば、本書を通じて比較法的知識も身につくので、より広い視野を持つことができるだろう。近年、実務志向が強まるにつれて、基礎法や比較法がおろそかになっていると指摘されることがあるが、本書で得た知見は、憲法問題を考える際の基礎力を養い、応用的ケースに直面した場合にも対応できる柔軟な力につながるだろう。それはまた、実務の世界においても役に立つと考えている。本書を読むことで、憲法に関する知識を広げ、深い洞察力を身に着けてもらえれば編者としてこの上ない幸せである。

最後に、こうした問題意識に共鳴し、本企画を快諾してくださった三省堂の黒田也靖氏に心より御礼を申し上げたい。本書を執筆するにあたり、各用語を検討する勉強会を何度か設け、刊行に至るまで約4年の歳月がかかった。勉強会では文字通り朝から夜まで検討を行ったが、その際黒田さんにも最初から最後までご参加いただき、重要なコメントをいただいた。黒田さんのご協力なしには本書は刊行できなかったものであり、ここに感謝の意を表したい。

2016年5月

編者　大林啓吾　見平　典

◆本書の使い方◆

本書は、原則として、憲法の基本書（主に芦部信喜『憲法〔第6版〕』（岩波書店、2016年）や佐藤幸治『日本国憲法論』（成文堂、2011年）等を想定している）に登場する外来用語を取り上げ、その解説をしている。もちろん、それ以外にも重要になりつつある外来用語を取り上げているが、ほとんどは基本書に登場する言葉である。

本書の利用方法は様々であるが、まずは基本書の副教材として活用することを勧めたい。基本書には様々な外来用語が頻繁に登場するが、読み進めるうちにそれらの言葉が憲法を学ぶ上で重要なキーワードとなっていることに気づくだろう。そうした言葉の元来の意味に興味を持つようになれば、基本書の理解が進んでいる証拠であり、そこで関心を抱いたり疑問に思ったりした言葉を本書で確認してもらいたい。

本書は、必ずしも基本書と併行して読まなければならないわけではなく、単独で読むことも、もちろん可能である。本書で取り上げた言葉は、憲法の各分野から抽出したもので、これを読み進めることで、憲法を概観できるだろう。他方で、本書を無理に通読する必要はなく、最初は興味のある言葉を選んで読むということもできる。

本書は、大学生から研究者、一般の方に至るまで幅広い読者層を想定している。内容的にはやや専門的であるが、できるだけわかりやすい解説を心がけた。大学で使う場合には、憲法の講義に限らず、ゼミや演習科目などでも本書は大いに役立つはずである。さらに本書の中には審査基準関連の用語も取り上げているので、本来の使い方を垣間見ることができる。学部生に限らず、法科大学院の学生にも手にとってもらいたいと思う。また、本書は専門書としての側面も有しているので、研究者や大学院生が用語の確認をする際にも役立つはずである。

本書では、憲法を学ぶうえで必要と思われる56の言葉について解説している。

各用語の解説は、最初に基本書でどのような説明がなされているか、あるいは日本でどのような意味を持っているかを説明し、それからその言葉の元の意味を解き明かしていくという流れで進む。言葉によっては、複数の国が出自となっている場合もあるが、基本的には1つの国に絞って、その原意を解説している。

各用語の右下に記載されている外国語はその用語の原語であり、〔英〕は英語、〔独〕はドイツ語、〔仏〕はフランス語を指す。なお、注では補足説明をしたり、参考文献・参考資料等を示したりしているが、必要最小限の記載にとどめた。

目 次

I 総 論

II 人 権

Ⅲ　統　治

装丁＝米倉八潮
組版＝木精舎

編者・執筆者紹介

◆編　者

大林啓吾（おおばやし・けいご）　千葉大学大学院専門法務研究科准教授

見平　典（みひら・つかさ）　京都大学大学院人間・環境学研究科准教授

◆執筆者

鵜沢　剛（うざわ・たけし）　金沢大学法科大学院准教授

尾形　健（おがた・たけし）　同志社大学法学部教授

奥村公輔（おくむら・こうすけ）　駒澤大学法学部准教授

斎藤一久（さいとう・かずひさ）　東京学芸大学教育学部准教授

高畑英一郎（たかはた・えいいちろう）　日本大学法学部教授

溜箭将之（たまるや・まさゆき）　立教大学法学部教授

I

総　論

1 憲法

〔英〕Constitution／Constitutional law
〔独〕Verfassung／Grundgesetz
〔仏〕Constitution

●アメリカ

1　憲法の定義

アメリカ合衆国憲法は、1787年に憲法制定会議で採択され、1788年に9の邦（旧植民地：後の州）の批准により発効した世界最古の成文憲法（憲法典）である。アメリカでは、憲法とは国家の根本かつ最高の法を意味し、政府の基本構造に関する人民の最高意思を表すもので、そのことを成文憲法に明記されるべきと考えられている。

独立戦争を契機に独立した13邦は、まずゆるやかな連合国家を形成したが、各邦の権限が強く統一国家として機能しなかったので、確固たる中央政府の設立のために協議し、その結果として合衆国憲法が成立した。その際、人口の多い州と少ない州との権限配分や奴隷の取扱いなど、様々な政治的妥協があったといわれている。

合衆国憲法は、連邦政府の権限を根拠づけ、議会・大統領・最高裁を設置し、権力の分立とその均衡・抑制を制度化した。議会は、両院制を採用し、上院が州を、下院は全人民を代表する。また、大統領も全人民を代表する。最高裁は政治部門の行為をチェックするが、当初は存在感が薄かった。なお、初期の合衆国憲法（全7条）には、人権規定がほとんどなかった。

合衆国憲法の制定が強圧な中央政府をもたらすと主張する反連邦派（反フェデラリスト）に多くの支持が集まり、連邦政府の土台は脆弱であった。そこで1789年の第1回連邦議会は、憲法に人権規定と州権保全規定を設けることで、その連邦主義的性質を明確にした。この時に導入された人権規定は「権利章典」(the Bill of Rights) と呼ばれ、アメリカの人権保障の礎となった。

2　憲法の内容

立憲主義思想は、すでに植民地時代にはアメリカに伝来していた。ジョン・ロックの『市民政府論』だけでなく、「メイフラワー号の盟約」に代表されるピューリタン（会衆派）的な契約概念[1]もアメリカ的憲法理解の基盤にあるといわれる。これらを前提に、アメリカ人は憲法を「政府を創設し、制限し、政府によっては改正されない、政府の上位にある最高の法を意味する」[2)]ものと理解する。

独立期の「代表なくして課税なし」の議論や上記の憲法理解から、政府や議会は憲法を変更できず、憲法に反する法律を制定できないと人々は考えた。そこから、憲法を制定し改正する場合には、議会とは別の憲法制定会議を設置し、原案を人民投票で採決するというアメリカ特有の憲法制定手続が発展した。この考えは、のちに裁判所の司法審査権確立（46「司法審査」参照）とも結びつく。

3 憲法の発展

合衆国憲法には、27か条の修正が追加されている。そのうち10か条は上記「権利章典」である。その他に、南北戦争後に制定された修正13・14・15条は重要であり、奴隷制の廃止、州における適正手続、平等保護などを規定する。

合衆国憲法の発展の多くは、その修正ではなく連邦最高裁の司法審査権の行使によってなされた。合衆国憲法に規定はないが、1803年のマーベリー判決は裁判所の法解釈権からの自明の理として司法審査権を確立した。19世紀末から、連邦最高裁は適正手続条項を活用して種々の労働者保護法を憲法違反と判決した（ロックナー期）。この連邦最高裁の姿勢は大統領が裁判所改革を示唆することで変更され、以後社会福祉立法への司法審査はゆるやかになる（47「二重の基準」論参照）。

合衆国憲法は連邦政府のみを拘束するものと理解されてきたが、19世紀末から連邦最高裁は権利章典を州に適用し、アメリカ社会の進展を促進してきた。人種差別的な隔離政策の撤廃の契機となったブラウン判決、政府批判の言論を強く保障したサリバン判決、女性のプライバシー権を保障したロー判決など、社会的議論を誘発する判決を多く下してきた。そして、連邦最高裁判事の任命が、政治問題として大統領選の争点の1つになるほど高い関心を集めるようになった。

---

1) ピューリタン（会衆派）的な契約概念とは、神の支配は信徒との契約範囲に限られるように、政府の統治権も人民との契約範囲に限定されるとする考えをいう。

2) Leonard W. Levy, *Constitution, in* 1 ENCYCLOPEDIA OF THE AMERICAN CONSTITUTION 355 (Leonard W. Levy, ed., 1986).

このように、合衆国憲法は連邦最高裁の判決を通して、アメリカ社会に大きな影響を与え続けているのである。

●イギリス

1 イギリスにおける憲法

「憲法って何？」と小学生に聞かれたとき、日本ならば、デイリー六法をもってきて、前文で「日本国民は、正当に選挙された国会における代表者を通じて行動し、…」と始まり、103条で終わる文書を示すことができる。しかし、イギリスではそうはいかない。「これが憲法ですよ」という法典はないのである。

ではイギリスに憲法がないかといえば、そうではない。国ないし政治共同体の構成を定め、統治する際に従うべき一連の基本原則、という意味での憲法はイギリスにも存在する。イギリスの憲法は、中世以来の国王と臣下の合意、立法、判例、慣習から歴史的に形成された総体である。それは、王権がその権限を徐々に他の権力に譲ってきた政治史そのものでもある。こうしたイギリスの憲法のあり方を、不文憲法（unwritten constitution）といい、日本やアメリカ、ドイツやフランスなど憲法典を有する諸国における成文憲法（written constitution）と対比される。

イギリス憲法のもう1つの特徴は議会主権である。すなわち、国会の立法権は無制約で、憲法的な諸原則であっても、国会で通常の立法手続をふめば覆される。憲法的な自由は、議会が制約しない範囲の自由、すなわち残余の自由とされる。その裏返しとして、裁判所には法律の合憲性を判断する司法審査権がない。法律が憲法上の諸原理に反していても、これを裁判所が無効とすることはできない。

2 憲法の内容

そもそも今日の「憲法」にあたる英単語constitutionは、憲法という発想が生まれる前から存在した。一般用語としては、何かを構成する、組織するという意味の動詞constituteの名詞形がconstitutionである。ホッブスが『リヴァイアサン』（1651）[3]で、「主権が構成される前は、すべての人はすべての物に

---

3) Thomas Hobbes, Leviathan or the Matter, Forme and Power of a Common Wealth Ecclesiasticall and Civil (1651). 邦訳としてホッブズ〔水田洋訳〕『リヴァイアサン1～4』（岩波書店、1954～1984年）。

対して権利をもっていた」(Before Constitution of Soveraign Power all men had right to all things) と述べた箇所には、一般名詞から徐々に法的な意味を帯びつつあるconstitutionが見えてくる。オックスフォード英語辞典でconstitutionを引くと、憲法という語義は、1689年から1789年の間に、以前の用法の中から徐々に確立してきた、とされている。妙に具体的な100年だが、1689年に名誉革命後に権利章典が制定されてから、1788年には独立革命後のアメリカで合衆国憲法が制定され、翌1789年にフランス革命で人権宣言が出されるまでを指している。constitutionは数々の革命を経て憲法になっていった。その100年後の1889年には、明治維新後の日本が「絹布の法被」に踊ることになる。

イギリスの憲法は多くの文書で構成される。国王が封建貴族に対して一定の権利を認めたマグナ・カルタ(1215年)に始まり、国会の同意なき課税や同輩の裁判によらない拘禁を拒んだ権利請願(1628年)、人身の自由を保障した人身保護法(1679年)、権利請願の内容を盛り込みつつ国王大権を制約した権利章典(1689年)が、イギリスにおける憲法的自由を定めた重要な文書とされる。その後も、裁判官の独立などを定めた王位継承法(1701年)、数次にわたって選挙権を拡大した選挙制度改革法(1832、1867、1884、1918、1928年)、欧州共同体加盟とともに欧州共同体の立法を国内に直接適用させることとなる欧州共同体法(1972年)などがある。さらに、国会の会期や国会議員の要件、首相の選任手続などは、憲法慣習、さらにそれを成文化した法律によって定められる。

3 歴史的展開

しかし、20世紀後半以降、イギリスの憲法のあり方は揺らぎつつある。第二次世界大戦後1951年に欧州人権条約を批准し、1972年に欧州共同体(今日の欧州連合)への加盟が実現すると、国会が絶対的な立法権をもつ議会主権は掘り崩されていった。1998年人権法により、欧州人権条約が国内法化され、裁判所には、違憲立法審査権まではいかなくとも、国内立法が欧州人権条約に抵触する場合に、人権条約不適合を宣言する権限が委ねられた。さらに、1995年の憲法改革法により、イギリスにも三権分立が実現した。それまでの伝統では、国会の貴族院が最上級審裁判所を兼ね、また大法官が三権を束ねる形で、貴族院議長と最上級審裁判所の首席裁判官を務め、かつ内閣の一員でありながら、裁判官の任命権限も一手に握っていた。しかし、憲法改革法によりイギリス最高裁が設置され、大法官も内閣の一閣僚に格下げとなった。さらに近年のイギリスでは、成文の権利章典を導入し、議会の多数派も奪うことのできない基本的人権を保障しようという動きも出ている。

●ドイツ

1　憲法の定義

ドイツの憲法（基本法）は、146条からなる成文憲法典である。1条から19条までは基本権の規定であり、20条以下が主として統治機構に関する規定となっている。

憲法の名称として、憲法（Verfassung）ではなく、基本法（Grundgesetz）が用いられているが、基本法は元々、旧西ドイツの憲法であり、ドイツ統一までの暫定的な憲法であることを意味するものであった。しかし、統一の際に基本法を旧東ドイツ地域にも適用する形となり、基本法が存続することになったのである。なお各州にも憲法（Verfassung）が存在する。また実質的な意味における憲法を意味する用語として、Verfassungsrecht および Staatsrecht があり、基本法以外に連邦憲法裁判所法、政党法などが含まれる。

なお、ドイツの法学部における憲法に該当する科目は国家法（Staatsrecht）と称され、通常、その1部では統治機構（Staatsorganisationsrecht）、2部では基本権（Grundrechte）が扱われている。大学によっては、基礎法として憲法総論に該当する一般国法学（allgemeine Staatslehre）が設置されている。

2　憲法の内容

基本法の基本権の部分については、「人間の尊厳は不可侵である」とする1条1項の規定を中心として、自由権、平等権などが規定されているが、社会権については「社会国家」と規定するのみで、ワイマール憲法のような権利規定は存在しない。なお、死刑廃止が基本法上、明記されている。

統治機構の部分について、まず20条において連邦制、国民主権、三権分立が明記されている。議会として、4年任期で全国から選ばれる連邦議会と、州の代表からなる連邦参議院がある。一部の法律については、連邦参議院の同意が必要となる。政党についても、基本法上規定されている。

また国家元首として連邦大統領がいるが、アメリカやフランスの大統領と異なり、儀礼的・形式的な権限しか与えられていない。連邦政府は連邦首相と大臣からなり、連邦首相のみが連邦議会に対して責任を負う議院内閣制を採用している。なお連邦議会において新しい連邦首相が選出されていることを条件とする建設的不信任の制度が取り入れられている。

司法として、裁判所は通常裁判所、そして行政裁判所、財政裁判所、労働裁判所、社会裁判所といった専門裁判所のほか、連邦憲法裁判所（Bundesverfassungsgericht）がある。連邦憲法裁判所では、いわゆる抽象的審査が行われているだけでなく、具体的な事件を前提とした憲法異議制度がある。

3 憲法の発展

この点については、12「憲法の改正と憲法の変遷」を参照されたい。

●フランス

1 憲法の定義[4)]

フランスにおいて、constitutioというラテン語に由来する（小文字のcとしての）constitutionという語は、アンシャン・レジーム（フランス革命以前の旧体制）下で生成された。この用語は、もともとは、教皇文書又は修道会文書の総体を意味すると同時に、公署証書の手続又は確定を意味していた。すなわち、constitutionという用語そのものは、長い間、政治的な意味を有していなかったのである。

このような状況で転機となったのが、モンテスキューの言説である。モンテスキューは、その有名な著書『法の精神』（1748年）[5)]において、（大文字のCとしての）Constitutionの語を、国家の内部における諸権力の配置や組織化の態様を意味するものとして用いたのである。その後、エメール・ド・ヴァッテルも、その著書『国際法』（1758年）において、「公権力が行使されるべき方法を定める根本的な規律が、国家のConstitutionを構成するものである」[6)]と述べ、公権力行使を制限する根本的な規律としてConstitutionの語を定義し

---

4) フランスにおける憲法の定義については下記の文献を参照。Olivier Beaud, L'histoire du concept de constitution en France. De la constitution politique à la constitution comme statut juridique de l'Etat, *Jus politicum*, nº 3. 本論文の邦訳として、オリヴィエ・ボー〔南野森訳〕「フランスにおける憲法概念の歴史——政治的憲法から国家の法的地位としての憲法へ」〔山元一＝只野雅人編訳〕『フランス憲政学の動向—法と政治の間』（慶應義塾大学出版会、2013年）163-200頁。

5) モンテスキュー〔宮沢俊義訳〕『法の精神上・下（岩波文庫復刻版）』（一穂社、2004年）。

6) Emer de Vattel, *Droit des gens*, I, 3, § 27, p. 153.

たのである。シィエスも、その有名な著書『第三身分とは何か』(1788年)[7]において、Constitutionの語を同様に理解した。こうしてフランスにおいて、Constitutionの語が現代における国家の基本法としての「憲法」を意味するようになり、それが革命以降に定着していくことになる。

2 憲法の内容

フランスは、革命以降、大きく分けて、第一共和制、第一帝制、復古王政、第二共和制、第二帝制、第三共和制、第四共和制、第五共和制という国家体制を経験してきているが、いずれの時代においても、Constitutionは国家の基本法としての憲法を意味しており、現在の第五共和制においても、1958年に第五共和制憲法が制定されている。第五共和制憲法は、統治機構に関する規定しか有せず、人権規定を有していない。では現在のフランスにおいて人権規定は「憲法」に含まれないかと言うとそうではない。確かに、Constitutionという表題を冠している第五共和制憲法には人権規定がないが、フランス第五共和制の「憲法」には人権分野も含まれる。というのも、憲法適合性の審査を行う憲法院(Conseil constitutionnel)は、1789年フランス人権宣言を「憲法ブロック」[8]に編入しているからである。すなわち、憲法院は、第五共和制憲法の国家機関に関する規定、すなわち、統治規定違反を審査するだけでなく、人権宣言違反をも審査するのである。同様に、憲法院は、人権規定である第四共和制憲法前文及び2004年環境憲章も「憲法ブロック」に編入している。

さらに、第五共和制の下では、組織法律(loi organique)という、(通常の)法律とは異なる形式で可決される特別の法律がある。組織法律は、憲法典の中で規律する事項が指定される。この組織法律も「憲法ブロック」を形成している。

3 憲法の発展

2008年、第五共和制憲法は大幅に改正された。特筆されるのが違憲審査制の改正である。従来、憲法院は、組織法律については大統領による審署の前

---

7) シィエス〔稲本洋之助＝伊藤洋一＝川出良枝＝松本英実訳〕『第三身分とは何か』(岩波文庫、2011年)。

8) 「憲法ブロック」とは、憲法院が法律の憲法適合性統制を行う際に参照する規範のことをいう。

に及び議院規則については施行前に必ず審査しなければならず（憲法61条1項）、また、法律については提訴権者に提訴された場合に施行前に審査を行う（同条2項）ものとされた。すなわち、憲法院は、この事前審査しか行うことができなかったのである。しかしながら、2008年の改正により、裁判所において法律の憲法適合性が問題となったときに、通常最高裁判所である破毀院や行政最高裁判所であるコンセイユ・デタによってその憲法適合性の問題は憲法院に移送される（61-1条）。すなわち、憲法院は事後審査を行うことができるようになったのである。この事後審査制の導入により、違憲審査が活発化してきている。

［アメリカ：高畑英一郎］
［イギリス：溜箭将之］
［ド イ ツ：斎藤一久］
［フランス：奥村公輔］

2　立憲主義〔英〕constitutionalism

1　「立憲主義」とは何か

「立憲主義」(constitutionalism) とは、歴史的に、統治者の恣意的な支配に対抗する概念としてとらえられ、「統治／政府」(government) に対する法的制約を課す体制ないし思考として理解されてきた[1)]。そこではまず、①統治者の支配活動を法の制約の下におく制度が求められる。ここにいう「法」を誰が制定するかが問題となるが、人民の権利・自由の確保を目指す以上、これを統治者自身に委ねることはできない。しかし、人民全員が直接法の設定に関与することは現実的に不可能であり、こうして、国民代表議会が設けられ、この機関に立法権が与えられる。そして、②統治者の活動の法的統制を確保する制度が求められる。これも、統治者自らがチェックすることを認めるわけにはいかない。このため、この作用は、統治者から独立した裁判所に行わせることが求められる。①の国民代表議会と、②の法的統制を行う独立の裁判所を、統治者（政府）と並置する体制は、18世紀初頭のイギリスに成立したといわれ、そこでは、立法権が議会に、行政権が君主（政府）に、司法権が裁判官にある、とされた（モンテスキューおよび43「権力分立」参照）[2)]。

こうして、近代憲法の任務は、国家権力を法的に拘束し、人民の権利を保障するところにあるとされる。フランス人権宣言（1789年8月26日）が、「権利の保障が確かでなく、権力分立も定められていないような社会はすべて、憲法を有するものではない」(16条) と定めるのは、「近代立憲主義の核心的要請を最も古典的に定式化したもの」といわれる[3)]。

日本の憲法学では、近年、こうした伝統的理解をふまえつつ、より理論的に深化した展開がみられる。例えば、「様々な価値観を抱く人がそれにもかかわらず社会生活の便宜とコストを公平に分かち合う社会秩序」を作るべく、人の生活領域を「公」・「私」とに二分し、多様な価値観を抱く人々が公平に暮らせる社会の創設を目指して、立憲主義が生み出された、と説き、立

1)　Charles Howard McIlwain, Constitutionalism : Ancient and Modern 21-22 (rev. ed. 1947).
2)　小嶋和司『憲法概説』4-6頁（良書普及会、1987年）。
3)　樋口陽一『近代立憲主義と現代国家』182頁（勁草書房、1973年）。

憲主義を原理的に正当化する立場がある[4)]。また、違憲審査制が立憲主義維持のための装置である以上、それが民主主義（多数決主義）との関係で正当化されるのか、といった問題（さらに、硬性憲法がなぜ正当化されるか、という問題）として、「立憲主義」と「民主主義」の関係を分析するものもみられる[5)]。「立憲主義」は、国内外において、法学的検討のみならず政治哲学的にも広く議論され、「立憲主義の『復権』」とも評されている[6)]。

2　立憲主義の展開

(1)　古典的意味での「立憲主義」

"constitution"という語は、本来、あることがらを創設ないし秩序づける行為、または、そうして創設された「規範」ないし「規整」(ordinance or regulation）として解されるほか、事物の性質の「作り」ないし「構成」("make" or composition）としても理解され、それは、事物のみならず、人の身体・精神にも妥当するものとされていた[7)]。"constitution" が国法の体系として用いられるようになったのは17世紀初頭といわれ、その例として、ホワイトロック卿が、1610年、議会の承認なき課税は、「国家の公の法（Jus publicum regni）というべき、わが王国の政体の、生来の体制及び構造（constitution）に反する」[8)]、と述べた例が知られている。ここに、「〔国家の〕生来の体制」という観念は、ギリシャ語の「国制」(politeia）にも遡りうるものであり、これは、近代以降の意味での「憲法」(constitution）として翻訳しうるものである。一方、「国家の公の法」（Jus publicum regni）とは、「領域に関する公の法」(the public law of the realm）と言い換えることができる。後者の用例は前者に劣らず古く、古代ローマ共和制末期に活躍した思想家・政治家のキケロが、その著『国家について（De Re Publica)』中で、貴族制・民主政との混合政体について、"constitution" (constitutio）という用語を用いている。

4）　長谷部恭男『憲法入門』11-12頁（羽鳥書店、2010年)。

5）　阪口正二郎『立憲主義と民主主義』278頁（日本評論社、2001年)。長谷部・阪口説のように、個人の価値観の複数性・多元性を前提にする立場は、「リベラリズム憲法学」と呼ばれる。愛敬浩二『立憲主義の復権と憲法理論』27頁（日本評論社、2012年)。

6）　愛敬・前掲注5）2頁。

7）　以上のほか、古典的なconstitutionの意義について、*See* MCILWAIN, *supra* note 1, at 23-26, 35-37, 46, 57, 66. なお、立憲主義の史的展開を概観し、それが日本国憲法にとって持つ意味を描いた、佐藤幸治『立憲主義について』(左右社、2015年）は、本項のテーマに関する必読の文献である。

8）　原文は次のようになっていた。"…is against the natural frame and constitution of the policy of this Kingdom, which is Jus publicum regni".

ただし、この古代ギリシャと古代ローマの間には、“constitution”の理解に相違があるといわれる。つまり、ギリシャ語の「国制（politeia）」にあっては、「現実に在る国家」という、優れて記述的意味で用いられていた。これに対し、古代ローマでは、キケロが、国家を「法の体系」（bond of law）と把握しつつ、しかしそこでの「法」とは、国家に先行するものと解し、この意味での「法」は神の御心と同じぐらい古く、国家がこの世に出現する遥か以前からあるものとして観念していた。彼によれば、国家は、自然法に反するいかなる法も制定してはならないのであった。なお、ローマ法にあっては、人民こそが一切の法の淵源であったと観念されていたことも指摘されている。

(2)　近代立憲主義の確立

このキケロないしローマ法の見解にみられる、国家に優先する法の観念と、その淵源が人民にあるとする立憲主義理解は、18世紀終わりのアメリカにおける独立革命期・建国期に、成文憲法典として具体化する。ペインは、その著『人間の権利』において、憲法の性質について次のように述べている。「憲法は国民の所有物であって、政府を運営する人々のものではない。アメリカの憲法はすべて、人民の権威にもとづいて制定されたものと宣言されている。……憲法は政府に先立つものであり、またつねに政府とは別個の存在なのである」[9)]。憲法は政府に先行して制定される国の基本法であり、通常法律に優位するという立憲主義理解は、イギリスから独立するうえでの思想的根拠をも与えることとなった。つまり、革命期の当初、イギリスにならい、議会主権の下では、あらゆる法が「憲法」（constitution）の一部とされ、違憲の法というのは観念されなかったが、これでは、イギリス議会が植民地（アメリカ）に課す法律を糾弾することはできなくなってしまう。そこでアメリカ臣民は、統治の体制から正義に関する基本原理を抽出し、これをそれ以外の法律や慣習法と区別し、かつ優越させ、イギリス議会によっても侵しえない憲法の基本原理があることを主張したのであった[10)]。

1788年6月に発効したアメリカ合衆国憲法は、現在でも有効な最古の成文憲法典であるが（1「憲法（アメリカ）」参照）[11)]、成文憲法典とは、権威ある

9）トマス・ペイン〔西川正身訳〕『人間の権利』255頁（岩波書店、1971年）。

10）*See* Michael J. Sandel, Democracy's Discontent : America in Search of a Public Philosophy 29 (1996).

11）憲法を類型化する分析枠組みとして、①実質的意味の憲法が成文化されているか否かで区別する仕方（成文憲法・不文憲法の区別）、②実質的意味の憲法が有する権威（最高法規性と改正手続の特殊性）に着目して区別する仕方（軟性憲法・硬性憲法の区別）などがある。

機関によって、確立された手続によって制定されたという事実に、その地位が由来するものである[12)]。そして、合衆国憲法が「成文化（written)」されている、という背後には、立憲主義にとって重要な意義が潜んでいる。かつて、成文化された憲法と国家の主権とは両立しないと考えられていた。というのも、主権者である国家が、ひとたび最高法に同意してしまうとその権能が拘束されるとするなら、その国家は主権的存在とはいえない、と解されるからである。しかし、先にみたペインの見解にも示されるように、アメリカにおける憲法制定は、国家ではなく、人民が主権者とされ、その権威に基づいて憲法制定がなされたものと考えられている。つまり、国家は、主権者である人民の手段（instrument）にとどまるものと位置づけられ、ここにおいて国家は客体化され、主権者と国家とが分離された。この分離によって、国家はもはや主権者ではなく、法―憲法典―の下に服することとされ、成文憲法の下で拘束される、「制限された政府」が可能となったのである[13)]。合衆国憲法の制定は、こうして、いかなる国家機関も最高法規である成文憲法の下にあるという、(アメリカ的な)「法の支配」を展開する契機となった（6「法の支配」参照)。そして、時期を前後して、冒頭でみたように、各国において、人民の権利保障が権力分立体制によって確保されていくという、近代立憲主義の基礎が形成されていくことになる。

(3) 現代的立憲主義

その後、各国憲法は、20世紀以降、産業革命以後の社会経済問題に直面し、国家による社会的施策を担うことが求められ、それがやがて憲法典レベルで具体化されるなど、18世紀的憲法観にとどまらない展開を示すこととなる。その先駆けとしてよく知られるのは、ドイツのワイマール憲法（1919年）である[14)]。そして、フランス1946年憲法は前文で、経済的・社会的原理を現代において特に必要なものと認め、また、イタリア共和国憲法（1948年）も社会権的保障を掲げる（第1編第3章）など、第二次世界大戦以降の憲法典では、社会生活への配慮を憲法的に確保しようとする動きがみられている。社会権規定を持つ日本国憲法も（25条～28条)、この系譜に属するといえる。

---

12) Thomas C. Gray, *Constitutionalism : An Analytic Framework, in* NOMOS XX : CONSTITUTIONALISM 189, 202(J. Ronald Pennock and John W. Chapman, ed. 1979).

13) PHILIP BOBBITT, CONSTITUTIONAL INTERPRETATION 4-5, 120-121(1991).

14)「経済生活の秩序は、すべての人に、人たるに値する生存を保障することを目指す正義の諸原則に適合するものでなければならない」(151条)。訳は、高田敏＝初宿正典編訳『ドイツ憲法集〔第6版〕』145頁（信山社、2010年)〔初宿訳〕による。

3 立憲主義の理論的課題

「立憲主義」については、今日、理論的問題が指摘される。

その一つに、いわゆる「プリコミットメント」論をめぐる問題がある。例えば違憲審査制は、多数決主義的民主主義と緊張関係に立ちうるが、それを成文憲法に取り込んだ場合、そこには、違憲審査制を含む立憲主義と、民主主義とが対立する可能性がある。立憲主義的憲法体制は、どのように正当化されるのだろうか[15)]。その説明の仕方として、多数決による立法者は、しばしば、政治的に無力な少数者に不利益をもたらす立法を、パニックになって（あるいは不用意に）制定してしまうなど、不当な行動にでる可能性は否定できない、という点が指摘できる。国家機関に対する憲法上の制約や違憲審査制は、そうした事態の発生を予防すべく憲法典に組み込まれたものであり、人民（の代表者）が不完全であり、誤りうることに対して講ずる予防措置と理解することができる。これは、あらかじめ（pre）身を縛っておくこと（commitment）という意味で、「プリコミットメント」論と呼ばれる。ホメロスの叙事詩『オデュッセイア』中の人物であるユリシーズ（Ulysses）が、その歌声で付近を通る船乗り達を暗礁に引き寄せて難破させ、餌食にしていた怪物セイレン（Sirens）の歌声に抗すべく、自らを帆船のマストに縛り付けることを決意し、船員達に、もし自身がこの拘束を解きほぐしてくれと頼んだなら、さらにきつく締め付けるよう求めた寓話に例えられる[16)]。

◆コメント

「立憲主義」という言葉は、2014-2015年の日本のマスメディアにおいて頻繁に登場した（例えば、2014年5月3日付朝日新聞朝刊では「立憲主義」の意義について特集が組まれていた）。その背景には、集団的自衛権を一部容認する閣議決定を行ったこと（「国の存立を全うし、国民を守るための切れ目のない安全保障法制の整備について」〔平成26年7月1日閣議決定〕）及び安保法制の再編などに象徴される、第二次安倍晋三内閣の憲法観に対する根本的疑問があっ

---

15) *See* Jeremy Waldron, *Precommitment and Disagreement, in* CONSTITUTIONALISM : PHILOSOPHICAL FOUNDATIONS 271, 274-276(Larry Alxander ed. 1998). 阪口・前掲注5）121-129頁、第6章参照。

16) このほか、最近のアメリカ憲法論では、憲法の最終的解釈権は「人民自身（people themselves）」にあり、裁判所も選挙された人民の代表者も、人民の判断に従ってきたに過ぎない、として、「人民立憲主義（popular constitutionalism）」の観点から、立憲主義のありようを捉え直す立場も有力に説かれている。木下智史「誰が憲法を守るのか」ジュリスト1422号43頁（2011年）など参照。

た。学説では、憲法9条を、国内の政治過程が非合理な決定を行う危険などに対処する「合理的な自己拘束」として理解し、その観点から、集団的自衛権行使を憲法上否定することも、合理的な自己拘束としてありうる選択肢である、と位置づける立場がある（長谷部恭男『憲法の理性』20-22頁〔東京大学出版会、2006年〕）。この論者もまさに『オデュッセイア』の寓話に言及するように、この考え方は、「プリコミットメント」論に近い思考を示している。この問題は、70年にわたる日本国憲法の展開にとって、立憲主義が持つ意味を鋭く問うものであるといえる（佐藤幸治『世界史の中の日本国憲法』69-70頁〔左右社、2015年〕参照）。

［尾形健］

3 人権

〔英〕human rights　〔仏〕droits de l'homme
〔独〕Menschenrechte

1 「人権」の意義

人権とは、日本では、「人間が人間として生まれながらに持っている権利」とされる[1)]。「人権」に相当する語として、各国では、“human rights”（英）、“droits de l'homme”（仏）、“Menschenrechte”（独）が挙げられるが、その用法には若干の注意が必要である。例えば、英語でいう“human rights”は、主に国際人権法で用いられる用語例であり[2)]、国内憲法体制のもとでの人民の権利をいうときは、アメリカでは“individual rights”などが用いられることもある。ここでは、「人権」を、国内の憲法体制下で用いられる人民の権利という意味に焦点を当てることにする。

日本国憲法は、「国民に保障する基本的人権は、侵すことのできない永久の権利として、現在及び将来の国民に与へられる」（11条後段）と定めているが、この点について、戦後憲法学の代表的論者は、次のように述べていた。「……『侵すことのできない永久の権利』だということは、それらを国家の権力をもって侵すことが許されないことを意味するほかに、それらの権利が、人間が人間たることにのみ基づいて当然に享有すべきものであることを意味する。……〔憲法11条・97条の規定には〕『現在及び将来の国民に与へられる』とか、『現在及び将来の国民に対し……信託されたもの』とかいう言葉があるが、それは、これらの権利が憲法によって与えられたという意味ではない。いわば『人間性』によって（もし欲するならば、『自然法』または『神』によって）、与えられたという意味である」[3)]。そして、イエリネックやケルゼンによる、国家に対する国民の地位の類型論（国民の国法に対する関係）を参照しつつ、①受動的関係（国法によって義務付けられる関係）、②無関係な関係（国法により何ら義務付けられない関係）、③消極的な受益関係（憲法上国民の利益に対し国法の定立が禁止される場合）、④積極的受益関係（憲法上国民

1）新村出編『広辞苑〔第6版〕』1443頁（岩波書店、2008年）。
2）Charles R. Beitz, *Human Rights, in* A COMPANION TO CONTEMPORARY POLITICAL PHILOSOPHY 628(Robert E. Goodin, Philip Pettit and Thmas Pogge, eds. 2012).
3）宮沢俊義『憲法〔改訂5版〕』106-107頁（有斐閣、1973年）（傍点原文）。

の利益について国法の定立が要請される場合)、⑤能動的関係（国家活動に参加する関係）とに区別した。憲法上の権利についていえば、②が「国法の禁止の不存在の反射」としての「自由」、③が自由権、④が社会権、⑤が受益請求権（国務請求権）・参政権に該当するものと観念され、日本国憲法上の権利保障を体系的に説明する枠組みが構築された[4)]。

こうした「自然法」ないし「人間性」から人権を基礎付ける試みは、1980年代末から1990年代にかけて批判され、学説は、英米の哲学的人権論などを参考に、基本的人権の基礎付けを再考し、人権理論の新たな地平を拓いていった。その代表例として、基本的人権の根拠・内実を個人と社会・国家とのあり方に関する道徳理論に求め、その手がかりを憲法13条に見いだしつつ、「各人が自律的存在として自己の幸福を追求して懸命に生きる姿に本質的価値を認め」る観点から、「『人権』とは、そうした自律的存在とし自己を主張し、そのような存在としてあり続ける上で不可欠の（それが厳格に過ぎるということであれば、重要な）権利」である、と解する立場がある[5)]。この立場とその批判も含め、人権をめぐる議論は多様に展開し、それは、憲法学のみならず、他法領域（民法学や労働法学など）にも影響を与え、日本における人権理論を深化させている[6)]。

2　人権の歴史

(1)　近代人権論の展開

人権の淵源は、しばしば自然法思想に求められてきた[8)]。しかし、憲法体制における人権は、当初、「人間性」に由来する権利、という形で展開したわけではなかった。その先駆けとして知られる、イギリス中世期のマグナ・カルタ（Magna Charta）(1215年）は、直接受封者（baron）と国王との間で古来の封建法上の関係を維持することを約束する性格を有していた（ただし、その後、コークが加えた註釈により、国の法の基礎としての解釈が与えられていく)。17世紀以降、イギリスは、人身保護法（1679年）はじめ、国王大権を制約し、

---

4)　宮沢俊義『憲法Ⅱ〔新版〕』88-94頁（有斐閣、1974年)、宮沢・前掲注3) 84-87頁。

5)　佐藤幸治『日本国憲法論』121-122頁（成文堂、2011年)、同『日本国憲法と「法の支配」』159頁（有斐閣、2002年)。

6)　1990年代後半までの憲法学における人権論の展開は、渡辺康行「人権理論の変容」『岩波講座　現代の法1　現代国家と法』65頁（岩波書店、1997年）所収が参考になる。

7)　Beitz, *supra* note 2, at 630. 以下の概観については、佐藤・前掲注5)『日本国憲法論』112-114頁参照。

議会主権等を確立した権利章典（Bill of Rights）（1689年）など、市民の権利・自由を保障する法体系へと変貌を遂げていった。しかし、ここでの権利・自由は、イギリス史上確認されてきたものとされ、必ずしも人一般の権利と観念されていたわけではなかった。

18世紀以降の各国憲法の展開の中で、人一般の権利として人権が確認・宣言されていく。1776年のヴァージニア権利章典では、「人はすべて生来ひとしく自由かつ独立であって、一定の生来の権利を有する」と宣言され、同年7月4日のアメリカ独立宣言（Declaration of Independence）では、有名な次の宣明があった。「我々は、次の真実は自明のものであると考える。すなわち、すべての者は平等に造られたこと、すべての者は、創造主から、一定の不可譲の権利が付与されたこと、その中には、生命、自由及び幸福追求の権利が含まれていること……」。アメリカ合衆国憲法が発効した後（1788年）、権利章典を持たなかった元々の憲法典に、人民の権利を保障する修正条項が加えられ（1791年）、アメリカは、人権保障を人民にとって普遍的なものとして保障していく。一方、フランスにおいても、「人及び市民の権利宣言」（1789年）において、「人の自然的で不可譲かつ神聖な諸権利を一つの厳粛な宣言において提示する」ものとされ（前文）、「人は、自由で、権利において平等なものとして生まれ、あり続ける」（1条）、と宣明された。

(2)　現代人権論の展開

しかし人権保障のあり方は、その後、19世紀に入り、自然法思想が退潮するなかで、権利・自由が、国家の法によって与えられるものとの思考が強まっていく。さらに、19世紀から20世紀に移行するにつれ、国家観も大きく変容することを余儀なくされた。つまり、「そもそも、人類の歴史において、立憲主義の発達当時に行われた政治思想は、できる限り個人の意思を尊重し、国家をして能う限り個人意思の自由に対し余計な干渉を行わしめまいとすることであつた。……かくて、国民の経済活動は、放任主義の下に活発に自由競争を盛ならしめ、著しい経済的発展を遂げたのである。ところが、その結果は貧富の懸隔を甚しくし、少数の富者と多数の貧者を生ぜしめ、現代の社会的不公正を引き起すに至つた。そこで、かかる社会の現状は、国家をして他面において積極的に諸種の政策を実行せしめる必要を痛感せしめ、ここに現代国家は、制度として新な積極的干与を試みざるを得ざることになつた」（食料管理法違反被告事件）。ここにおいて、国家は、社会経済政策実施の責務を担うこととなり、それが憲法レベルで明確にされることになった。

その有名な例として知られるのが、ドイツのワイマール憲法（1919年）の、経済生活の秩序は、「人たるに値する生存」を確保することを目的とするものであることを明らかにする規定である（151条）。一方、憲法レベルで社会権保障をしようとしなかったアメリカのような国にあっても、法律上制定された社会権的権利が広く社会に受け入れられ、社会の基本的価値とされているとの指摘がある[8)]。こうして、各国憲法ないしその憲法的実践は、国民の生活保障や経済生活について国が配慮することを通じ、多様な形で現代的な人権保障を行っていく。

さらに、第二次世界大戦を経て、国際社会は、世界人権宣言（1948年）に象徴されるように、人権保障の共通枠組みを主権国家に課し、国内政府の活動を、「すべての人民とすべての国とが達成すべき共通の基準」（世界人権宣言前文）としての人権保障という国際規範の下におくこととなった。国際人権規約（いわゆるA規約・B規約〔1976年発効〕）はじめ、難民の地位に関する条約（1954年発効）、人種差別撤廃条約（1969年発効）、女子差別撤廃条約（1981年発効）、児童の権利条約（1990年発効）、障害者権利条約（2008年発効）などを通じ、国際法上の人権保障が、国内憲法体制にも影響を与える状況に至っている。

3　人権理論の課題

現代では、政治哲学・法哲学においても、人権の意義が様々に問われている[9)]。特に、人権保障の根拠と関連して、人権が保障するものは何であるべきか、という理論的問いが議論されることがある。代表的な議論としては、①選択（意思）説（choice〔or will〕theory）と、②利益説（interest〔or benefit〕theory）がある。①選択（意思）説は、権利は、選択の行使を保障するものと解する立場である。権利保持者は、他者の義務への支配権を与えられたものであり、「小規模の主権者（small-scale sovereignty）」として位置づけられるが、ここで権利とは、権利保持者の自律あるいは自己実現に関連する、その選択の保護を与えるものとされる。選択説によれば、人の人格、個性、そして自己決定にとって、権利がなぜ重要かが明らかになる。つまり、人は、選択を

8）　CASS R. SUNSTEIN, THE SECOND BILL OF RIGHTS : FDR'S UNFINISHED REVOLUTION AND WHY WE NEED IT MORE THAN EVER 61-64, 99-100(2004).

9）　*See* Alon Harel, *Theories of Rights, in* THE BLACKWELL GUIDE TO THE PHILOSOPHY OF LAW AND LEGAL THEORY 191, 193-197(Martin P. Golding and William A. Edmundson, ed., 2005).

することによって、自己の個性や人格を表明することができるのである。しかしこの見解には、例えば、財産権保障のような「選択」に関わる権利は射程に入る反面、アメリカ独立宣言・フランス人権宣言で示されたような、(そもそも「選択」を観念しえない）生命・自由に対する不可譲の権利の位置づけが不明確となるなど、一貫した権利論を構成できない点や、選択をすることが難しい者（認知症の者など）が権利の主体と観念されないなどの問題点を含む。一方、②利益説は、権利保障の要点は、権利保持者の利益を保護・促進することにあるとする。この立場からは、権利保持者の受益者的地位が重視され、選択も権利として保障されるが、それはあくまで権利保持者の利益を促進する限りで保障されることになる。また、不可譲の権利の保障や選択しえない者の利益も保障しうる。しかしこの説にも、利益を無制限にとらえることで、問題となる利益が必ずしも重要なものとはいえない（手段的価値を有するに過ぎない）ものまで射程に入れようとする難点などが指摘されている。

◆コメント

日本の憲法学では、「人権」を、人が生まれながらにして有する権利（自然権的権利）という意味に限定して用い、憲法が保障する、いわば実定法上の人権と意識的に区別しようとする考え方がある。これは、「人権」という言葉が広く用いられることに伴い、本来有していた威力が低減することを懸念し、立憲主義憲法が古くから前提としてきた生来の権利の意義をあらためて重視しようとする考え方といえる（奥平康弘『憲法Ⅲ』19-25頁（有斐閣、1993年）参照)。こうした点にも注意しつつ、問題となる権利がいかなる性質のものであるかを見極める必要があろう（関連して参照、初宿正典『憲法2 基本権〔第3版〕』39-46頁（成文堂、2010年））。

[尾形健]

4　自然法〔英〕natural law

自然法とは、時代や国によってそれぞれ異なって作られている法である実定法（positive law）に対比されるもので、正義の理念を内容としたところの超実定法的な法であって、永久不変の普遍的妥当性を持った法である。すなわち、変化する実定法の奥にある、時と所を超越して永遠に変わらない法である。自然法論によれば、自然法に違反する実定法は無効とされる。そして、実定法秩序の発展は、理想として高く掲げられた自然法に導かれつつ遂行されるべきものという思想に帰結する。この自然法論は、近代自然法思想とも呼ばれ、ロックやルソーによって説かれたものであり、自然権思想とも結びついている。自然権とは、神の意志又は自然法によって付与された、人が生まれながらにして当然に持っている不可侵の権利である。日本国憲法11条は、「基本的人権は、侵すことのできない永久の権利として、現在及び将来の国民に与へられる」としており、自然権思想に依拠している。

ところで、自然法論は、古代ギリシャ及び古代ローマの時代から説かれてきたものであり、その概念は変遷している。本項目では、その変遷を見ていくが、自然法論は様々な論者によって多種多様に主張されてきたものであり、すべてを紹介することはできないので、その時代の代表的論者のものに限って紹介していく。

1　古代ローマ型自然法論

古代ローマ時代における代表的自然法論者であるキケロは、いかなる時代にも変わることなく、すべてのものには、恒常的な永遠の法、正しい理性があり、自然法は自然と一致する正しい理性であり、人々に警告して義務へ向かわせ、悪を禁ずるものと考えた[1)]。すなわち、キケロの時代では、自然法を、人間の定めた法（人定法）と区別する論理が見られたのである。

1）　参照、矢崎光圀『自然法』11-12頁（日本評論社、1953年）。

2 中世の自然法論

中世における代表的自然法論者であるオッカムは、自然法を、神が欲するものを命じ、また、神が阻止しようとするものを禁ずるものと定義した[2)]。すなわち、オッカムは、自然法を、聖書及び聖書の神の法と同一視したのである。オッカムによれば、神の法＝自然法が一切の頂点に立ち、この自然法に違反しているのであれば、そのような市民法も教会法も全く尊重する必要はないのである。

3 近世の自然法論

近世における代表的自然法論者であるルターは、神の法と自然法とを分けて考え、法を、神の法、自然法、実定法及び慣習法に分類した[3)]。すなわち、ルターは、中世時代に神の法と一体化させた自然法を世俗化させたのである。

ルターの言う世俗化された自然法という思想は、他の近世自然法論者であるグロティウスやホッブズにおいても維持される。そこでは、自然状態（人間は存在するが国家は存在しない状態）と、国家状態（人間が存在し、国家も存在する状態）の二元的構成が前提である[4)]。ホッブズの『リヴァイアサン』[5)]によれば、人間の本性は利己欲であり、そして、自然状態は各人対各人の戦争状態のことをいう。この戦争状態への相互的恐怖が国家形成の原因であり、平和が国家形成の目的である。人間を国家状態へ入らせる動機は、一部はその感情の中に、一部はその理性の中にある。国家状態へと入るために理性によって示唆される法則が自然法であり、それに基づいて国家を形成する手段が契約である[6)]。

4 近代の自然法論

このような近世の自然法論を前提にして、前述の近代の自然法論が展開されていく。その代表的論者であるロックは、国家権力の正統性根拠を探求するために、自然法思想を捉える。ロックの『統治二論』[7)]によれば、自然状

2）　矢崎・前掲注1）38頁参照。
3）　矢崎・前掲注1）48頁参照。
4）　矢崎・前掲注1）60頁参照。
5）　ホッブズ〔永井道雄＝上田邦義訳〕『リヴァイアサン（Ⅰ）』第1部第13章、第14章（中央公論新社、2009年）。
6）　和田小次郎『近代自然法学の発展』51頁（有斐閣、1951年）参照。

態における個々人も、神が人間理性に付与した「自然法」の拘束を受けている。その意味で、自然状態は無法状態ではない。神が人間理性に示した自然法の第一準則は、個人は神の力によって生命・自由・財産を授けられた存在なので、誰も他人の生命・自由・財産を奪ってはならない、ということである。この神が人間理性に示した「自然法」に基づき、各人は、他人から自己の生命・自由・財産を奪われないという権利＝自然権を有する。しかし、自然権の侵害者に対して各人は自分で自分を保護することになるので、自然権の享有に不安定さが残る。そこで、この状態を脱するために、各人は互いに契約を結んで国家を設立し、自分の自然権をより確実に保障するために、国家の支配を受け入れることに同意するのである[8)]。

◆コメント

自然法論においては、時代を超えて人間社会に普遍的に妥当する法という考え方が一貫している。しかし、とりわけ近代の自然法論以降、自然法思想と結びついた「自然権」はキリスト教的な「神」によって与えられると考えられたのであり、「自然法」あるいは「自然権」とこの「神」観念との結び付きが拭いきれない。この点、日本国憲法11条にいう「与へられる」の意味について、通説は近代の自然法論にコミットし、まさにこの「神」、あるいは、天、創造主によって信託され付与されたものであるという意味で説いている。しかし、このような日本の歴史にそぐわない解釈を採る必要はないと思われる。

［奥村公輔］

7） ジョン・ロック〔加藤節訳〕『完訳　統治二論』後編第2章（岩波文庫、2010年）。
8） 赤坂正浩『憲法講義（人権）』7-8頁（信山社、2011年）参照。

5 社会契約 〔仏〕contrat social

社会契約とは、人々がそれぞれの契約によって政治社会又は国家を創出し、政治権力又は国家に服従する行為である。この社会契約によって政治権力又は国家の正統性を説明する考え方を社会契約説と言う。社会契約説は、近代立憲主義思想の源流と見られており、17世紀以降、ホッブズ、ロック、ルソーらによって主張された。しかし、その淵源は、古代ギリシャから古代ローマの時代に見いだすことができる。

1 古代ギリシャの契約説

古代ギリシャでは、「契約説」と名付けられた思想は、ソクラテス以前の時代でも見出されるが、最も詳しく説明をしたのが、プラトンである。プラトンによれば[1)]、「契約」の当事者は、人々（アテネ市民個々人）とすでに存在すると見なされている国の法律（nomos）である。この契約の内容は、一方で法律を守り、他方で法律によって守られることである。この契約は、国の法律に反対の人民は他の国に行く自由があるから、個々人の自由意思に基づいて締結され、法律に対する「服従契約」である[2)]。これは、法が至上の存在であるという考え方に基づく。しかし、プラトンは、どうして国家が形成されるのかについては説明をしていない。

2 古代ローマの契約説

古代ローマにおいて、「契約説」の代表的論者は、キケロである。キケロも、依然として、法律そのものは人民の意思と無関係のものであると考えた。その上で、キケロは、国家とはいかなるものかを定義する。キケロによれば、国家とは、人民のことであるが、しかし、これはすべての人間が何人かの形として集合したということではなく、法の合意と共同の利益で結合した大勢の人々の団体である。ここで、国家とは、人々が法の合意と共同の利益で結

---

1) プラトン〔久保勉訳〕『ソクラテスの弁明・クリトン』98頁以下（岩波文庫、1964年）。
2) ホセ・ヨンパルト「古代・中世社会契約論」日本法哲学会編『社会契約論』4頁（有斐閣、1984年）参照。

合した団体と定義されたのである[3)]。この考え方において、「社会契約説」の源流が見られるのである。

3　ホッブズの社会契約説

中世においても様々な「契約説」が唱えられたが、17世紀以降、現代的意味における「社会契約説」がホッブズ、ロック、ルソーらによって唱えられた。

ホッブズは、自然状態を基礎にして、現代的意味における「社会契約説」を初めて唱えた。ホッブズの『リヴァイアサン』[4)]によれば、「すべての人々がすべての力と強さを一人の人又は一つの合議体に与えることは、その一人又は一つの合議体を代理人とし、自らをその代理人の諸々の行為の本人となし、その人の命令に服従する」ことである。すなわち、人々は、自らの自由な意思に基づいて国家権力を樹立し、国家権力への絶対的な服従に同意するのである。このようにホッブズは、国家の設立を、自己の利益の追求のみを考える自由で平等な個人の自発的な同意によって説明する[5)]。

4　ロックの社会契約説

ホッブズの基本的発想は、ロックによって引き継がれるが、ロックは、『統治二論』[6)]において、自由主義的な政府の設立の必然性を論証する議論を展開する。すなわち、ロックの社会契約は、自然状態を前提として、各人のもつ権利を政府に信託するという形での契約である。これは、各人の自然権そのものを放棄するのではなく、この自然権をより確実に保障してくれる限りにおいてその運用を託するという契約である。この場合、もし政府が契約に違反する政策を採るなら、信託した側は契約を破棄することができ、政府を解体する権利（抵抗権・革命権）が認められる[7)]。

---

3)　ヨンパルト・前掲注2）5頁参照。

4)　ホッブズ〔永井道雄＝上田邦義訳〕『リヴァイアサン(I)』第1部第13章、第14章（中央公論新社、2009年）。

5)　久米郁男＝川出良枝＝古城佳子＝田中愛治＝真渕勝『政治学』96頁（有斐閣、2003年）参照。

6)　ジョン・ロック〔加藤節訳〕『完訳　統治二論』後編第8章、第9章（岩波文庫、2010年）。

7)　久米ほか・前掲注5）97頁参照。

5 ルソーの社会契約論

これに対して、ルソーは、『社会契約論』[8]で、①人民の相互間の合意によって主権が設定され、②この主権の保持者は団体としての人民であり、③その意思は、法としてのみ表現され、④社会契約は、国家の基本法、すなわち、近代憲法として作用する、と述べている[9]。すなわち、ルソーは、社会契約を国家の正統化論理としては強調しておらず、基本的規範設定契約として社会契約を考え、そして、この基本的規範に基づいて実定法を体系づけるという思想に立っているのである。

◆コメント

ルソーの社会契約説によれば、社会契約こそが実定法の頂点としての憲法である。日本の憲法学は、必ずしもそのような考え方に立っているわけではないが、少なくともホッブズやロックの言う社会契約が憲法の中に暗示されており、憲法の解釈を考えるに当たって、このような社会契約がいかなる形で内在しているのかを検討することが1つの解釈原理となりうると考えられている。一方、社会契約説の源流である古代ギリシャの契約説においては、契約とは「法律」への「服従契約」であった。しかし、このように捉えるのは近代立憲主義思想においては、妥当ではない。

［奥村公輔］

8）ルソー〔桑原武夫＝前川貞次郎訳〕『社会契約論』第1編、第2編、第3編（岩波書店、1954年）。
9）恒藤武二「法思想史の観点から見たルソーの社会契約説」日本法哲学会編『社会契約論』38-39頁（有斐閣、1984年）参照。

6　法の支配　〔英〕rule of law

法の支配とは、人の支配ではないことを含意し、統治される者だけでなく統治する者も、法に従うべきであるとする原理として知られる。「法の支配」の観念は中世イングランドにさかのぼり、13世紀に著され、イングランド中世最大の法書とされる『ブラクトン』[1)]には「国王は、何ぴとの下にもあるべきではないが、神と法のもとにはあるべきである」という言葉がみられる。

英米法の根幹をなす理念として発展してきた法の支配の概念は、基本的人権の保障、憲法の最高法規性を定める日本国憲法の根底にも脈打つ原理として理解されている。しかし、この理念が具体的に何を意味するかの理解は、論者によって、また時代と国によっても大きく異なる。

1　ダイシーによる定式化

「法の支配」という用語に憲法上の位置づけを与えたのは、イギリスの憲法学者、A.V. ダイシーである。彼は1885年の著書『憲法序説』[2)]で、法の支配のもつ3つの内容を指摘した。第1に、通常の裁判所で適用される法が絶対的に超越ないし優越する。これは、権力者が広範で恣意的な裁量権をもって支配する体制と対照される。第2に、いかなる人も、その階級や地位を問わず、その国の通常の法に服し、通常の裁判所の管轄に服する。イギリスは、貴族や僧侶が特別の裁判所の管轄に服するという歴史的段階を克服し、またフランスのように、公務員が一般私人と異なる行政裁判所の管轄に服し、通常裁判所における通常法の適用を免れることもない、という。第3に、人の自由に対する権利や集会の自由などの憲法の一般原則が、裁判所に持ち込まれた個別の事件で裁判所が下した判決として示されている。この点も、成文憲法をもたず、憲法上の重要原則を判例を通じて発展させてきたイギリスが、成文憲法の下で基本的人権を高らかに宣言する大陸諸国と対比される。

---

1)　HENRY DE BRACTON, DE LEGIBUS ET CONSUETUDINIBUS ANGLIAE (c 1250).

2)　A.V. DICEY, INTRODUCTION TO THE STUDY OF THE LAW OF THE CONSTITUTION (1st ed. 1885 ; 8th ed. 1915). 邦訳として、A.V. ダイシー著〔伊藤正己＝田島裕共訳〕『憲法序説』(学陽書房、1983年)。

2　歴史の中の法の支配：イギリス

ダイシーの法の支配の考え方には、少なからずイギリスの特殊性が反映している。ダイシーは、官吏に対する管轄をもつ特別裁判所が存在しないことを強調するが、そこでは17世紀から19世紀にかけて、イギリスが絶対王政から市民社会へ移行していった歴史が念頭にある。この間、王権の恣意的な権力行使に仕えた星室裁判所が廃止され、権利章典を通じて国会による王権の権限が実現し、王位継承法により裁判官の終身制が保障されていった。こうした歴史を踏まえ、ダイシーの『憲法序説』は、執行府に対する強い警戒心を示す一方で、裁判所の独立と、コモン・ローを通じた漸進的な自由の拡張に対して、極めて楽観的な態度をとっている。

ダイシーは、イギリス人は「繁栄と秩序と自由という互いに調和しがたい要素を見事に調和させてきた」と述べており、そこにイギリス自由主義思想に自信のみなぎった時代が反映されている。他方で、ドーバー海峡の対岸では、フランス革命以降も混乱が長引き、ダイシーの頃にようやく第三共和政が安定しつつあった。この間イギリスでは、フランス革命の波及を恐れる保守主義が高まり、外交面でもイギリスは対仏大同盟を敷いてフランスへの警戒にあたった。イングランドにはフランスと異なり行政法がないと誇らしげに言うダイシーの口吻も、この文脈で理解できる。

行政国家に否定的なダイシーであったが、20世紀のイギリスは、むしろ福祉国家として行政部を肥大させてゆく。そうした現実の変化に、ダイシーの理論は保守性を帯びることになる。20世紀も半ばになると、社民主義的な論者を中心に法の支配に対する批判が高まってゆく。大英帝国の終焉とともに往時の繁栄は色褪せ、アイルランドの独立運動や9.11前後のテロで秩序も脅かされる中で、欧州人権条約に定める自由をイギリス政府が侵害したとする判断が、1990年代の欧州人権裁判所で立て続けに下された。こうした時代に、イギリスの裁判所が法の支配を体現し続けることができるか。この問題は、行政府への権力の集中が急速に強まるイギリスにおいて、論争になりつつある。

3　新世界における法の支配：アメリカ

法の支配の理念は、イギリスと独立戦争を戦ったアメリカにも受け継がれた。イギリスと様相を異にするのは、各州と連邦政府で成文憲法が制定されたことである。例えば、独立後のマサチューセッツ憲法は、人による統治ではなく法による統治を強調している。1788年に発効した合衆国憲法の下では、1803年のマーベリー判決において、マーシャル連邦最高裁長官が「何が法であるのかを宣言するのは裁判所である」と宣言し、司法審査の先例を打ち立てた。アメリカの司法審査権の文脈における法の支配は、裁判所と成文憲法によりつつ、立法府における多数派の横暴にチェックをきかせる面が強調される。裁判所と不文憲法に依りつつ執行府をチェックすることを強調したダイシーの法の支配からは、やや強調点がシフトしている。

19世紀末から20世紀初頭にかけて、連邦最高裁が、州の労働規制立法や製品安全立法、さらには連邦のニュー・ディール立法などの改革立法を次々に違憲無効としていった。これらの立法が契約の自由を侵害し、法の適正手続なしに生命、自由および財産を奪うことを禁じた合衆国憲法に反する、というのである。こうした展開は、法概念に基づく形式的判断も、所詮は裁判官の政治的判断に過ぎないという批判を呼んだ。これがリーガル・リアリズムの土壌を提供する。法とは、究極的には裁判官がどう判断するかの預言にすぎない、というのである[3)]。しかし、この発想を突き詰めれば、法の支配は裁判官による支配に過ぎないことになる。ここに、裁判所によりつつ執行府や立法府をチェックする法の支配が、裁判所そのものをチェックするという課題も抱え込んだ。法の支配は、何によれば裁判所をチェックできるだろうか。

第二次世界大戦前後には、法の支配の実質的内容を問う動きがみられた。法の支配というには、法は一般的かつ整合的でなければならず、予見可能でなければならず、裁判も両者に平等な機会を与えねばならないのではないか。このように考えたのがリーガル・プロセス学派と呼ばれる学者たちだった。しかし彼らの努力を吹き飛ばすかのように、新たな司法積極主義が戦後まもなく復活してきた。

1953年、それまでカリフォルニア州知事だったアール・ウォーレンが連邦最高裁長官に任命された。翌年、連邦最高裁は、ブラウン判決で人種別学を違憲とする判決を下す。ウォーレン率いる連邦最高裁は、さらに市民的自由や公民権の分野で次々と画期的な判決を下していった。ところが、1970年代後半を過ぎて、連邦最高裁の構成が変化した。今度はレーンキスト長官を筆頭とする保守主義的な裁判官が、ウォーレン時代のリベラルな判例を次々に覆していった。保守的な司法積極主義の巻き返しである。

リベラルな司法積極主義の代表例が、中絶の自由をプライバシーの権利と

---

3)　Oliver Wendell Holmes, Jr., *The Path of the Law*, 10 HARV. L. REV. 457 (1897).

して認めたロー判決（1973）である。問題はこの判例を維持するか否かである。それが争われたケイシー判決（1992）では、両陣営の裁判官が法の支配を振りかざして争った。中絶の自由を女性のプライバシーないし自己決定権として重視するリベラル派の裁判官は、法の支配は先例の尊重を意味するとして、ロー判決の維持を主張し、こちらが最終的に多数を押さえた。これに対し、中絶に批判的な保守的な裁判官は、法の支配は憲法の文言を尊重することを意味するとして、憲法の文言に見いだされないプライバシーの権利を認める余地がない、と激しく反論したのである。

中絶の権利にとどまらず、法の支配がいかにして裁判官をチェックできるか、これは今日のアメリカにおける大きな論点である。その議論のゆくえは、今後、大統領と議会の間でだれが次の裁判官に任命されてゆくかとともに、予断を許さない[4)]。

◆コメント

我々は法の支配の下にあり、人の支配の下にあるのではない。しかし、法を作るのは、制定法であれ判例法であれ、人ではなかろうか。そうであれば、法の支配は人の支配と何が違うだろうか。立法や判決のような具体的営みを超えたところに法の存在を措定しても、ではその法をいかに同定したらよいのか。法の支配とは何かという問いから一歩踏み込めば、それは直ちに、法とは何かという問いに入れ替わる。この問いに答えようとする我々は、否応なく時代と地域に規定される。法の支配に意味を与えようとした瞬間、我々は、自らが措定する法とは何か、その社会での法の担い手はだれか、法という言葉でいかなる権力に頼り、いかなる権力を統制しようするのか、自問自答することになる。

同じ問いかけは現代日本でも避けられない。例えば、「法の精神、法の支配がこの国の血となり肉となる、すなわち『この国』がよって立つべき、自由と正義を核とする法（秩序）が、あまねく国家、社会に浸透し、国民の日常生活に息づくようになるために」司法制度改革の方向性が模索されなければならないと、2001年の司法制度改革審議会の公表した意見書は述べている。ここでいう「法の支配」で我々は何を問うてきたか。そして何を問うてゆくのか。

［溜箭将之］

4）　Richard H. Fallon, Jr., *"The Rule of Law" as a Concept in Constitutional Discourse*, 97 Colum. L. Rev. 1 (1997).

7 法律の留保

〔独〕Vorbehalt des Gesetzes, Gesetzesvorbehalt

法律の留保とは、日本では、①行政の一定の活動には必ず法律の根拠が必要であるという意味と、②法律によりさえすれば、人権を制約できるという意味の二つがあると説明される。

まず①は行政法の重要な原則である「法律による行政の原理」において、法律の法規創造力、法律の優位と並ぶ構成要素の一つである[1)]。

また②は明治憲法下における悪名高き人権制約概念として紹介されることが多い。すなわち憲法の教科書では、明治憲法下においては「臣民ノ権利」が保障されていたが、「法律ノ範囲内」という「法律の留保」が付いていたため、人権保障が十分ではなく、現在の日本国憲法ではこのような概念は排除されるべきであるといった趣旨の記述が見られる。しかしドイツにおいては、日本ほど評判が悪い訳ではない。むしろ基本権を制限する場合に、国民代表たる議会が制定する法律という法形式を要請する重要な概念として理解されている。

1 法律の留保の歴史と意義

法律の留保は、もともと19世紀のドイツ立憲君主制の下で登場した概念である。君主の執行権に対して、議会が制定する法律という形式を要求することによって、市民社会を守るという機能が存在した。それゆえ、君主と議会の対立が解消したドイツ基本法、そして日本国憲法ではすでにその意義はないように思われるが、行政権が現在でも強大な権限を有していることからすれば、行政権が国民の自由や財産へ介入する場合に法律を必要とするという原則は、未だ重要な意義を有していると言えるであろう。

なお、法律の留保の例外として挙げられるのは特別権力関係論である。これはワイマール時代だけでなく、基本法下でも当初、唱えられていたが、法律の留保の拡大に伴い、克服されて来たという歴史がある。

1) この3つの分類は、オットー・マイヤーに遡るとされる（塩野宏『オットー・マイヤーの行政法学の構造』[有斐閣、1962年]）。

2 一般的な法律の留保と基本権上の法律の留保

法律の留保は、国家措置が国民の自由と財産に介入する場合には法律の根拠が必要であるという原則であるが、先の①は、これを行政権を主体として表現したものである。ドイツで言えば、一般的な法律の留保(allgemeiner Gesetzesvorbehalt)に該当する。この法的な根拠については争いがあり、連邦憲法裁判所の判例では、行政権が法律に拘束されると定める基本法20条3項が根拠であるとしているが、民主主義原理、法治国家原理、権力分立原理から導かれるとする説もある2)。

これに対して②は、法律の留保が基本権において表現されたものと位置づけられよう。たとえば基本法8条2項には、屋外の集会について「法律によって、または法律の根拠に基づいて」制限できるとする法律の留保の規定がある。これをドイツでは基本権上の法律の留保(grundrechtlicher Gesetzesvorbehalt)と呼ぶ3)。

両者の法律の留保をどう整理するかについて、ドイツでは議論があり、たとえば基本法2条1項の一般的人格権があらゆる基本権の「受け皿的な権利(Auffangrecht)」として、法律に根拠を有さない不利益的な国家措置に対する保護を含むとすると、一般的な法律の留保という概念はもはや必要ないのではないかとする説もある4)。

そのほか、国家・行政組織は法律によって規律されなければならないとする組織的・制度的な法律の留保（organisatorisch-institutioneller Gesetzesvorbehalt）という概念も存在する。

3 法律の留保の展開

法律の留保は、19世紀のドイツ立憲君主制の下では、「自由や財産」への侵害、すなわち侵害行政に対して、法律の根拠を要請するものであった。その後、議会制民主主義の発展、給付行政の重要性が増したこと、すべての国家領域へ基本法を貫徹させる必要があることなどから、法律の留保の射程が拡大された。

このような中で、あらゆる行政活動にはすべて法律の根拠が必要であるとする全部留保説も登場した。しかし連邦憲法裁判所は1970年代の判例を通

2） Vgl. Hartmut Mauer, Staatsrecht I 6.Auflage, C.H.Beck, 2010, S.212.
3） 48「三段階審査」参照。
4） Vgl. Hartmut Mauer, Allgemeines Verwaltungsrecht, 17.Auflage, C.H.Beck, 2009, S.118.

じて、「自由や財産」への侵害というメルクマールを離れ、基本権との関連性を基準とした本質性理論（Wesentlichkeitstheorie）を確立したのである[5)]。たとえばリーディング・ケースである性教育決定では、学校教育への性教育の導入について、「基本法における法治国家原理と民主国家原理は、立法者に、学校制度における本質的な決定は自らが行ない、学校行政に委ねないように義務づけている」とした上で、「基本権の実現にとって本質的」であるがゆえに、導入にあたっては十分な法律上の根拠が必要であるとしている。

4　本質性理論の内容

本質性理論では、立法者は、基本権の実現にとって本質的な決定を自ら行わなければならず、行政に委任してはならないとされる。ここには、まず議会留保（Parlamentsvorbehalt）として、本質的な事項については、議会の法律で決定されることが要請されるとする。この裏返しとして、本質的な事項については法律に書き込まなければならず、当該事項の下位法への委任は禁止される。並行して法律における規律の密度、そして明確性も要請される。このようにドイツでは、本質性理論を通じて法律の留保を立体的に捉えている。

もっとも本質性理論には、そもそも「本質的」とは何かについての基準が明確とは言えないという欠点を抱えていると批判されることが多い。連邦憲法裁判所は、「基本権の実現にとって本質的」という定式を幾度となく使っているが、結局は、判例の蓄積により、法領域ごとに個別に明らかにしていく他はないと言える。

5　個別法領域における法律の留保の発展

まず侵害行政では、侵害（Eingriff）概念[6)]の拡大により、国家の情報提供活動と法律の留保の関係が問題となっている[7)]。

また本来、法律の留保が最も重要な争点となりうる給付行政について、ドイツでは法律による規律化がかなり進んでいるため、実際上、あまり問題にはならないとされている[8)]。この点、補助金についても問題となるが、判例・

---

5)　詳しくは大橋洋一『現代行政の行為形式論』（弘文堂、1993年）参照。
6)　48「三段階審査」の「3　制限」の箇所を参照。行政法では、侵害行政（Eingriffsverwaltung）が定着していることもあり、Eingriffを「侵害」と訳すことが多いが、今後、三段階審査における訳語である「制限」、「介入」との関係で、統一化が必要であると思われる。
7)　斎藤一久「基本権の間接的侵害理論の展開」憲法理論研究会編『憲法学の最先端』56頁（敬文堂、2009年）参照。

通説は法律の根拠を必要とはしていない[9]。

さらに従来、特別権力関係論の下にあった刑務所、学校、公務員関係といったも法領域も、連邦憲法裁判所のおける本質性理論を採用した判例の積み重ねにより克服されてきた。加えて行政組織の法的規律などにも本質性理論は影響を与えている。

◆コメント

本質性理論は、日本の行政法学では法律の留保における学説の一つとして、重要事項留保説という名称で紹介されているが、憲法学ではあまりなじみがない。ドイツでは本質性理論が権力分立制にも深く関係しているとされており、日本においても、たとえば国会の法律で決定すべき事項についての議論（いわゆる議会留保）が必要であろう。並行して委任立法の限界についても重要な示唆を与えるのではないかと考えられる。もちろんドイツと同様に本質的とは何かが問題になるが、従来、十分に議論されていなかった領域における問題を発見、啓発する概念としての意義はあろう。

［斎藤一久］

8）Maurer, Allgemeines Verwaltungsrecht, S.124.
9）A.a.O.

8 主権 〔独〕souveraineté

主権とは、一般的には、①国家権力そのもの、②国家権力の属性としての最高独立性、③国政についての最高決定権、という異なる3つの意味をもつとされる。①の主権は、国家が有する支配権を包括的に示す言葉であり、立法権・行政権・司法権を総称する統治権とほぼ同じ意味である。②の主権は、後述する主権概念の生成過程から言えば、本来の意味の主権の概念である。③の主権は、国の政治のあり方を最終的に決定する力又は権威という意味であり、その力又は権威が君主に存する場合が「君主主権」、国民に存する場合が「国民主権」と呼ばれる[1)]。

日本国憲法は、国民主権を採用しているが、国民主権の原理には、2つの要素が含まれている。1つは国の政治のあり方を最終的に決定する権力を国民自身が行使するという権力性の側面であり、もう1つは、国家の権力行使を正当づける究極的な権威は国民に存するという正当性の側面である。主権の権力性の側面においては、国民が自ら国の政治のあり方を最終的に決定するという要素が重視されるので、そこでの主権保持者としての「国民」は、実際に政治的意思表示を行うことのできる有権者を意味する。これに対して、主権の正当性の側面においては、国家権力を正当化し権威づける根拠は究極において国民であるという要素が重視されるので、そこでの主権保持者としての「国民」は、有権者に限定されるのではなく、全国民を意味する[2)]。

まず、多義的な意味をもつ「主権」概念の生成について概観し、次いで、我が国における「国民主権」の考え方がその起源を有しているフランス革命以降の主権論争について見ていこう。

1 「主権」概念の生成

「主権」の概念は、理論的絶対的なカテゴリーに属するものではなく、歴史的相対的なカテゴリーに属するものである[3)]。これまでの歴史において、

1) 芦部信喜〔高橋和之補訂〕『憲法〔第6版〕』39-40頁（岩波書店、2015年）。
2) 芦部・前掲注1）41-42頁。
3) Georg Jellinek, *Allgemeine Staatslehre*, 3. Aufl., 1922, S. 435 ff.

「主権」という言葉は、3つの意味で用いられてきた[4]。

第1に、主権と言う言葉は、国権（Staatsgewalt, puissance d'Etat）がそれに優位する権力を持たず、最高の存在であることを示すために用いられる。この意味での主権は、国権の対外関係（対外主権）と対内関係（対内主権）とに分けられる。つまり、対外関係においては、国権が外国の権力に従属しない地位にあることを意味し、対内関係においては、国権が国内の個人と団体に対して優越する存在であることを意味するのである。ただし、両者は性質を異にするものではなく、共に国権の最高性という同一物を表示しているにすぎない。つまり、対外主権、対内主権のいずれもがその存在のために他方の存在を当然の前提としているのであり、いずれか一方のみでは存在しえない性質のものなのである。この意味での主権は、主権の本来の用法に属する。近代国家の形成過程において、フランス王国が、対外的には神聖ローマ帝国及びカトリック教会からの独立の地位にあり、対内的には国内の封建諸侯に優越するものであることを表示するために、フランス王国の国権が最高独立のものであると言う意味で主権という言葉を用いたところに由来する。

第2に、主権という言葉は、国家の包括的統一的支配権、つまり、国家の支配的意志力（pouvoir de volonté commandante）自体を表示するために用いられる。この第2の主権概念は、第1の主権概念の成立と同時に発生するはずのものであった。第1の主権概念は、国権の属性としての最高独立性を表示するものとして成立したので、それは出現すると同時に国権そのものを表示する言葉に転用される可能性を持っていたのである。そして、この第2の意味での主権が、君主主権、後述する「ナシオン主権」及び「プープル主権」でいう「主権」に当たるとして理解されていた。

第3に、主権という言葉は、国家の最高機関の権限、つまり、国家意思を最終的に決定統一する機関権限を指すために用いられる。この第3の意味における主権概念は、主としては、19世紀ドイツ国法学がいわゆる国家法人説[5]の立場から提唱するに至ったものである。

4）杉原泰雄『国民主権の研究』41-49頁（岩波書店、1971年）。

5）国家法人説とは、国家は法的に考えると1つの法人であり、したがって、国家は意思を有し、権利、具体的には統治権の主体である、と説く学説である。イェリネック（Georg Jellinek）によって体系化され、19世紀ドイツで支配的な学説となった。

2 「ナシオン主権」と「プープル主権」[6)]

フランス革命によって近代憲法原理として樹立された「国民主権」(la souveraineté nationale, la souveraineté de la nation, 以下、「ナシオン主権」と表記)は、特権階級の主張する「君主主権」と、民衆の標榜する「人民主権」(la souveraineté populaire, la souveraineté du peuple, 以下、「プープル主権」と表記)とに対抗するものとして、ブルジョワジーにより提唱されたものである[7)]。

まず、主権者たる「ナシオン(nation)」は、「プープル(peuple)」とは異なる法概念である。「プープル」は、それ自体自然的な意思決定能力・執行能力をもつ「市民」の総体であるのに対して、「ナシオン」は、それ自体としては自然的な意思決定能力・執行能力を持たない抽象的観念的存在である。すなわち、「ナシオン」は、国籍保持者の総体、又は、過去・現在・将来のすべての「プープル」である。アンシャン・レジームの君主主権を否定すると同時に、「プープル」の多数の意思による政治を必然的に帰結する「プープル主権」を排除するために形成された「ナシオン主権」は、その目的を達成するために、主権者たる「ナシオン」をこのように抽象的観念的存在として構成せざるを得なかったのである。いずれにせよ、フランス革命は、「プープル主権」とも区別される「ナシオン主権」をブルジョワジー的主権原理として樹立した。

「ナシオン主権」においては、主権は、抽象的観念的存在で、それ自体としては自然的な意思決定能力・執行能力をもたない「ナシオン」に単一、不可分、不可譲なものとして専属する。したがって、主権の行使を、自然人から成る「国民代表」に委ねなくてはならない。すなわち、「ナシオン主権」においては、主権の所有と行使は必然的に分離するのである。「プープル」が「国民代表」の選挙を行っているとしても、「国民代表」は、「ナシオン」に変わって一般意思を決定するのであって、「プープル」の意思に拘束されることも同意を求めることも要求されず、「プープル」に責任を負うこともない。「国民代表」は、「ナシオン」の利益を考えて行動し、それに責任を負うのである。

これを明文化したのが1791年憲法である。1791年憲法は、「主権は、単一、不可分、不可譲で、時効によって消滅することがない。主権はナシオンに帰属する。プープルのいかなる部分も、主権の行使を簒奪することができな

6) 杉原泰雄『国民主権と国民代表制』207頁以下(有斐閣、1983年)参照。
7) Georges Vedel, *Cours de droit constitutionnel et institutions politiques*, 1961, p. 579 et s.

い」(第3編1条)、「すべての権力は、ナシオンに由来する。ナシオンは、委任によらなければそれらを行使することができない」(同2条) と規定して、「ナシオン」と「プープル」を明確に区別し、「ナシオン主権」と「国民代表」を採用したのである。

この「ナシオン主権」に対して「プープル主権」を主張したのが、ルソーである。ルソーはその著書『社会契約論』[8]において、「プープル主権」を体系化した。「プープル主権」は、社会契約参加者の総体、すなわち、現在のすべての市民と規定される「プープル」を主権の所有者とする原理である。この意味での「プープル」は、それ自体自然的な意思決定能力・執行能力を有し、自ら主権を行使することができる。また、「プープル」を構成する各市民は平等であるので、「プープル」の意思・利益は、各市民の具体的な意思・利益の集積である。そこで、「プープル主権」の下では、主権の所有と行使が分離されることはなく、主権は全市民の参加によって行われることになる。したがって、一般意思の決定については、直接民主制によるか、あるいは、代表制を採る場合には代表が「プープル」の意思に拘束されて行動する命令的委任を受けることが不可欠となる。

この「プープル主権」を明文化したのが1793年憲法である。1793年憲法は、「主権はプープルに属する。主権は、単一、不可分であり、時効によって消滅することがなく、譲渡することもできない」(宣言第25条)、「プープルのいかなる部分も、プープル全体の権力を行使することができない」(同26条)[9]と規定しているのである。

このように「ナシオン主権」と「プープル主権」はフランス革命期に対立したのであるが、フランス憲法において定着したのは「ナシオン主権」である。ヴデルが、「他のすべての〔フランス〕憲法はナシオン主権に準拠していた」[10]と述べるところである。

◆コメント

日本における「国民主権」について、主権の主体としての「国民」は、権力性の側面においては、現在の有権者を意味し、正当性の側面においては、

8) ルソー〔桑原武夫＝前川貞次郎訳〕『社会契約論』第2編、第3編 (岩波書店、1954年)。

9) ただし、同条は続けて「しかし、集会した主権者の各部分は、完全に自由に、その意思を表明する権利を表明しなければならない」と規定しており、命令的委任を禁止している。その点で、ルソーの「プープル主権」とは異なる。

10) Georges Vedel, *Cours de droit constitutionnel et institutions politiques*, 1968-1969, p. 109.

現在の全国民を意味するとされている。これに対して、「ナシオン主権」の言う「ナシオン」は、観念的抽象的な過去・現在・未来のすべての人民であり、「プープル主権」の言う「プープル」は、現在において実在するすべての市民である。一見して、「プープル主権」の「プープル」は、権力性の側面における有権者に、「ナシオン主権」の「ナシオン」は、正当性の側面における全国民に対応するように思われるかもしれないが、実際はそうではない。現在のすべての市民と現在の有権者は異なるものであるし、過去・現在・未来を含めた抽象的観念的全国民と現在の全国民も全く異なるものである。したがって、我が国における「国民主権」の議論においては、フランス革命期の「ナシオン主権」と「プープル主権」の論争を取り入れることはあまり意味がない。むしろ、権力性の側面と正当性の側面とではなぜ主権の主体が異なるのか、それぞれの内在的論理に目を向けて検討する必要があろう。

[奥村公輔]

9　代表〔仏〕représentation

日本国憲法43条は、国会が「全国民を代表する選挙された議員」で組織されると定めている。ここに言う代表とは、代表機関の行為が法的に代表される者（国民）の行為と見なされるという趣旨の法的な意味（法的代表）ではなく、国民は代表機関を通じて行動し、代表機関は国民意思を反映するものと見なされるという趣旨の政治的な意味（政治的代表）だと解されてきた。これは、①議会を構成する議員は、選挙区など特定の選挙母体の代表ではなく、全国民の代表であること、したがって、②議員は議会において、自己の信念に基づいてのみ発言・表決し、選挙母体の指令には拘束されないことを意味する。しかし、第二次大戦後、国民意思と代表者意思の事実上の類似が重視されるようになり、社会学的な観点も含めて代表の観念を構成する考え方（社会学的代表）が提唱されてきた。そこで、現在の通説では、日本国憲法における「代表」の観念は、政治的代表という意味に加えて、この社会学的代表という意味を含むものとして構成するのが妥当であると考えられている[1)]。

このような社会学的代表の概念は、後述するようにデュヴェルジェによって提唱され、フランスにおける「半代表制（gouvernement semi-représentatif）」の概念と類似しているが、同じものではないと指摘されている[2)]。この「半代表制」は、フランス革命期の「純粋代表制（régime representatif pur）」に対立するものとして登場した。

1　フランス革命期における「純粋代表制」

フランス革命期の1791年憲法において、ブルジョワジーは、君主主権と「プープル主権」のいずれも排除する「ナシオン主権」を採用した上で、ブルジョワジーの意思を最も容易に国家意思に転化できるように「国民代表」制を構築しようとした。それが「純粋代表制」である。その特徴は、以下の通りである[3)]。

1）芦部信喜〔高橋和之補訂〕『憲法〔第6版〕』292-294頁（岩波書店、2015年）。
2）芦部・前掲注1）294頁。
3）杉原泰雄『国民主権の史的展開』49頁以下（岩波書店、1985年）を参照。

第1に、原則として、民選の議会のみが「国民代表」とされ、非民選機関にその地位が否定されていることである。選挙によらない機関による一般意思の決定が例外的に肯定されている場合であっても、民選の「国民代表」の意思に最終的には従属する。

第2に、民選の議会のみを「国民代表」とすることにより、「プープル」による一般意思の決定を排除していることである。「プープル」は、一般意思の決定に関与することができず、その意思を「国民代表」に強制することができない。具体的には、1791年憲法には、命令的委任の禁止や免責特権の保障などが定められていた。

第3に、議会とその構成員が、「プープル」からの独立性を法的に保障されているだけでなく、選挙を手段とする「プープル」の事実上の統制からも解放されていることである。「純粋代表制」の下では、制限選挙制度が採用されており、「プープル」の多くは、選挙権自体を否定され、選挙をつうじて議会・議員に事実上の影響を与えることさえも否定されているのである。

第4に、民選の議会のみを「国民代表」とすることによって、憲法上「国民代表」としての資格をもたない他の一切の機関による議会への干渉が禁止されることである。例えば、裁判所は、違憲審査の方法によって、「国民代表」による一般意思の決定に介入することができない。

この「純粋代表制」の下では、代表の観念は、全く擬制的なものとして観念の世界においてしか存在しないのであり、「純粋代表制」は、意思の従属関係、つまり、代理の実体を持たないのである。

2 第三共和制における「半代表制」

「半代表制」とは、第三共和制期のフランス公法学者エスマンが、1894年に発行された公法雑誌第1号で公表した論文「2つの統治形態」の中で、「選挙人の多数派によって表明される国民の現実の意思をできる限り正確に反映し、執行するというただ1つの目的を負う」と定式化した観念である[4)]。そして、カレ・ド・マルベールは、第三共和制の憲法運用において、「純粋代表制」から「半代表制」への変容を見出した[5)]。この「半代表制」の特徴は以下の通りである[6)]。

---

4) Adhémar Esmein, Deux formes de gouvernement, *RDP*, tome 1, 1894, pp. 16-17.
5) Raymond Carré de Malberg, *Contribution à la théorie générale de l'Etat,* II, Paris, 1922, p. 380 et s.
6) 杉原・前掲注3) 145頁以下を参照。

第1に、この「半代表制」の下においても、「純粋代表制」の場合と同一の一般意思決定の原則が維持されていることである。すなわち、一般意思を決定する「国民代表」は、「プープル」からの独立を法的に保障された民選の議会のみであって、「プープル」は例外的にも一般意思の決定に関与する権限を与えられていない。その結果、命令的委任が禁止され、免責特権も保障される。

第2に、議会・議員が事実上「プープル」、すなわち、選挙民の意思に従属する傾向にあるということである。デュギーによれば、「法的には……選挙区は無価値である。事実上は、それを無視することができない。世論が形成され、解決が与えられ、選挙が行われるのは選挙区においてである。そうすることによって、議員とその各々の選挙区との間により密接な関係が発生する」[7]のである。すなわち、「半代表制」は、「プープル」＝選挙民の意思を可能な限り正確に表明することを代表に義務付けるのであり、民意の追及を使命とする代表制なのである。

この「半代表制」の下では、代表の観念は、代表の意思に対する拘束を意味しており、「半代表制」は、意思の従属関係、つまり、代理の実体を事実上持つことになる。

現在のフランス憲法学においても、議会・議員が「プープル」に事実上従属する傾向にあるという事態を共通の認識にしているといってよい。しかし、これを「半代表制」の概念で捉えるのではなく、「社会学的代表（représentation sociologique）」と捉える見解がある。

3 「社会学的代表」

代表概念を「社会学的代表」として論じるのがデュヴェルジェである。デュヴェルジェは、「代表という言葉は、社会学的代表概念においては委任者と受任者という二者間の法的関係を意味するのではなく、選挙において表明された世論とその選挙から生じる議会の構成との間の事実上の関係を意味している。そこでは、代表とは、これら両者の間の類似を意味する」[8]と述べている。つまり、デュヴェルジェは、選挙という行為に選挙民の意思と代表者の意思との一致の確保を見出すのである。いかなる選挙方法をとろうと

---

7) Léon Duguit, *Traité de droit constitutionnel*, II, 2e ed., 1928, p. 650.

8) Maurice Duverger, *Institutions politiques et droit constitutionnel*, tome I, 12e éd., 1971, p. 104. 和田進『国民代表原理と選挙制度』119頁（法律文化社、1995年）参照。

も、この一致を完全に実現することはほとんど不可能であるが[9)]、「社会学的代表」の観念においては、議会全体が選挙民の政治勢力を反映すべきことが求められるのである。

◆コメント

日本の憲法学においては、「半代表」概念と「社会学的代表」概念とは一般に同一視される傾向にある。しかし、「半代表」(及び「純粋代表」)が、議員の地位に関わる観念であるのに対して、「社会学的代表」は、そのような観念ではなく、議会全体が選挙民の政治勢力を反映すべきことを用いられるのであって、問題の位置づけが異なっている[10)]。したがって、「半代表」と「社会学的代表」とを混同すべきではなく、それぞれの射程に留意する必要がある。

［奥村公輔］

9) 芦部信喜「選挙制度――日本国憲法と選挙法の諸原理――」『憲法と議会政』272頁(東京大学出版会、1971年)参照。
10) 大石眞『憲法講義Ⅰ〔第3版〕』137頁(有斐閣、2014年)。

10　憲法制定権力〔仏〕pouvoir constituant

憲法制定権力とは、制憲権とも言われ、憲法を作る力のことを指す。すなわち、法秩序の諸原則を確定し、諸々の制度を確立する権力である。芦部信喜によれば、憲法制定権力とは、憲法の上にある力であり、憲法に拘束されず、憲法を自由に作り替えることができる権力である。ただし、憲法制定権力が赤裸々な生の実力であるわけではない。憲法制定権力は、法秩序と国家権力を創造する権力である限り、一般の実定法に属しないのは当然であるが、何らの規範的拘束をも受けず、憲法秩序の運命を自由に左右できるものとは見られていない[1)]。

日本の憲法学においては、「憲法制定権力」は、「憲法改正権力」との関係において問題となる。すなわち、日本国憲法は、「憲法制定権力」の主体を国民とし（前文、1条）、他方、「憲法改正権力」の主体も国民であるとしている（96条）。したがって、「憲法制定権力」と「憲法改正権力」とが同一のものであるのかどうかが議論の対象となっている。同一のものとなれば、憲法改正によればいかなる変更も日本国憲法に加えることができることになる。

1　フランスにおける憲法制定権力論の源流

憲法制定権力の観念はフランスにその源流があるが、この観念を統一的に初めて体系化したのが、フランス革命期のシィエスである。シィエスの憲法制定権力論は、その有名な著書『第三身分とは何か』(1788年）において展開されており、次のように要約される[2)]。

①　まず、憲法制定権力を持っているのは、「国民（nation)」だけであり、国民の憲法制定権力は、単一不可分である。そして、「国民がいかなる仕方で意思しようと、国民が意思さえすれば十分である。どんな形式でもよい」と述べるように、憲法制定権力は法的制限には一切服さない。すなわち、実

1)　芦部信喜『憲法制定権力』3頁（東京大学出版会、1983年)。
2)　シィエス〔稲本洋之助＝伊藤洋一＝川出良枝＝松本英実訳〕『第三身分とは何か』109-120頁（岩波文庫、2011年)。

定法の上にある自然法によって認められた原則として、国民は憲法制定権力によっていかなる憲法をも作りうるのである。

② 次に、憲法制定権力という特殊の権力の存在と、一般の国家権力、すなわち、「憲法によって創設される諸権力（pouvoirs constitués）」とは区別される。しかし、シィエスは、憲法制定権力と憲法改正権力とを特に区別しない。シィエスによれば、「特別代表[3)]のみが、憲法を改廃し、又は新たな憲法を制定することができる」。すなわち、憲法改正を憲法制定の作用と考えていたのである。

2 フランスにおける憲法制定権力と憲法改正権力との区別へ

シィエスの憲法制定権力論、とりわけ、憲法制定権力と憲法改正権力とを区別しない考え方は、その後のフランスにおいても維持された。

このような潮流において転機となったのが、フランス第三共和制期のビュルドーの博士論文（1930年）[4)]に見られる憲法制定権力論である。ビュルドーの憲法制定権力論[5)]は、憲法制定権力を「始原的憲法制定権力（pouvoir constituant originaire）」と、憲法改正権力を「制度化された憲法制定権力（pouvoir constituant institué）」あるいは「派生的憲法制定権力（pouvoir constituant dérivé）」とそれぞれ観念した。すなわち、ビュルドーは、憲法改正権力を「憲法によって創設される諸権力」の1つと見なしたのである。

ビュルドーによれば、「始原的憲法制定権力」は法の理念を実現する革命的な権力であり、「始原的憲法制定権力」の法秩序への発現形式としての「派生的憲法制定権力」は、「始原的憲法制定権力」による法秩序の破壊を防止するためのものである。したがって、ビュルドーは、「派生的憲法制定権力」たる憲法改正権力は、「始原的憲法制定権力」たる憲法制定権力を護るためのものであると主張したのである[6)]。ビュルドーの議論以降、フランスにおいて、両者の区別が強調されていくことになる。

3） シィエスは、通常の立法権のための通常代表と、憲法制定のための特別代表とを明確に区別した。

4） Georges Burdeau, *Essai d'une théorie de la révision des lois constitutionnelles en droit positif français*, 1930, Thèse.

5） 本項目は、その後の著書における記述を基にしている。Georges Burdeau, *Traité de science politique*, tome III, 1950, pp. 203-218.

6） 参照、芦部・前掲注1）45頁、高野敏樹『憲法制定権力と主権――憲法保障の視点からみたその意義と課題――』223-225頁（青潮社、1998年）、大隈義和『憲法制定権の法理――「違憲の憲法」との関連で――』169-170頁（九州大学出版会、1988年）。

3　シュミットの憲法制定権力論

ドイツにおいても、憲法制定権力と憲法改正権力とを区別しない考え方が支配的であったが、ワイマール憲法期の公法学者シュミットの有名な著書『憲法論』(1928年)[7)]における憲法制定権力論によって両者の区別が認識されるようになる。

シュミットも、憲法改正権力が憲法制定権力とは別の権力、すなわち、憲法によって作られた権力の1つであると考えた。シュミットによれば[8)]、「憲法律[9)]の改正又は修正する権能……も、あらゆる憲法律上の権能と同様、法的に規律された権限すなわち原則として限定されたものである」。「憲法改正権力は、憲法を保持しつつ、憲法律の諸規定に変更、追加、補充、削除等々を行う権限のみを意味し、新しい憲法を制定する権能を含まず、またこの憲法改正権限の固有の基礎を変更し、拡張し又は新しいものによって置き換えたりする権能……を含まない」。このように、シュミットは、憲法改正権力には限界があると説くのである。他方で、シュミットの言う憲法制定権力はすべての規範的なものの上に存在する実力であると言う点で、シィエスの憲法制定権力論と近接するものである。すなわち、「政治統一体は倫理的又は法的規範による根拠付けを必要とせず、政治的実存のうちにその意味を持っている。規範には、この場合何らかのものを根拠付ける能力は全くない。政治的実存の特殊性は正当化される必要もなく、またそれは可能でもない」のである。

こうして、このようなシュミットの議論はドイツにおいて認知され、憲法制定権力と憲法改正権力とを区別し、また、憲法制定権力を制限するものはないという考え方が一般的になる。

4　現在のフランス第五共和制における憲法制定権力論

以上見てきたように、フランス革命期に萌芽した憲法制定権力論は、とり

---

7)　Carl Scmitt, *Verfassungslehre*, 1928. 本書の第2版（1954年）の邦訳として、カール・シュミット〔阿部照哉＝村上義弘訳〕『憲法論』(みすず書房、1974年)、尾吹義人『憲法理論』(創文社、1982年)。

8)　訳出にあたって、前掲注7) の文献を参照。

9)　シュミットは、実定憲法上の憲法規範を「憲法 (Verfassung)」と「憲法律 (Verfassungsgesetz)」とに分ける。「憲法」こそが憲法制定権力の所産である。これに対して、「憲法律」とは、憲法制定権力の発動を前提とし、「憲法」から導かれた個々の「憲法規定の集合体」にすぎない。すなわち、「憲法律」とは、憲法制定意思を執行する規定である。

わけ、憲法制定権力と憲法改正権力との混同は、フランスにおいてはビュルドーにより、ドイツにおいてはシュミットにより、両者が区別されるようになった。そして、現在のフランス第五共和制においても、学説上憲法制定権力と憲法改正権力とは明確に区別されている。すなわち、憲法制定権力は「始原的憲法制定権力」として、憲法改正権力は「派生的憲法制定権力」としてそれぞれ区別されているのである。しかし、「派生的憲法制定権力」たる憲法改正権力には限界があるかどうかについては学説上争いがある。

◆コメント

現在の日本の憲法学においても、「憲法制定権力」と「憲法改正権力」とを区別するのが一般的である。シィエスの憲法制定権力論は両者を区別しないものであったのに対して、ビュルドーやシュミットの憲法制定権力論は両者を区別する。したがって、我が国における憲法制定権力論の源流はビュルドーやシュミットのそれにある。しかし、シィエスやシュミットは、憲法制定権力は何らの規範的拘束を受けないと考えるのであって、この点は我が国の通説的見解とは異なる。はたして憲法制定権力は何らかの規範的拘束を受けるのか、再考する必要があろう。このことは、「憲法改正権力」の改正限界論にも影響を与えるであろう。

［奥村公輔］

11 憲法習律 〔英〕constitutional convention

一般に法の存在形式（法源）には成文法と不文法とがあるのと同様、日本国憲法の法源にも、成文法源と不文法源があるとされる。国会や内閣などによる有権解釈が長期間にわたって反復・持続され、普遍かつ明確な意味を有し、それに一種の規範としての価値を認める国民の合意（規範意識）が形成されると、憲法慣習として、イギリスでいう憲法習律とほぼ同じ性格のものが認められることになる。この憲法慣習ないし憲法習律は、国会や内閣を政治的に拘束するが、裁判所を拘束しないものとされる。

憲法習律が今日でも統治機構の中核部分を規定する重要な役割を果たしている国が、イギリスである。イギリスは今日でも成文憲法典をもたず、日本のように成文の硬性憲法を有する国と異なり、憲法慣習に成文憲法と比べてどの程度の効力を与えられるべきか、という問題は生じない（成文憲法の規定に反する憲法慣習の問題については、12「憲法改正と憲法変遷」を参照されたい）。しかし、憲法習律が依然として統治機構の重要な部分にかかわるため、必然的にその機能や実効性について緊迫した議論が展開されている[1)]。

1 イギリスにおける例

イギリスにおいて、憲法習律は、国王、国会、内閣及び裁判所がそれぞれの機能を果たすにあたって、法的に強制可能ではないものの、あたかも強制可能であるかのように遵守されている慣行として位置づけることができる。このように説明すると、憲法習律とは曖昧な慣行に過ぎないような印象を与えるかもしれない。しかしイギリスでは、憲法規範の生成が、革命や事件の積み重ねの中から、国王の統治権限を国会や内閣が徐々に奪っていく過程で起こってきたから、憲法習律は統治機構の核心をなすルールをも含むものなのである。

憲法習律が作用する具体例を見てみよう。今日、イギリスの国王は、憲法上の権限を行使するにあたっては、庶民院の過半数の支持を得た内閣の助言

1) A.W. Bradley & K.D. Ewing, Constitutional & Administrative Law 19-29 (15th ed. 2011).

に従うべきことが、憲法慣習として認められている。とりわけ、国会で貴族院と庶民院を通過した法案は、法律として成立する前に国王の裁可（Royal Assent）を経なければならないとされ、かつその裁可は閣僚の助言によって当然になされなければならない。

国王が最後に裁可を拒む形で拒否権を行使したのは、1707年のスコットランド民兵法に対してであった。これは、スコットランドとイングランドとの連合が成立した直後のことで、アン女王がスコットランドの武装が国王の脅威になることを恐れたことに対し、広く世論の共感があったとされる。国王の裁可は、1912年に起こったアイルランド自治法案をめぐる危機をめぐっても注目を浴びた。アイルランドに自治権を与える法案に対し、ユニオニスト側が国王ジョージ5世は裁可を与えるべきでないと主張したのである。最終的に首相アスキスの助言によって国王は裁可を行ったが、法律の実施は第一次世界大戦により延期された。

今一つの例が、首相が国会の選挙結果が明らかとなった後の身のふるまいについての憲法習律である。国会の選挙については、立法により詳細な規制があるが、この点について明文の規定はない。しかし、内閣は国会の過半数の支持を得なければならないことを踏まえ、選挙を行うよう国王に助言した首相は、自らの政党が庶民院の過半数を取れず、別の政党が過半数をとった場合には、国会の開会を待たずに辞任する慣行になっている。ところがどの政党も過半数を取れなかった場合には、曖昧さが残る。2010年の選挙では、労働党、保守党、自由民主党のいずれも過半数を取れなかった。連立政権に向けた交渉が難航する中で、女王が首相の指名にあたって何らかの裁量権を行使できるのでは、という噂もあった。最終的には、それまで労働党政権を率いたブラウン首相が、自由民主党との連立の見込みがなくなった時点で国王に辞表を提出し、女王は彼の助言に基づき、保守党のキャメロン党首を首相に指名した。キャメロンと自由民主党との連立交渉の結果、保守党＝自民党の連立政権が成立することとなったのである。

2 憲法習律の機能

憲法習律の内容は多様であり、1で掲げたほかにも、イギリスの政治や統治に関わる様々な場面で機能している。裁判官の政治的中立性に関わる欠格事由や、スコットランドの所轄事項に関する国会の立法権限、政府に対する法律顧問の助言の秘密など多くの例を挙げることができる。

1の例を見ただけでも、憲法習律が立法の成立や選挙後の首相任命など、イギリスにおける統治作用の核心を規律する内容を含んでいることが分かる。日本であれば憲法に書き込まれる内容である。習律の成立・遵守の是非が問われるのも、スコットランドやアイルランドの帰趨という連合王国の一体性が問われる場合や、また政党間で選挙結果が拮抗し二大政党制の帰趨が問われる場合、といった大きな政治的イベントを契機としている。

このことから、憲法習律の機能上の特徴の1つとして、その遵守の確保や違反に対する制裁が、政治社会や一般市民のレベルにおける世論の力に委ねられていることを挙げることができる。イギリスは硬性憲法を有するわけではないので、憲法習律違反から法律の違憲無効という結論は導かれない。むしろ憲法習律は、これに対する違反が政治的困難を招来することから、遵守と制裁が担保されることになる。もし国王が、それまで従ってきた習律に反して行為した場合には、国会がこれに対抗して立法を行う可能性を想定しなければならない。内閣閣僚が憲法習律に反する行為をした場合には、閣僚などの重要な地位を失う、あるいは政治生命を奪われることを覚悟しなければならない。

こうした政治的な遵守・制裁の担保の裏返しとして、憲法習律は裁判所では直ちに裁判規範として援用されないといわれる。これは一般論としては正しいが、近年では、裁判所が憲法習律の内容を裁判所に顕著なものとして認めて（judicial noticeという）、これに基づいて判決を出すこともある。

3　憲法習律のゆくえ

憲法習律は、内容が曖昧であり、また違反に対する制裁も不明確で、政治的チェックアンドバランスに委ねられている。国会での慣習については、もともと国会の書記官アースキン・メイが編纂した体系書が存在し、これが今日までアップデートされている[2)]。しかし憲法習律に伴う曖昧さへの批判と相まって、近年は憲法習律が明文化されることも多くなってきた。例えば、国王による裁可についても、手続面では立法化がなされており（Royal Assent Act 1967）、内閣閣僚らの政治倫理に関わる慣習上のルールも、今日では『閣僚綱領（Ministerial Code）』として公開されている。

この『閣僚綱領』の現状は、今日のイギリスにおける憲法習律のあり方を

2）　Sir Malcolm Jack, Et Al, Eds, Erskine May's Treatise on the Law, Privileges, Proceedings and Usage of Parliament (24th ed, 2011). 初版は1844年である。

象徴的に示している。内閣閣僚の念頭に置くべき倫理綱領は、遅くとも第二次世界大戦後には非公開の形で存在していたとされる。これが『閣僚の手続問題（Questions of Procedure for Ministers（QPM））』という名称で公開されたのが1992年のことである。ブレア首相の着任とともに『閣僚綱領』と名を改めて新版が刊行され、今日では、首相が交代すると閣僚綱領の新版が公表される習律となっている。現時点では、首相が中立的な顧問を任命してその助言を受けつつ、綱領を運用しているが、首相より中立的な立場の者が運用の責任を負うべきだとの批判もある。『閣僚綱領』に制定法上の位置づけを与えるべきだとの主張もあるが、これまでのところ国会でも受け入れられてはいない。

そもそもイギリス憲法は、革命の17世紀を経て王権と国会の手打ちがなされた後も、変化・進化を続けてきた。とりわけ内閣の制度は18世紀から19世紀の慣習の変化を通じて、徐々に形成されてきた。憲法習律は、そうしたイギリス憲法体制の漸進的な形成・変革の中心を担ってきた。憲法習律を通じ、拙速な概念定義を避け、柔軟性を保ちつつ、統治制度の進化を図ることの意義は、今日でも維持されているように見受けられる。

◆コメント

日本では、成文憲法としての日本国憲法が国内の政治体制についての骨格を定めているため、イギリスの憲法習律は、直ちに参考になるものではない。憲法習律をいかに実効性あるものにするか、特に政治や世論のレベルでいかに律するかといった、実感を伴った議論が日本で盛りあがることは、これまであまりなかったように見受けられる。

それでも憲法習律をめぐる議論は、日本においても、憲法典の射程や法の拘束力の根拠など原理的な論点を提起してきた[3)]。政府の行動を政治や一般市民の意見によって監視・統制するかといった論点を伴う、緊張感に満ちたイギリスの憲法習律論を参照すると、厚みを伴った憲法習律論が展開することも可能であるように思われる[4)]。

［溜箭将之］

---

3) 長谷部恭男『権力への懐疑——憲法学のメタ理論』1章・2章（日本評論社、1991年）。
4) ダイシー以来の伝統と学説の検討も含めた論稿として、原田一明『議会特権の憲法的考察』（信山社、1995年）。

12 憲法改正と憲法変遷

〔独〕Verfassungsänderung／Verfassungswandlung

憲法改正とは、形式的意味の憲法、すなわち憲法典上の規定（テキスト）を内容的に修正・削除・追加することである。

ところで、革命が起これば、勝者により憲法が新しく作られる。このように新憲法が旧憲法に取って変わるような憲法除去（Verfassungsbeseitigung）も想定しうるが、これは憲法改正とは区別されよう。またナチスの全権委任法のように憲法や憲法秩序を破壊するような憲法破壊（Verfassungsvernichtung）も憲法改正とは異なる。さらに国家緊急権等に基づき、憲法上の特定の規定、とりわけ基本権規定を一時的に失効させる憲法停止（Verfassungssupension）、条文の効力を一般的に廃止することなく、個別事例において、憲法の逸脱を許す憲法破毀（Verfassungsdruchbrechung）とも異なる概念である。

これらに対して、憲法変遷[1]という概念がある。これは憲法上の規定が改正されていないにもかかわらず、その本来的な意味が国家権力の運用によって変化することである。憲法変遷は最高法規たる憲法の視点から、現実を評価し、憲法規範と現実との間の不一致について問題にするものであるが、とりわけ憲法規範から真正面から反するような現実が生起し、それが一定の段階に達した場合に、それが憲法改正と同様の法的効果を有すると認められるかが問題とされている。

1　憲法改正の手続と内容

憲法改正で主として問題となるのは、その手続である。憲法改正手続はアメリカ合衆国のように連邦議会の3分の2による提案とともに、4分の3の州の立法者の採択を必要とする場合、フランスのように原則として両院の過半数で議決された後、国民投票を必要とする場合など、国によって様々である。ドイツ基本法では連邦議会議員の構成員の3分の2および連邦参議院の表決

1）当該概念の定義・捉え方は、日独双方においてそうであるが、論者によってかなり異なっている。本項目の3、4、5を執筆するにあたっては、主として赤坂正浩『立憲国家と憲法変遷』363頁以下（信山社、2008年）を参照している。

数の3分の2で基本法の改正ができる。日本国憲法の改正が、衆参両議院の総議員の3分の2以上の賛成だけでなく、国民投票を課していることからすれば、改正のハードルは低いということができる。なお、州憲法レベルでは州民投票を必要とする州もある。

このような手続の簡便さもあり、ドイツ基本法は1949年の施行以来、60回の憲法改正がなされている。しかしながらドイツ基本法には連邦と州、そしてEUとの権限等も規定されるなど、日本では法律によって規定されている事項も基本法で規定されており、回数のみでは単純には比較できないことに注意が必要であろう。

基本法の改正として、主たるものとしては、まず1954・56年に北大西洋条約機構への加入に際して設置された国防軍に関する改正、1968年に非常事態に対応するための改正である。また1990年にはドイツ統一に伴い、基本法を旧東ドイツ地域にもその適用範囲を広げる改正がなされている。その後は、マーストリヒト条約やリスボン条約締結時に改正がなされており、EUの進展に伴う改正が多くみられる。なお日本でよく言及される環境目標規定は1994年に追加されている。

2　憲法改正の限界

ドイツの基本法の改正の限界については、基本法79条3項に「連邦の諸州への編成、立法における諸州の原則的協力、または1条及び20条に謳われている基本原則に抵触するような基本法の変更は、許されない」として定められている。

具体的に挙げれば、以下の通りである。

- 人間の尊厳と国家権力によるその尊重（1条1項）
- 不可侵・不可譲の人権の信奉（1条2項）
- 国家権力の基本法への拘束（1条3項）
- 民主的・社会的法治国家の原理（20条1項）
- 国民主権（20条2項1段）
- 国民が選挙・表決によって、立法・行政・司法の機関を通じて国家権力を行使するという原則（20条2項2段）
- 立法の憲法秩序への拘束（20条3項）
- 行政と司法の法律と法への拘束（20条3項）
- 連邦諸州への編成（79条3項）

• 州の立法への原則的協力（79条3項）

3 憲法変遷の起源

憲法変遷の概念は、パウル・ラーバントが1895年に公表した論文に起源があるとされるが、日本では美濃部達吉がゲオルグ・イェリネックの論文「憲法改正と憲法変遷」（1906年）を紹介したことに由来しているとされている。イェリネックの定義によれば、憲法改正とは「意図的な意思行為によっておこなわれる憲法テクストの変更」とされ、これに対して憲法変遷とは「憲法テクストを形式的には変更せずに存続させたまま、そのような変更の意図または意識によって導かれる必要のない諸事実によって惹き起こされるような変更」とされる。

この点、日本ではイェリネックが用いた憲法とは形式的な意味の憲法（憲法典）であると伝統的に解釈されているが、彼がイギリスのような成文憲法典のない国も視野に入れて論じていたことから、一部、実質的な意味の憲法とする説もある。後者によれば、憲法が変遷するのは当然の現象であり、もし公職選挙法が実質的意味の憲法に含まれるとすれば、衆議院選挙における中選挙区制から小選挙区制への改革は憲法の変遷と説明されることになる。

4 ドイツ・ワイマール期の憲法改正と憲法変遷

戦前のドイツ、とりわけワイマール期において憲法改正には形式的憲法改正と実質的憲法改正が存在していた。前者は通常の憲法改正であり、憲法典の文言を削除・修正・付加することである。これに対してワイマール期には法律に対する憲法の優位が確立されていなかったため、たとえば単なる法律の制定の際に、特別多数決による議決を行い（偶然に3分の2以上の表決数があった場合も含む）、結果として憲法条文を改正せずに、その内容が憲法典と矛盾する法律を制定するという憲法改正、すなわち実質的憲法改正が存在していたのである。この実質的憲法改正が当時、憲法変遷とされたのである[2)]。

なおワイマール期には、実質的憲法改正と類似の概念として、憲法破毀[3)]についての議論がなされていた。通説は憲法破毀も実質的憲法改正に含まれ

2) 赤坂正浩によれば、第2次世界大戦前のドイツの憲法変遷論は「憲法法源交代論」であり、これに対して日本の憲法変遷論は「規範意味変化論」であると位置付けている（赤坂・前掲注1）532頁）。
3) 詳しくは岩間昭道『憲法破毀の概念』（尚学社、2002年）参照。

るとしており、たとえばゲルハルド・アンシュッツは、憲法改正の対象には限界がないという前提の下、憲法改正手続によるものは、すべて憲法改正に含まれるとして、憲法破毀もそこに含んでいた。これに対してカール・シュミットは、憲法破毀を法律ではなく、措置と捉え、憲法改正手続によって憲法破毀はできないとする。たとえば大統領の罷免手続を定めるワイマール憲法43条の規定に依ることなく、憲法改正手続により、大統領を罷免することは憲法に反するとしていた。

5 戦後の憲法変遷

戦後、基本法では憲法の優位が確立しただけなく、先述した実質的憲法改正を基本法79条1項[4)]で禁止したことにより、現在の日本の議論と同じ土台に立った。学説上、ペーター・ヘーベルレのように、いわゆる「開かれた憲法理解」から憲法変遷概念そのものを不要とする説もあるが、学説の多くは日本と同様、憲法変遷を憲法典のテクストは改正されずに生じる憲法条項の意味変化と捉えている。たとえば「鉄道」(基本法73条) にリニアモーターが含まれるようになったり、人間の尊厳 (基本法1条1項) が医学や生物学の実験に対して主張されることなどが憲法変遷の具体例として挙げられている。

この点、ドイツ特有の憲法変遷をめぐる問題として、戦後、連邦憲法裁判所という有権的憲法解釈機関が設置されたことが挙げられる。これにより、連邦憲法裁判所の裁判官の解釈によって生じる憲法規範プログラムの変化が憲法変遷と捉えられるようになったとされる。

◆コメント

以上を前提とすれば、日本でも憲法変遷を説明概念として、より広範に用いることも可能であるように思える。しかし、戦後の日本では憲法9条の変遷が主たる問題となったこともあり[5)]、その概念の利用自体が一つの政治的立場選択を意味しており、日本における憲法変遷論はかなり独自に展開したと言っても過言ではないであろう。

［斎藤一久］

---

4) 基本法79条1項「基本法は、基本法の文言を、明文で変更または補充する法律によってのみ、変更することができる。」

5) 契機となったのは、当時、中央大学教授であった橋本公亘が「非武装が国際および国内政治の現実の上で不可能であり、かつ国民の規範意識の変化が見られると判断した」(同『日本国憲法』32頁〔有斐閣、1980年〕) として、9条の意味の変遷を認めたことであった。

13　生ける憲法〔英〕living constitution

「生ける憲法」とは、憲法の意味が時代の変遷とともに変化しうることを表す比喩的表現である。もちろん、憲法が生物として実際に生きているわけではないので、憲法学における講学上の概念である。社会の変化に応じて憲法の意味も変わる余地があることから、憲法も一種の有機的存在であることを言い表すために作られた造語といえる。日本の基本書では、憲法変遷の項目の導入部分で、憲法も現実社会の変化に応じて意味が変わりうるということを説明するときに使われることが多い。「生ける憲法」の概念を使って憲法の意味が変化しうることを説明した上で、憲法の本来的意味とは異なる現実に直面した場合に、憲法改正を行ったときと同じような法的効力をもちうるかという憲法変遷の議論が続くわけである。ただし、憲法変遷の議論に入った後は、生ける憲法の話はほとんど出てこない。

一方、日本よりも先に「生ける憲法」論に取り組み、今なお、それをめぐる議論が盛んなアメリカでは、日本とはやや異なる文脈で議論が行われている。アメリカの生ける憲法論は、社会状況に応じた憲法の意味の変化を説明するだけにとどまらず、憲法観の問題に直結し、さらに憲法解釈方法論の問題として取り上げられている。以下では、アメリカの生ける憲法論の議論状況を概観することにしよう。

1　生ける憲法の萌芽

生ける憲法の概念の出自は必ずしも明らかではないが、現在のように本格的な憲法論として用いられるようになったのは、20世紀後半に入ってからのことである。それまでにも、生ける憲法に関連するような議論は存在したが、どちらかといえば、憲法論というよりも政治論に近い形で言及されることが多かった。たとえば、政治学者でもあったウィルソン大統領は政府を有機体になぞらえて説明していたし、同時期にホームズ判事も憲法が有機体であることに言及していた[1)]。また、生ける憲法を唱えたわけではないが、古

1)　Scott Dodson, *A Darwinist View of the Living Constitution*, 61 VAND. L. REV. 1319 (2008).

くはジェファーソンの19年主権論も憲法の時制に着目していたという点で、関連するといえるかもしれない[2)]。

このように、かつての議論はレトリックとして言及するか、あるいは憲法とは少し距離のあるところで展開していたといえる。それが、憲法論として論じられるようになったのは、生ける憲法のライバルとなる原意主義（Originalism）が台頭するようになってからのことであった。

2 ウォーレン・コートと生ける憲法

アメリカでは、20世紀中盤にウォーレン・コートが次々とリベラル的判断を下した。人種統合を打ち出したブラウン判決はその代表例である。ブラウン判決は、先例変更を行って判断したものであり、時代の変化に即して憲法の意味を発展させていることから、生ける憲法に親和的なものと理解されている。ところが、それに対する反発として、裁判官の裁量を狭めるべきではないかという考えが打ち出されるようになった。そこで登場したのが原意主義である。原意主義によれば、憲法解釈は憲法の本来の意味に即して行われるべきであり、裁判官が時代の変化に合わせて自由に憲法解釈をしてはならないとする。ウォーレン・コートでは、時代に合った新しい権利を認める傾向にあったため、特に保守派の陣営が原意主義を掲げてウォーレン・コートを攻撃した。原意主義の有名な論客として、ボークが挙げられる。ボークによれば、そもそも司法審査は民主的判断を覆すのであるから、憲法を守るために行わなければ正当性がないという。そのため、裁判官は憲法起草者の意図を尊重して、憲法に忠実な判断を行わなければならないというのである[3)]。

また、実務の世界においても、レーガン政権で司法長官を務めていたミースが憲法起草者の原意を用いて解釈すべきであることを表明した。ミースは、憲法条文の意味が明らかである場合にはそれに従い、憲法起草者らが憲法条文の黙示的意味を明らかにしている場合には憲法起草者の意図に従うべきであると述べている[4)]。

このように、1970年代頃から原意主義が有力に提唱され始め、憲法観や憲

2）ジェファーソンは、憲法を含むあらゆる法令の効力は19年で切れると述べており、世代を意識した主権論を展開していた。

3）Robert H. Bork, *The Constitution, Original Intent, and Economic Rights*, 21 SAN DIEGO L. REV. 823 (1986).

4）なお、ミースは中絶する権利を一部認めたロー判決がレーガン政権の見解に合致しないため、それを批判するために原意主義を提唱したと指摘される。

法解釈方法論として議論が磨かれていった。

3 生ける憲法の概念

ウォーレン・コートの中では、とくにブレナン判事が生ける憲法に近い考え方を持っており、憲法は静的なものではなく現状に対応できるものにしなければならないとしていた5)。この頃からようやく、生ける憲法論の内実が見え始める。すなわち、憲法が自由の根本規範であることからすると、時代によって自由の価値が変化した場合にはそれに合わせて意味を変えなければ自由を保障できないため、憲法を動的なものとして捉える必要があるというわけである。

もっとも、生ける憲法論の知名度を高めたのは、後に連邦最高裁長官となるレーンキスト判事の書いた論文であった。それは「生ける憲法の概念」(The Notion of a Living Constitution) というタイトルとは裏腹に、生ける憲法批判を展開するものであったが、皮肉にも生ける憲法批判がその概念を広める結果となったのである6)。レーンキスト判事によれば、「生ける憲法」という言葉は「死んだ憲法」という言葉よりも一般受けがいい言葉であるが、裁判所が時代の変化に応じて憲法の意味を変えられることになってしまうと、司法審査の正当性がなくなってしまうとする。なぜなら、司法審査は憲法を守るという大義があるからこそ民主的意思を覆すことができるのであって、憲法の意味を変えてしまうことはその大義を失ってしまうことになるからである。

これに対し、原意主義批判を行う形で、生ける憲法論が展開し始めた。原意主義批判としては、原意が何を指すのかが不明確であること、なぜ過去の意思に拘束されなければならないのかという説明がなされていないこと、などが挙げられる7)。生ける憲法論を支持する側としては、こうした批判に応えられていない原意主義は憲法解釈方法論としては不適切であると考えるのである。そして、そもそも憲法判断は必然的に価値の選択を伴うものであって、司法はそれを行う機関であることから、司法は社会の変化に応じて柔軟な憲法解釈を行うべきであるとする。

---

5) William J. Brennan, Jr., *Construing the Constitution*, 19 U.C. DAVIS L. REV. 2, 7 (1985).

6) その論文とは、William H. Rehnquist, *The Notion of a Living Constitution*, 54 TEX. L. REV. 693, 698 (1976) のことである。

7) 阪口正二郎『立憲主義と民主主義』48-70頁（日本評論社、2001年）。

4　生ける憲法論の展開

このように、当初、生ける憲法論は、原意主義に対抗しながら、司法が憲法の実体的価値を明らかにすることを擁護する形で展開したこともあり、ウォーレン・コートを擁護するような傾向があった。もっとも、21世紀に入ると、生ける憲法論は、憲法構造や憲法実践に着目したマクロ的理論として展開し始める。

アッカーマンは、憲法の意味は憲法修正手続によってのみ変更されるわけではなく、三権や人民を巻き込んだ動態的プロセスによって変更されるという[8)]。これまでの歴史をみると、南北戦争期やニュー・ディール期などにおいて、憲法の意味が大きく変化してきた。それは、憲法修正を経ないまま憲法の意味が変わった例であり、生ける憲法として捉えるべきであるというのである。

一方、D・ストラウスは、司法を中心とした生ける憲法論を展開している。D・ストラウスによれば、「“生ける憲法”とは正式な修正なくして、進化し、通時的に変化し、新しい状況に適合する憲法のことをいう」[9)]。アメリカは、通時的に先例を積み重ねながら法を発展させていくコモン・ローのシステムをとっており、憲法も先例や慣習を築き上げながら、基本原理を発展させていくべきであり、このようなコモン・ロー的憲法（common law constitution）はまさに生ける憲法だというのである。

アッカーマンとD・ストラウスの見解は生ける憲法論を唱える点では共通しているものの、両者は憲法観において異なっている。人民や政治部門の動きをも重視するアッカーマンに対し、D・ストラウスは司法中心のコモン・ロー的構想を描いているからである。したがって、憲法修正を経なくても憲法の意味が変わりうると考えるのが生ける憲法論の共通の理解だとした上で、そのプロセスや憲法解釈方法論については論者によって異なることに留意しておく必要があろう。

なお、最近では、生ける憲法と原意主義を組み合わせた「生ける原意主義」（Living Originalism）のような議論も登場し[10)]、いくつかのロー・レヴューでこの議論に関する特集が組まれており、今後の議論の動向が気になるところ

8）Bruce Ackerman, *"The Living Constitution"*, 120 HARV. L. REV. 1737(2007).

9）DAVID A. STRAUSS, THE LIVING CONSTITUTION 1(2010).

10）JACK M. BALKIN, LIVING ORIGINALISM(2011). 近時の議論動向については、大林啓吾「時をかける憲法——憲法解釈論から憲法構築論の地平へ」帝京法学28巻1号91頁（2012年）を参照。

である[11]。

◆コメント

生ける憲法は、時代の変化とともに憲法の意味が変わりうることを説明する比喩的表現であり、日本ではある程度受け入れられている感がある。ただし、生ける憲法に関する議論はそれほど多くなく、まだ十分に理論化できているとはいえない。一方、最近、生ける憲法に関する議論が盛んなアメリカでは、1970年代頃から原意主義と対立する形で議論が展開してきた。原意主義は、憲法制定時の意味に基づいて憲法解釈を行うべきであるとする見解であり、時代の変化に応じて憲法の意味の変化を認める生ける憲法論と対立するからである。もっとも、アメリカでも生ける憲法論が理論化され始めたのは21世紀に入ってからのことである。そこでは、憲法の意味が三権や人民の協同作業によって変化してきたことを記述的に説明する議論や司法が中心となって憲法の意味を発展させてきたという議論が提示されている。また、カナダでも生ける憲法に似たような概念として「生ける樹」(living tree) が提唱されるようになっており、この種の議論が活況を呈しつつある[12]。

［大林啓吾］

11) *See, e.g.,* Symposium, *Originalism and Living Constitutionalism ; A Symposium on Jack Balkin's Living Originalism and David Stauss's the Living Constitution,* 92 B. U. L. REV. 1127 (2012)

12) これについては、手塚崇聡「カナダ憲法解釈における『生ける樹』理論の意義——その判例上の起源と展開」法学研究87巻2号475頁（2014年）を参照。

II

人　権

14　人間の尊厳 〔独〕Menschenwürde, Human Dignity

人間の尊厳は、「個人の尊重」(日本国憲法13条)、「個人の尊厳」(同24条)、とともに、基本的人権の根拠ないし基礎として用いられているが、日本では、これらは同じ概念と説明されることが多い。たとえば芦部信喜は、人間の尊厳の原理について「日本国憲法は、この思想を『すべての国民は、個人として尊重される』(13条) という原理によって宣明している」と位置づけている[1)]。

また1945年の国連憲章では「われら連合国の人民は、……基本的人権と人間の尊厳及び価値……に関する信念をあらためて確認し」(以下も含め傍点筆者) とされ、1948年の世界人権宣言でも、前文で「人類社会のすべての構成員の固有の尊厳と平等で譲ることのできない権利とを承認する」とし、1条で「すべての人間は、生れながらにして自由であり、かつ、尊厳と権利とについて平等である」と定めて、人間の尊厳を基礎としている。国際人権規約においても、前文で「これらの権利が人間の固有の尊厳に由来することを認め」るとされている。

国内法として、たとえば民法では「個人の尊厳と両性の本質的平等を旨として、解釈しなければならない」と定めている。

また、1776年のヴァージニア権利章典、1789年のフランス人権宣言では「尊厳」という用語が存在しないが、人に尊厳があることを前提にしていると考えられる。それゆえ、人間の尊厳は普遍的な意義を有する用語であると言えるが、以下ではとりわけドイツ基本法における人間の尊厳の原意を探ることとする。

1　基本法における「人間の尊厳」、そして日本国憲法の「個人の尊重」

ドイツの基本法には、その1条1項において、「人間の尊厳は不可侵である」という規定がある。これは日本ではナチスの非人間的な蛮行に対する反省を

1)　芦部喜信〔高橋和之補訂〕『憲法〔第6版〕』82頁（岩波書店、2015年)。

もとに規定されたと説明されることが多いが、憲法制定会議の記録からは、キリスト教に根差した概念であり、啓蒙思想における不可侵の人権という伝統にも由来するとされている[2)]。

ところで、先に日本国憲法13条の個人の尊重は、人間の尊厳と同じ意味であるとするのが通説であるとしたが、これに対して2つの概念は異なるという説が有力に主張されている[3)]。この点、押久保倫夫によれば、ドイツの人間の尊厳について、「基本法の人間像は、孤立した至高の個人ではない。基本法は、むしろ人格の固有価値を侵害することのないように、人格の共同体関係性と共同体拘束性という意味での個人と共同体の緊張関係を決定してきた」とする投資助成判決にあるように、人間の共同体への関係性・拘束性が強調されており、これは個性と多様性を前提とする個人概念を基礎とする日本国憲法における個人の尊重とは異なるとされる。またホセ・ヨンパルトは、人間は人格を有する人間であるから尊厳があるのであり、人間に限られない特徴である個性を前提とする個人の尊重は人間の尊厳とは異なるとする[4)]。

2　根源的な源流とその射程

人間の尊厳についての根源的な源流については、諸説存在する[5)]。まず古代に起源があるとする説では、dignitasという語の存在を前提とする。また中世において、キリスト教の影響下、人間が神の似姿であることに由来するとする説、近代における啓蒙思想、とりわけカントの影響があるとされる説もある。

現在、人間の尊厳を根拠づけ・枠づける理論としては、人間の尊厳は神から不可譲・不可侵なものと与えられたとする付与理論（Mitgifttheorie）があるが、自己決定などに所与の限定を加える危険があると批判されている。これに対して、ニコラス・ルーマンに代表されるが、人間の尊厳は神から与えられたものではなく、自己決定や自己発展を通じて、アイデンティティーを形成する能力のためであるとする能力理論（Leistungstheorie）もある。しかし、行為・意思無能力者などの場合、人間の尊厳が減じられるのではないかなどの批判に

---

2)　Friedhelm Hufen, Staatsrecht Ⅱ, 2. Auflage, C.H.Beck, 2009, S.140.

3)　ホセ・ヨンパルト「再び、『個人の尊重』と『人間の尊厳』は同じか」法の理論19号103頁（2000年）、押久保倫夫「『個人の尊重』か『人間の尊厳』か」同197頁。

4)　個人の尊厳についても「人間は、人間としてではなく、個人であるが故に尊厳を有している」と誤解を招くことにもなると指摘する。

5)　Hufen, a.a.O., S.138f.

晒されている。その他、他者とのコミュニケーションに根拠があるとし、人間の連帯や社会性を重視するコミュニケーション理論（Kommunikationstheorie）などがある。

いずれも通説たる地位を確保してはおらず、それに伴い、個人の尊厳の保護領域としての射程については確定し難いところがある。この点、連邦憲法裁判所は人間の尊厳の侵害は「一般的に言及することはできず、常に具体的なケースの判断の中で」明らかになるとしており、人間の尊厳に対する侵害を「辱め、烙印、迫害、追放」と積極的に定義したこともあるが、人間を「国家の単なる客体」とすることという定式が一般化している[6)]。

なお一般の憲法の概説書では、人間の尊厳から禁止されるものとして、奴隷、人身売買、拷問などが典型例として挙げられるが、生殖医療や遺伝子工学の問題においても人間の尊厳は論じられている。

3　ドイツにおける人間の尊厳の権利性

1条1項の人間の尊厳は、基本法における最高の価値に位置するとされるが、その内容の不明確性から、基本権ではなく、原則ではないかという議論がある。この点、基本権ではないとする説は、1条3項における「以下の基本権」との文言、また基本権と位置づけなくとも、基本権の保護には影響しないことを根拠とするが、あくまで表題である「基本権」の中にあること、基本法の制定史などから、基本権であるとするのが通説である[7)]。

その他、個人の尊厳は単独で用いられるだけでなく、「基本法1条1項と結びついた2条1項の一般的人格権」（傍点筆者）というように、他の基本権と結びついた形で用いられることもある。

4　個人の尊厳が問題となった判例

人間の尊厳が直接的に問題となった判例として[8)]、まず不妊手術や遺伝相談の失敗によって、親が望まない子が産まれた場合、生まれた子を損害とみなして、医師に対して損害賠償できるかという事件（「損害としての子」事件）がある。連邦憲法裁判所は、子の養育義務を損害と見なすことは人間の尊厳

6）　ドイツ憲法判例研究会編『ドイツの憲法判例（第2版）、Ⅱ（第2版）、Ⅲ』（信山社、2003年、2006年、2008年）参照。

7）　Vgl. Hufen, a.a.O., S.143f.

8）　人間の尊厳に反しないとされた例として、反則金の支払い、交通安全講習への呼び出し、犯罪捜査における死体解剖、骨壺に対する墓地の強制がある。

に反しないと判断している。

またドイツの判例上、興味深いのは、日本でいうところの生存権との関係である。ドイツ基本法には日本国憲法25条に相当する生存権条項は存在しないこともあってか、ドイツ連邦共和国は「社会的な連邦国家」であるとする20条1項の福祉国家原則と結び付いた1条1項の人間の尊厳から、連邦憲法裁判所は最低限度の生存（Existenzminimam）について判断している[9)]。判例上、人間に値する存在の最低限の基礎を確保するのに必要な収入を非課税にしなければならないという原則が確立されているが、とりわけ2010年2月9日のハルツ第4法判決では「人間に値する存在の最低限の保障の権利は、基本法20条1項と結び付いた1条1項から生じる。……基本法1条1項によれば当該請求権が根拠付けられる」として、主観的権利を文言上ではあるが、認める判断も下している。

さらに連邦憲法裁判所は手続的な権利についても個人の尊厳から判断したことがある。加えて人間の尊厳があらゆる法秩序において妥当するとされ、私人間効力、とりわけ保護義務も個人の尊厳から導かれることもある（22「保護義務」参照）。

◆コメント

人間の尊厳は、その保護領域を拡大させ、様々な分野の問題において登場するようになっている。日本では、人間の尊厳が切り札的に使えそうなイメージもあるが、「人間の尊厳は不可侵だった」（ベッケンフェルデ）と称されるように、保護領域の拡大とともに、その絶対性が揺らいでいるのが[10)]、現在のドイツの「人間の尊厳」である。

［斎藤一久］

9）斎藤一久「生存権の自由権的側面の再検討」季刊企業と法創造7巻5号「特集・憲法と経済秩序II」11頁（2011年）。
10）玉蟲由樹『人間の尊厳保障の法理』51頁以下（尚学社、2013年）。

15 一般的自由 〔独〕Allgemeine Handlungsfreiheit

日本の憲法学では、個別の憲法上の人権規定に根拠を見いだせない人権[1)]の受け皿となる包括的な人権保障規定として、日本国憲法13条の「生命、自由及び幸福追求に対する国民の権利」が根拠にもちだされる。ドイツにおいてこのような包括的規定としての役割を果たすのは、基本法2条1項の「人格の自由な発展に対する権利」である。日本における「人格」という言葉の語感からは、同条項は何か高潔なもの、道徳的なものだけを保障するもののような印象を受けるかもしれない。けれども、同条項によって保障される権利として論じられるのは、個別の基本権規定によって保障されない一般的行為自由、および私的・プライヴァシー領域の保護、名誉、情報自己決定権などの一般的人格権である。「人格の自由な発展に対する権利」のもとで論じられているのは、まさに日本で「幸福追求権」として論じられている内容に相当する。

日本では幸福追求権として保障される権利の内容または範囲について、一般的自由説と人格的利益説の対立があると説明される。ドイツにおいてもこのような対立はないわけではないが、かの国では、「人格の自由な発展に対する権利」として保障される権利の内容または範囲については、伝統的に一般的自由説が圧倒的通説として支配してきた。日本の人格的利益説に相当するような学説もたしかに存在するが、それは一般的自由説に対する反対学説として、比較的最近になって主張されるようになったにすぎない[2)]。なぜドイツにおいてこのような学説状況が生じたのかについては、少々学説史的な説明を要する。

---

1) たとえば、どぶろく事件（最判平成元・12・14刑集43巻13号841頁）で問題となった酒類製造の自由、バイクを運転する自由（たとえば最判平成3・9・3判時1401号56頁）、髪型の自由（熊本地判昭和60・11・13判時1174号48頁）などがその例である。

2) 学説の詳細については、赤坂正浩「人格の自由な発展の権利」同『立憲国家と憲法変遷』309頁（信山社、2008年）。

1　一般的自由説と法律の留保論

ドイツの基本権論において一般的自由説が主流を占めたのは、19世紀末のいまだドイツが立憲君主制の憲法であった時代、学説史的には公法学（憲法学・行政法学）が一つの学問体系として確立しようとしていた時代にまで遡る。そこでの大きな問題の一つは、法律で定めなければならない事項として議会の権限に留保されるべき事項は何か、ということであった（これは憲法学的には立法の概念の問題に、行政法学的には法律の留保の問題に関係する）。そしてこの問題に対するほぼ一致した解答が、憲法で保障された基本権の侵害については法律で定めなければならない（あるいは法律の根拠が必要である）、というものであった[3)]。

この場合にさらに問題となるのは、憲法上の基本権として保障される範囲はどこまでかということであるが、当初は憲法典に個別的に列挙された基本権ごとに、その範囲も限定的に解されていたのが、徐々に拡大されていき、ついには自由一般、財産一般の侵害について法律の根拠が要求されることになる。古典的法律の留保論における侵害留保説の定式、「自由と財産への侵害」はその到達点を示すものである。そしてこれは、裏からいえば、憲法典が一般的自由を保障していると考えられるようになったことを意味する。ドイツにおける一般的自由説は、このように立法概念論、法律の留保論（7「法律の留保」参照）の文脈で成立した。

2　一般的自由権論の基本枠組み

ドイツ基本法2条1項は、「何人も、他者の権利を侵害せず、また憲法適合的秩序および道徳律に違反しない限りで、自己の人格を自由に発展させることに対する権利を有する。」と定める。そして、本項目の冒頭でも述べたように、この規定によって一般的自由権が保障されていると考えられている。そこで、基本法2条1項のもとで展開される一般的自由権に関する議論の具体的中身を簡単にみておこう。

本項目の冒頭で述べたように、基本法2条1項によって保障される権利の内容については、一般的人格権のほか、人格の発展にとってとくに重要な、本質的に不可欠なもののみが保障されるとする考え方も少数ながら存在するが、一般的行為自由すなわちあらゆる国家による強制からの自由が含まれる

---

3)　鵜澤剛「オットー・マイヤーの《自由権》論――《自由と財産》定式の今日的意義について考えるために（その1）」金沢法学53巻2号223頁（2011年）。

とする考え方が圧倒的に支配的であり[4]、連邦憲法裁判所も1957年1月16日のエルフェス判決以降、そのような立場をとっている。もっとも個別の基本権規定があればそちらが優先的に適用され、基本法2条1項は個別の基本権による保障を欠く場合に補充的に適用されるにすぎない[5]。具体的に問題となった例としては、前述のエルフェス判決において問題となった国外旅行の自由、1989年6月6日の決定で問題となった乗馬の自由などがある。1994年3月9日のハシシ決定において問題となったハシシ（麻薬）による自己酩酊の自由についてさえ、「基本法2条1項は、あらゆる形式の人間行為を保護するものであり、その活動が人格の発展にとっていかなる意味があるかを問わない」として、いちおうは2条1項の保護領域に含めた上で、後述する比例原則による審査を行い、制限[6]を正当化している。

基本法2条1項は、人格の自由な発展に対する権利の保障について、「憲法適合的秩序……に違反しない限りで」との留保を付している。これは要するに、形式的にも実質的にも憲法適合的な法律の規定によらなければ自由の制限を受けないことを意味するものと解されている[7]。詳細は別項目に譲るが(48「三段階審査」参照)、基本権制限の憲法適合性審査は、保護領域→制限→正当化という手順で行われ、最後の正当化のプロセスは、基本権制限の法律の根拠を問う形式的正当化と、その法律が比例原則に違反しないかどうかを問う実質的正当化のプロセスに区分される。このような基本権制限の憲法適合性審査の方法は、主として基本法2条1項の一般的行為自由の制約を念頭に築き上げられてきたものである。基本法に列挙された個別の基本権については、それぞれの内容・性質に応じたアレンジが加えられる。その意味で、基本法2条1項の一般的自由権論は、ドイツの基本権論の範型を提供してきたといえる。

他方、「他者の権利を侵害せず」という留保における「他者の権利」は、抽象的には第三者の憲法上保障されたすべての権利を指すと解されているが、その個々具体的な内容は連邦憲法裁判所の判例上明らかではなく、また、実際にも、「憲法適合的秩序」の内容に解消されるので、明らかにする必要性もないと考えられている[8]。

---

4) Udo FDi Fabio, Art. 2 Abs. 1 GG, in : Maunz / Dürig (Hrsg.), GG : Kom- mentar, Lfg.39, 2001, Rn.12.
5) Di Fabio, a.a.O., Rn.21.
6) ここでいう「制限」は後述する48「三段階審査」におけるそれであり、“Eingriff”の訳語である。
7) Di Fabio, a.a.O., Rn.39.

また、「道徳律に違反しない限り」については、その内容が不確定であり、法適用者の主観的選好が流入しやすい点が危惧されている。連邦憲法裁判所は、男性間の同性愛を処罰することの憲法適合性が問題となった1957年5月10日の同性愛者判決において、同性間の行為が道徳律に違反することは「明らか」(eindeutig) としているが、これ以外に主としてこの規定に依拠して制限を正当化したものはなく、孤立した存在にとどまっている。道徳律はそれ自体が基本権の制限として直接的意味をもつものではなく、立法者によって具体化された制限の憲法的評価の際に間接的に意味をもつにすぎないと考えられている。

3　一般的自由と経済秩序

また、一般的自由権をめぐるドイツの議論の特徴として、契約の自由、私的自治などの経済的自由が、基本法2条1項によって保障される一般的行為自由として論じられているということがある。ドイツ基本法にも職業の自由（12条）や財産権（14条）の規定は存在するが、これらは経済的行為一般の自由をカバーするものではなく、2条1項が補充的に適用されると解されている。

基本法2条1項による経済的行為一般の自由の保障について特筆すべきは、これが客観的な経済秩序の問題と絡めて論じられるという点であろう。基本法は経済の基本構造についてとくに規定を置いていない。そこで、一部の有力な学説は、この経済的行為一般の自由の保障に経済秩序（とくに戦後ドイツ経済の特徴ともいえる社会的市場経済）に関する基本法の基本決定をみいだそうとするのである。そしてそのもとで、競争法政策や私的自治を実質的に保障するような私法秩序の形成が論じられる。このような議論は、別項目(22「保護義務」、30「制度的保障」参照）で紹介する制度的保障論や私人間効力論、基本権保護義務論などの一側面でもある[9)]。

もっとも、連邦憲法裁判所は1954年7月20日の投資助成判決において、基本法は特定の経済体制を支持するような決定はしていないとの立場を表明し、以後一貫して維持している。

---

8)　Di Fabio, a.a.O., Rn.44.
9)　山本敬三「憲法による私法制度の保障とその意義——制度的保障論を手がかりとして」ジュリスト1244号138頁（2003年)、およびそこに掲げられた参考文献を参照。

◆コメント

ドイツの一般的自由説は法律の留保論と平行して成立し、それが基本法2条1項の自己の人格の自由な発展に対する権利をめぐる議論に引き継がれている。最近日本においても紹介されるようになっている三段階審査、形式的正当化・実質的正当化、比例原則といった議論は、このような一般的自由の制約を範型としていることは、記憶にとどめおかれるべきであろう。この点の理解は、憲法上の権利を自由一般と切り離すかどうかという憲法上の権利の根本問題[10]にかかわるものであり、いずれの立場に立つにせよ、問題の適切な把握にとって不可欠と思われる。

［鵜澤剛］

10）宍戸常寿『憲法——解釈論の応用と展開〔第2版〕』15-16頁（日本評論社、2014年）。

16　パターナリズム　〔英〕paternalism

「パターナリズム」とは、国家が親（保護者）のような観点から本人の利益のために規制することをいう。たとえそれが他者加害をもたらす行為でなくても、本人に対して良くない場合には規制される点が特徴である。たとえば、バイク乗車の際のヘルメット装着義務などが挙げられる。ヘルメットをしなくても他人を害するわけではないが、本人の頭部の保護のために着用が義務づけられるというわけである。もともと法哲学の分野で用いられることの多い用語であるが、憲法学の世界でも未成年者の人権制約の正当化の場面で使われている。すなわち、十分な判断能力のない未成年者については、親が子に干渉するようなやり方で、国が未成年者の人権を制約することが認められると説明されてきた。

もっとも、パターナリズムの議論自体は、未成年者の人権制約に限定されるわけではなく、もっと広い分野を対象とするものである。特に、他者加害または自己加害が見当たらないにもかかわらず、政府がある行為を規制する場合、どのように正当化されるかという問題を考える場合にパターナリズムがしばしば議論の的になる。

1　ミルの危害原理

パターナリズムの原語は、ラテン語で「父」を意味するpaterに由来するとされる[1)]。コモン・ローでは、同じくラテン語の「パレンス・パトリエ」(parens patriae）の概念がそれにあたる[2)]。そこでは、主に子供の保護を正当化する理由として用いられたが、時には州が健康等の公益を理由に他州の事業の差止を求める場合にも使われた[3)]。

パターナリズムは、自由を制約する際の正当化根拠として提示される概念

1）　芹沢斉「公的規制とパターナリズム」公法研究60号136頁（1998年）。
2）　Daniel L. Hatcher, *Purpose vs. Power : Parens Patriae and Agency Self-Interest*, 42 N.M.L. Rev. 159(2012).
3）　飯泉明子「アメリカのパレンス・パトリエ訴訟に関する一考察—環境法の視点から—」企業と法創造7巻2号291頁（2010年）。

であることから、そもそも自由の制約はいかなる理由によって認められるのかという議論に大きく関わるものである。制約の正当化論については、ミルの『自由論』[4)]が有名である。ミルは、個人の自由を制約する根拠は他者加害の防止にあるという危害原理を説いた。この危害原理は、制約を正当化する際の最も基本的な原理と理解されており、それ以外の理由で制約する場合には、パターナリズムを含め、別の正当化理由を提示しなければならない。

2 ハート対デブリン論争

パターナリズムの名前を一躍有名にしたのは、イギリスで起こったハート対デブリン論争であった。イギリスでは、同性愛や売春を規制するかどうかを検討する際に、議会がウォルフェンデン委員会（Wolfenden Committee）を設置した。その結果、1957年にウォルフェンデン報告書が提出された。ウォルフェンデン報告書は、不道徳な内容であってもそれが私的に行われている場合は刑事罰の対象にはならないとした[5)]。これに対して反発したのがデブリンであり、彼は刑罰と道徳は不即不離の関係にあり、社会道徳のために不道徳な行為を規制することができるとした。一方、ハートは、そうした道徳に基づく規制は法の関知すべき問題ではないとし、規制が正当化されるのは他者加害が存在しなければならないとした。

その上で、ハートは、道徳原理によって安楽死等の規制が正当化されると説くデブリンの主張に対して、そうした規制は道徳原理ではなく、本人を自傷行為から守るパターナリズムによって正当化されると指摘した[6)]。このように、当初のパターナリズムは、本人の本人に対する加害行為から守ろうとする意味として、かなり限定的に使われていたといえる。

その後、アメリカでは、1967年のゴールト判決[7)]において青少年を憲法秩序から除外することを正当化するパレンス・パトリエは疑わしいものであると指摘され、パレンス・パトリエの思想は衰退していった。一方、それと入れ替わるかのように、法哲学の世界では、パターナリズムの概念が検討され

---

4) J.S. ミル〔塩尻公明・木村健康訳〕『自由論』24頁（岩波書店、1971年）。

5) なお、ウォルフェンデン報告書は、同性愛規制と売春規制を検討し、同性愛については私的に行われている限り規制すべきでなく、売春については路上で公然と行われて一般人に不快感を抱かせるような場合のみ規制すればよいとした。

6) Hamish Stewart, *Legality and Morality in H.L.A. Hart's Theory of Criminal Law*, 52 SMU L. REV. 201, 214 (1999).

7) なお、この事件では、少年裁判所における審判が憲法の保障するデュー・プロセスに適合するかどうかが争われた。

るようになり、「パターナリズムは本人自身の福利のためにその者の自由に介入すること」[8]を意味するようになった。

3　日本におけるパターナリズムの展開

アメリカでの議論の高まりを機に、日本でもパターナリズムの議論が紹介されるようになり、刑事司法の分野において、社会復帰に向けた更生モデルを正当化する際にパターナリズム論が用いられるようになった[9]。また、憲法学においても、十分な判断能力のない未成年者については、親が子に干渉するようなやり方で国が未成年者の人権を制約することの正当化理由として、限定されたパターナリズムが使われるようになっている[10]。

◆コメント

パターナリズムは、言葉自体の出自は子供に対する保護を連想させるものであるが、思想としての展開は危害原理以外の規制の正当化理由がありうるかどうかという文脈で発展してきたといえる。日本の憲法学では、未成年者の権利制約の正当化理由として語られることが多いが、成人の自己決定権の制約場面でも議論の対象になる。また、最近では、強制力を持たないパターナリズムが登場してきており、ソフトパターナリズムと呼ばれている。ソフトパターナリズムは、個人が必ずしも合理的判断を行うとは限らないという前提の下、本人にとって望ましい決定ができるように政府が誘（いざな）う手法のことをいう[11]。パターナリズムの概念自体の射程が拡大していると同時に、パターナリスティックな規制も広がりをみせる傾向にある。

［大林啓吾］

8）Eyal Zamir, *The Efficiency of Paternalism*, 84 VA. L. REV. 229(1998).

9）Daniel H. Foote, *The Benevolent Paternalism of Japanese Criminal Justice*, 80 CALIF. L. REV. 317 (1992).

10）佐藤幸治『日本国憲法論』137頁（成文堂、2011年）が代表的である。

11）大林啓吾「パターナリズムの蔓延」千葉大学法学論集29巻1・2号141頁（2014年）などを参照。

17 「切り札」としての権利

〔英〕rights as trumps

1 「『切り札』としての権利」の意義

「『切り札』としての権利」とは、日本の学説では、次のように説明されている。通説的説明は、「公共の福祉」(憲法13条、22条1項、29条2項)について、人権相互間の矛盾・対立の調整を図る原理として捉えていたが(一元的内在制約説)、これでは、人権保障の根拠が結局は社会全体の利益に還元されてしまう可能性がある。自らの人生の価値が社会公共の利益と完全に融合するなら別であるが、多くの人にとって、人生の意味は、各自が自らの人生を構想・選択し、生きることにある。その場合、「公共の福祉」には還元されえない部分を、憲法による権利保障として確保する必要がある。こうして、人権に、「公共の福祉」という根拠に基づく国家の要求を覆す「切り札」としての意義を認める必要がある。「『切り札』として働く権利であるためには、いかなる個人であっても、もしその人が自律的に生きようとするのであれば、多数者の意思に抗してでも保障してほしいと思うであろうような、そうした権利でなければならない。そのような権利の核心にあるのは、個人の人格の根源的な平等性であろう」[1)]。

こうした考えを強調した論者として、法哲学者のドゥウォーキンがいる。彼は、アメリカの憲法体制が、人々が国家に対して道徳的権利を有するという固有の道徳理論(a particular moral theory)に依拠しており、合衆国憲法の権利章典の規定(平等保護条項など)も道徳概念(moral concept)に訴えて解釈すべきであることを指摘し、権利主張は道徳論を前提とすること、そして、「権利主張の中枢は、……個人は、一般的利益に抗してでも多数派から保護される資格を有する、ということにある」、と述べていた[2)]。「権利とは、共同体全体の目標を示す政治的決定の背景的正当化に対する切り札(trumps)として、最もよく理解される」[3)]。また、政治哲学者のノージックは、権利を、達成される

1) 長谷部恭男『憲法〔第6版〕』100-112頁(新世社、2014年)。同『憲法の理性』第5章(東京大学出版会、2006年)も参照。

2) RONALD DWORKIN, TAKING RIGHTS SERIOUSLY 146-147(1978).

3) Ronald Dworkin, *Rights as Trumps, in* THEORIES OF RIGHTS 153(Jeremy Waldron ed. 1984).

結果状態に取り込むのではなく、人の行為に対する制約として権利をとらえ、かつほぼ絶対的なものと考える。その背後には、人は手段としてではなく目的として扱うべきであり、その同意なくして他者の目的達成のために犠牲にされてはならず、個人は不可侵である、というカント的原理がある[4]。ドゥウォーキンとノージックの理論はそれぞれ異なる部分があるが[5]、ここに示されるように、これらの権利論は、政策的考慮に基づく権利の制約を認めない点で、原理的に近いところがある。そして、ここには、様々な競合する利益・目標を衡量するプロセスという考え方とは著しい対照をなす思考が読み取れる[6]。

2　人権制約の理由

注意すべきなのは、「切り札」とされる権利の制約は、その理由に着目して問題とされる、という点である。「ある者がポルノグラフィーを刊行する権利を有しているということは、それは、次のことを意味する。つまり、公職にある者がこの権利を侵害することは、たとえ共同体全体がそうすることでよりよくなると公職者が（正当にも）考えていたとしても、何らかの理由において、誤っている、ということである」（傍点筆者）[7]。つまり、「『切り札』としての権利」の根底にあるのは、「個人の人格の根源的な平等性」であって、それは、他者の権利を侵害しているからという「結果」ではなく、「自分の選択した生き方や考え方が根本的に誤っているからという理由に基づいて否定され、干渉されるとき」、「『切り札』としての権利」が侵害されている、と評される（傍点筆者）[8]。このように、「『切り札』としての権利」は、「政府の行為理由を問題にする」側面があり、こうした点から、厳格な違憲審査を行うことで、一見正当な目的を掲げているようにみえる人権制約立法の不当な目的をあぶり出す手がかりを与えるものという理解がある[9]。また、「『切り札』としての権利」が、諸々の利益との衡量を許さない点に着目し、憲法上の権利論を強化しようとする試みもみられる[10]。

［尾形健］

4）Robert Nozick, Anarchy, State and Utopia 29-31(1974).

5）両者の権利論については、長谷部恭男『権力への懐疑』第6章（日本評論社、1991年）参照。

6）Alon Harel, *Theories of Rights, in* The Blackwell Guide to the Philosophy of Law and Legal Theory 191, 198(Martin P. Golding and William A. Edmundson, ed., 2005).

7）Dworkin, *supra* note 3, at 153.

8）長谷部・前掲注1)『憲法〔第6版〕』110頁。

9）阪口正二郎「憲法上の権利と利益衡量」一橋法学9巻3号31頁、55-57頁（2010年）。

10）青井未帆「演習」法学教室355号116頁、同357号156頁（2010年）など参照。

18 自己決定権 〔英〕right of self-determination

自己決定権とは、公権力の干渉なく、私的事項について自ら決定できる権利のことをいう。本来、プライバシーの権利（right to privacy）は「ひとりで放っておいてもらう権利」としてアメリカの判例上、発展して来たものであるが、日本ではプライバシーの権利が、もっぱら情報プライバシー権の意味に用いられて来たため（19「情報プライバシー権」参照）、個人がある種の決定をなすにあたっての独立性の保障という意味の権利については、通例、自己決定権として構成されている。このように自己決定権を情報プライバシー権と並んで、広義のプライバシーの権利と位置づけるのが通説である[1]。

これに対して、日本国憲法解釈論として、自己決定権はプライバシーの権利とは区別するべきであるとし、別個独自のものとして人格的自律権、または人格権として捉える見解も主張されている[2]。

自己決定権が議論されている問題領域については、概ね山田卓生が先駆的に紹介したアメリカ判例の展開[3]をベースに3つないし4つのカテゴリーに分けて論じられている。日本の判例上は、宗教的信念に基づく輸血拒否事件のようにアメリカ類似の事件もあるが、校則による髪型規制事件やバイク規制事件、どぶろくを作る権利事件など日本特有の問題が争点になっている。

1 アメリカにおける自己決定権の発展

アメリカでは、連邦最高裁判例の展開の中で、デュー・プロセス条項（20「デュー・プロセス」参照）を通じて、プライバシーの権利（自己決定権）が形成されてきた。萌芽となったのは1965年のグリスウォルド判決であり、婚姻したカップルが避妊具を使用する権利が認められた。そして1973年のロー判決において、女性の妊娠中絶の権利が修正14条のデュー・プロセス条項からプライバシーの権利として認められたのである。

---

1) 芦部信喜〔高橋和之補訂〕『憲法〔第6版〕』122頁以下（岩波書店、2015年）。
2) たとえば佐藤幸治「日本国憲法と『自己決定権』」法学教室98号6頁（1988年）。
3) 山田卓生『私事と自己決定』（日本評論社、1987年）。

その後、アメリカの判例の発展の中で、プライバシーの権利は、次のようなカテゴリーで論じられている。すなわち、①リプロダクション（生殖）に関わる事項（避妊、妊娠中絶）、②家族・親密な人的結合に関わる事項（同性愛や子どもの養育権・教育権）、③自己の生命・身体に関わる事項（輸血拒否や安楽死）、④その他の事項（髪型・ライフスタイル）である[4)]。

①について、連邦最高裁はロー判決以後、消極的な姿勢を見せてはいるものの、女性の妊娠中絶の権利を現在でも認めている。なお2003年のカーハート判決では、部分的出産中絶[5)]を禁止する連邦法について、5対4の多数ではあったが、合憲と判断しており、当該権利の制約を容認する姿勢は一定程度見られる。当該領域は、プライバシーの権利の中心的争点であるが、中絶が公的な争点とはならない日本では、原理的な問題は別として、十分な議論がない。

また②については、まず同性愛者のソドミー行為（性的行為）を禁ずる法律が争われてきた。1986年、連邦最高裁はバウアーズ判決において、合衆国の歴史と伝統に照らして、ソドミー行為を行う自由は保障されていないとして、同行為を処罰する州法を合憲とした。その後、ローレンス判決において同判決は覆されたが、ソドミー行為がプライバシーの権利として認められたとはされていない。ソドミー行為の禁止についても、日本に禁止する法令がないこともあり、当該争点は日本では浮上していない。

現在、この領域では同性婚の問題が最大の争点となっていると言っても過言ではないであろう。連邦最高裁は2013年のウインザー判決で、結婚を男女間に限ると定義した結婚防衛法が修正5条のデュー・プロセス条項などから違憲であるとした。そして2015年には、オーバーゲフェル判決において、修正14条のデュー・プロセス条項と平等保護条項から、同性カップルに婚姻する基本的権利が認められるとする画期的な判断を下している。

さらに③については、「死ぬ権利」が問題となっている。連邦最高裁では生命維持装置の取り外しを求める自由は認められたが、医師の幇助によって自殺する権利はないとされた。そして④については、大麻を吸う権利、シートベルトをつけずに自動車を運転する権利、ヘルメットをかぶらずにバイクに

---

4)　詳しくは松井茂記『アメリカ憲法入門（第7版）』369頁以下（有斐閣、2012年）参照。

5)　一般的に用いられている拡張吸引方法による中絶のうち、一部の妊娠後期の中絶に用いられる手法であり、胎児の頭蓋骨を砕いて胎児を取り出す点で、中絶反対派から残酷とされている。

乗る権利、髪の毛を伸ばす権利、ひげをはやす自由がアメリカでは問題になったが、連邦最高裁ではプライバシーの権利侵害とは認めていない。

2　ドイツにおける自己決定権の発展

ドイツにおける自己決定権については、1条1項と結びついた2条1項から導かれる一般的人格権の中に自己決定権（Recht der Selbstbestimmung）という権利が存在する[6)]。しかし、日本へ紹介されている自己決定権の議論では、アメリカのように、純粋な私的事項ではなく、他者と関係する自己決定も包含され、同時により広い概念である基本法2条1項の一般的行為の自由（15「一般的自由」参照）の問題も含んだ形で参照されている[7)]。

まず先の①の領域において、とりわけ妊娠中絶について連邦憲法裁判所は、1975年の第一次堕胎判決で生命を基本法1条1項の人間の尊厳の不可欠の基盤とし、人間の尊厳によって妊婦の自己決定に対する胎児の生命保護の優位を説いている。これは女性の自己決定権を前提として、中絶を「規制すること」の合憲性を問題とするアメリカ連邦最高裁のアプローチに対して、胎児の生命保護を前提として、中絶を「規制しないこと」の合憲性を問題とするアプローチである[8)]。現在、ドイツでは刑法218条で中絶の処罰規定があるが、同法218a条によって、妊娠12週以内の中絶であれば、中絶手術3日前までにカウンセリングを受けることを条件に構成要件に該当しないとしている。

また先の②について、同性愛者の性的行為の可罰性はすでに否定されている。同性婚も正式の婚姻とは異なるが、同等の権利義務関係を有することのできる生活パートナーシップが認められており、同法の合憲性についても連邦憲法裁判所の生活パートナーシップ判決において確認されている。

さらに一般的自由が、あらゆる人間の行為の自由とされることもあり、アメリカのようなカテゴリー分けはされておらず、問題となる領域は広範囲に渡っている。連邦憲法裁判所の判例上は、ヘルメットを被らないでオートバイを運転すること、シートベルトをしないで自動車を運転すること、大麻（ハシシ）を楽しむこと、公共の場での喫煙、森での乗馬、ドイツ語の正書

---

6)　本項のドイツの判例については、ドイツ憲法判例研究会編『ドイツの憲法判例（第2版）、Ⅱ（第2版）、Ⅲ』（信山社、2003年、2006年、2008年）参照。
7)　戸波江二「幸福追求権の構造」公法研究58巻1頁（1996年）。
8)　嶋崎健太郎「胎児の生命と妊婦の自己決定―第一次堕胎判決―」前掲『ドイツの憲法判例（第2版）』69頁。

法改革に対して自ら学んだ旧正書法で書く権利、自己の名前を保持する権利、債務のない状態で成年になる権利、犯罪者の社会復帰の権利などが問題となった[9)]。

しかし以上で挙げた自由については、あくまで三段階審査（48「三段階審査」参照）における保護領域の段階に過ぎず、たとえば森での乗馬決定で、森で馬に乗る自由の制約が正当化されていることからすると、最終的な結論としては広範囲に自己決定権が認められているわけではない。さらに同判決おけるディーター・グリム裁判官[10)]の少数意見にもあるように、一般的自由については基本法上の他の自由と比肩しうる自由でなければならないと限定を付する説もある。

◆コメント

自己決定権が13条後段の「幸福追求権」を根拠としている以上、どこまでの範囲で認められるかについての大枠は、概ねアメリカをベースにした人格的利益説と、ドイツをベースにした一般的自由説の対立に依存している。

まず人格的利益説では、自己決定権の決定範囲を「一定の」個人的事項に限るとして、その範囲の決定を「人格的生存に不可欠」な事項として限定を加えているのが特徴である。「人格的生存に不可欠」とは「各個人が人間として生きていく上において重要なもの」という意味であるが、これは歴史的経験に基づく検証によって取捨選択されると説明される。これに対して、一般的自由説は、自己の私的なことがらについて自由に決定する権利として、決定の範囲を限定しない。先述したようにドイツの基本法2条1項における一般的行為自由を前提とする。

以上のような対立があるが、一般的自由説でも合憲性審査の段階で、人格に関わるかどうかによって審査の厳格さに差を設けることになると、具体的な事件における最終的な帰結はそれほど変わりがないことが多いと思われる。他方、人格的利益説であっても、その射程に入らない何らかの行為についても、憲法31条の適正手続の要請などがあるとすれば、両者の差はそれほど大きくないであろう。

9）Vgl. Bodo Pieroth/Bernhard Schlink/Thorsten Kingreen/Ralf Poscher, Grundrechte, 30. Auflage, C.H.Beck, 2014, S.96.

10）当時、フンボルト大学教授であった。ハーバード大学でLL.M.を取得し、ニューヨーク大学、ハーバード大学ロースクールの客員教授を経験している。

いずれにせよ、先に言及したように、各国で生じている具体的事件の性質・背景が異なることもあり、自己決定権はアメリカやドイツの判例などが参照されてはいるが、日本独自に発展したものであると捉えてもよかろう。

[斎藤一久]

19 情報プライバシー権

〔英〕informational privacy

日本におけるプライバシーの権利は、1960年代に宴のあと事件で「1人で放っておいてもらう権利」として登場し、その後情報社会の進展と個人情報保護の必要性の高まりとともに、「自己情報コントロール権」[1]が提唱されるに至っている。プライバシーの権利は、カタカナであることからわかるように外国産であり、その出自はアメリカに由来するものである。

ただし、日本でいうところの「プライバシーの権利」または「自己情報コントロール権」は、アメリカでは「情報プライバシー権」と呼ばれる。情報プライバシー権とは、私的事項を公開されない権利のことをいう。18「自己決定権」でみたように、アメリカのプライバシーの権利は「重要事項について自己決定する権利」としても理解されていることから、それと区別する形で、「情報プライバシー権」という言葉が存在するのである。

もっとも、アメリカでも当初からこの2つを区別していたわけではなく、当初は私的空間への介入を排除する意味で「プライバシーの権利」という言葉を使っていた。以下では、プライバシーの権利の変遷をたどりながら、情報プライバシー権の由来と現状を明らかにする。

1　プライバシーの権利の起源

アメリカは、プライバシーの権利の発祥の地であるとされる。ワレン＆ブランダイスがハーバードローレヴューに寄稿した「プライバシーの権利」(right to privacy)[2]により、私的空間に介入することを排除する意味で登場した。ただし、それによってただちに法的権利として認められたわけではない。当初、州の裁判所はプライバシーの権利を法的権利として認めなかった[3]。しかし、いくつかの州が法律によってプライバシーの権利を承認するように

---

1)　自分の情報を自分で管理するという権利のことをいう。
2)　その論文とは、Samuel D. Warren and Louis D. Brandeis, *The Right to Privacy*, 4 HARV. L. REV. 193 (1890) のことである。
3)　伊藤正己『プライバシーの権利』9-13頁（岩波書店、1963年）。

なると、裁判所もこの権利を認めるようになっていった。こうして、プライバシーの権利が法律上も判例上も認められるようになったのである。

しかし、ここでいうプライバシーの権利は、いわゆる古典的意味におけるプライバシーの権利であり、「みだりに私事を公開されない権利」として理解されていた。そのため、個人情報を守るというよりは、私的空間を守るという意味で使われていたのである。その後、プライバシーの権利は刑事手続の分野で発展していった。先述のブランダイスが連邦最高裁の判事に就任すると、令状なしの盗聴が許されるかどうかが問題となった1928年のオルムステッド判決において、それはプライバシーの権利を侵害して違憲であるとの反対意見を書いた。ここでは反対意見にすぎなかったが、その後半世紀ほど経つと、1967年のカッツ判決で令状なしの盗聴はプライバシーの権利を侵害するとの判断が下される。

この頃になると、学説ではプライバシー権を発展させる試みがなされ始める。プロッサーやウェスティンらは、古典的プライバシー権の概念に縛られず、プライバシー権の射程を私的情報にも広げようとした。とくにウェスティンはプライバシーの権利を「情報コントロール」(informational control) の権利として位置づけた[4)]。こうした理解は、いわゆる自己情報コントロール権に近いものであり、学説上は早くからプライバシー権を発展させていたといえる。

2　プライバシー権の分岐

前項目（自己決定権）でみたように、1970年代には、ロー判決等によってプライバシーの権利が自己決定権としても用いられるようになる。私的事項に関する重大な決定は、プライバシーの権利として保護されると考えられるようになったのである。そして、個人情報の重要性が社会において認識されるようになると、プライバシーの権利はさらなる変革を迫られることになる。

プライバシーの権利につき、自己決定と私的情報とに分けたのが、1977年のワーレン判決であった。この事件では、州が薬物処方情報を管理することが、自己決定や私的情報を侵害するのではないかとして問題となった。これについて連邦最高裁は、プライバシーの権利とは、「1つは私的事項を公開

---

4) Alan F. Westin, Privacy and Freedom 7 (1967).

されない個人の利益であり、もう1つは一定の重要事項について自ら決定する利益である」(429 U.S. at 599-600) として、プライバシーの権利を2つに分けたのである。こうして、プライバシーの権利は自己決定と私的情報の2つを含むことになり、私的情報については情報に焦点が絞られることから、情報プライバシーと呼ばれるようになった。

ただし、判例はまだ「情報プライバシー権」という言葉を使っておらず、その登場は後述するネルソン判決まで待つことになる。

3 私的情報に関するプライバシー権の内実

連邦最高裁はワーレン判決で私的情報に関する権利の存在に言及したものの、その侵害については慎重な態度をとった。ワーレン判決は、薬物処方情報の規制の必要性に言及しながらプライバシーの権利を侵害しないとしたのである。また、この判決が下された数ヶ月後、大統領在任中の資料を公文書館で管理することが元大統領のプライバシーの権利を侵害するとして裁判になったニクソン対総務局判決でも、連邦最高裁はプライバシー権の侵害を認めなかった。連邦最高裁は、元大統領にプライバシーの利益が関連することを認めながらも、公文書館で保存することの公益が重要であることを理由に、プライバシー権の侵害を認めなかったのである。

このように、連邦最高裁は、私的情報に関するプライバシーの存在自体は認めつつも、それを上回る規制利益があれば、プライバシー権の侵害にならないとのスタンスをとった。これを受けて下級審は、連邦最高裁が比較衡量アプローチをとっているものと理解し、私的情報が関連するプライバシーの問題については、プライバシーの利益と規制利益とを比較衡量して判断するようになった。

しかし、下級審による比較衡量の方法は様々であり、必ずしも一貫した判断枠組が存在しているわけではない[5)]。たとえば、問題となっている情報の種類を重視するケースや公開されることで被る被害の大きさに着目するケースがある。また、政府側の利益の証明について、政府は必要性さえ示せばよいとのケースがある一方、政府側にやむにやまれぬ利益の証明を求めるケースもあり、比較手法は必ずしも一貫していない。

---

5) 大林啓吾「アメリカにおける情報プライバシー権の法理」千葉大学法学論集27巻4号157-199頁 (2013年)。

4　情報プライバシー権

そうした中、およそ30数年ぶりに、私的情報に関するプライバシーの問題が連邦最高裁まで上がってきたのが2011年のネルソン判決であった。この事件は、NASAの契約職員に対して採用調査を行った際、薬物履歴も問われたことから、私的情報に関するプライバシーの権利を侵害するのではないかということが問題となった。

連邦最高裁は、この事件で初めて「憲法上の情報プライバシーの権利」(constitutional right to informational privacy) という言葉を使った。いわゆる情報プライバシーという言葉を連邦最高裁も使うようになったのである。しかし、連邦最高裁は本件において情報プライバシー権が関わっていることが推定されるとしただけで、本件においてもその侵害を認めなかった。連邦最高裁は、安全管理が適切に行われているかどうかだけをチェックし、比較衡量さえも行わずに規制の合憲性を認めたのである。

このように、連邦最高裁は情報プライバシー権の侵害を認めない傾向にある。それは、おそらく、連邦最高裁が情報プライバシー権の核心を公開されない点においていることに起因するように思われる。つまり、情報を収集される段階では、不当な目的または方法であったり、安全管理が不適切であったりしなければ、その侵害を認めないということである。その結果、情報を収集される段階では、よほどのことがなければ具体的な損害が発生しないと考えているのだろう。

ただし、ワーレン判決のブレナン判事の同意意見にもあるように、プライバシー権には収集の問題にも着目する必要があり、収集段階での判断方法を詰めていく必要がある (429 U.S. at 606)。また、学説上も文脈に応じながら情報プライバシー権を考えていくべきであるとの指摘もあり[6)]、情報プライバシー権の概念や射程については発展途上の段階にあるといえるだろう。

◆コメント

プライバシーの権利は、私的空間をみだりに公開されない権利としてアメリカで登場し、日本でも当初はプライバシー権をそのような概念で理解していた。その後、アメリカの判例法理では自己決定権としてのプライバシー権

---

6)　DANIEL J. SOLOVE, UNDERSTANDING PRIVACY 39-197 (2008). なお邦訳として、ダニエル・J・ソローヴ〔大谷卓史訳〕『プライバシーの新理論——概念と法の再考』56-273頁 (みすず書房、2013年)。

と私的情報を公開されない権利としてのプライバシー権とに分かれた。このうち、日本でいうところのプライバシー権は私的情報に関するプライバシー権を指すが、日本ではこれをさらに発展させて自己情報コントロール権という概念でとらえようとする試みが学説上有力になっている。判例でも前科照会事件や講演会名簿提出事件など、個人情報の保護を重視する判決が登場し、下級審レベルでは情報保全隊事件で自己情報コントロール権に近い見解を打ち出す判決も出てきている。

アメリカでも、学説上は情報プライバシー権に関する議論が早くから行われており、日本にも影響を与えていた。ところが、アメリカの判例はプライバシー権の発達に消極的であった。連邦最高裁は、最近になってようやく情報プライバシー権の概念を認めたばかりで、しかもそれは自己情報を勝手に公開されない権利にとどまっている。現在、ヨーロッパやカナダなどがプライバシー保護の先端を行っており、プライバシー権の母国であるはずのアメリカではその発達が他国よりも遅れているという状況になっている。

［大林啓吾］

20　デュー・プロセス 〔英〕Due Process of Law

デュー・プロセスとは、「法定手続」あるいは「適正手続」と訳され、政府が権力を行使し人々の権利や自由を奪う場合には、民主的な過程で成立した法律に基づく適正な手続によらなければならないとする法原則である。日本国憲法31条の定める法定手続の保障は主に刑事手続に関係し、告知・聴聞の権利、無罪推定の原則、違法収集証拠排除の法則といった手続の適正や罪刑法定主義のみならず、犯罪に対する刑罰の重さの均衡という刑罰内容の適正をも含むを理解されている（徳島市公安条例事件、猿払事件）。判例は、法定手続の保障は基本的に行政手続にも及ぶとしている（成田新法事件）。

1　デュー・プロセスの起源

法の存在なくしては人民に不利益を課してはならないとする概念そのものは、1215年のマグナ・カルタにさかのぼる。この法原則は、政府の権限濫用を防止することを主眼とした。マグナ・カルタでは「国法（law of the land）によることなく」とされ、「デュー・プロセス」という語そのものは1354年まで現れなかった。イギリスでは当初コモン・ローに基づく刑事訴追を意味すると理解されていたが、清教徒革命のころには通常裁判所での刑事訴追の他に、陪審による裁判審理、弁護人依頼権、不利益供述強要の禁止の権利などを含むと考えられた。この手続面でのデュー・プロセスは、17世紀半ばには民刑事双方の裁判で適用されるようになっていた。

植民地時代のアメリカでも、法の定めのない刑罰は禁止されていた。イギリスと同様に「デュー・プロセス」よりも「国法」という語が一般に用いられたが、告知聴聞の機会付与、陪審による裁判審理、さらには実体的権利の保障を意味すると理解されていた。アメリカ法の中で「デュー・プロセス」という語を最初に用いたのは、合衆国憲法修正5条である[1]。

1）Leonard W. Levy, *Due Process of Law, in* 2 ENCYCLOPEDIA OF THE AMERICAN CONSTITUTION 589 (Leonard W. Levy, ed., 1986).

2　デュー・プロセス条項

合衆国憲法修正5条は「何人も、法の適正な手続によらずして生命、自由または財産を奪われない」と定める。修正14条にもデュー・プロセス条項がある。修正5条は連邦政府を、修正14条は州を拘束する規定である。両規定も、デュー・プロセスの意味するところについては異なるところはないと理解されている（ハイナー判決）。

デュー・プロセス条項は、政府の恣意的な権力行使からの個人の保護を意味すると理解されている（ウルタド判決）。デュー・プロセス条項には、手続的側面と実体的側面とがある。元来適正さが求められるのは手続面に限られると理解されていたが（マレー判決）、19世紀末には実体面でのデュー・プロセスも求められるようになった[2)]。ここでは先に手続面でのデュー・プロセスの内容を確認した上で、実体的デュー・プロセスの法理を検討することにしよう。

3　手続的デュー・プロセス

手続的デュー・プロセスは、法適用の手法やその公正さを問題とする。手続的デュー・プロセスの基本的要請とは、適切な時に適切な方法で聴聞を受ける機会を付与することであり（マシューズ判決）、「基本的公正さ（Fundamental fairness)」が重視される。くわえて、公平中立の人物による裁決も求められる。その具体的内容としては、人権制約の内容とその理由の事前告知、証拠の提示・証人の喚問権、自己に不利な証拠の開示請求権、反対尋問権、証拠証言に基づく判決、弁護人依頼権、証拠に基づき判決の理由を明示する公平な裁判などが挙げられる[3)]。これらの要請は、刑事手続、行政手続を問わず、あらゆる政府活動に求められる。

日本国憲法と同じく、刑事手続の個別的保障は合衆国憲法の別の規定にみられる。連邦最高裁は、個別的保障に反していない場合でも刑事手続が「基本的公正さ」にもとるならばデュー・プロセス条項違反と判決した（ウィンシップ判決）。したがって、敵性戦闘員であってもデュー・プロセスは保障されるのである（ハムディ判決）。法の規定そのものがあいまいで不明瞭な場合、手続的デュー・プロセス違反と判決される（ミューサー判決）。

2）　常本照樹「『経済・社会立法』と司法審査(1)」北大法学論集1-2号8頁（1984年）。

3）　Sanford H. Kadish, *Procedural Due Process, in* 3 ENCYCLOPEDIA OF THE AMERICAN CONSTITUTION 1473 (Leonard W. Levy, ed., 1986).

告知聴聞の機会の確保など行政手続におけるデュー・プロセスの保障は、土地や動産の収用のみならず、受益資格、免許、公的地位などの付与にも及ぶ（ゴールドバーグ判決）。この保障は公立学校、社会保障、公務員任用などの分野でも適用されるのである。くわえて、陪審の認定した過大な懲罰的損害賠償額を上訴審にて審査することを禁止する州法は、デュー・プロセスに反すると判決されている（ホンダ自動車判決）。

4　実体的デュー・プロセス

実体的デュー・プロセスは、法（の内容）そのものの公正さを問題とする。ここでは、人民に不利益を課す法の適用手続ではなく、そうした法の正当化が適正になしえるのかという点が問われる。もし法の正当化が適正になされない場合、政府は人民の活動を規制することができない。この、政府の規制が及ばない領域から、憲法上明示されていない権利が導出されるのである（実体的デュー・プロセス論）。憲法上明示されていない権利は、アメリカの歴史と伝統に根ざした基本的権利とそれ以外に区別され、基本的権利に対する制約の場合には「厳格な審査基準」よる正当化が求められる（ボーワー判決）。

実体的デュー・プロセスによる権利保障は、まず経済活動の自由と契約の自由の保障から発展した。連邦最高裁は19世紀末からデュー・プロセス条項に契約の自由を読み込み、ロックナー判決をはじめ多くの判決で経済規制の州法を無効とした。こうした社会政策立法を違憲とする判決が継続した期間は「ロックナー期」とよばれ、ルーズベルト大統領の連邦最高裁改革案公表を契機とする1937年の判例変更（ウェストホテル判決）まで続いた。

実体的デュー・プロセスはまた、プライバシーや自己決定権の領域でも適用される。連邦最高裁は婚姻の自由（ラビング判決）、中絶の自由（ロー判決）、同性婚の自由（オーバーゲフェル判決）などの制限はデュー・プロセス条項に違反すると判決した。

なお、実体的デュー・プロセスに対しては、この条項を実体的権利の保障規定として用いるべきではない、憲法に明示されてない権利を保障すべきでないなどの批判がある。

5　編入理論（Incorporation Doctrine）

前述のように、修正14条は州に適用される。連邦最高裁は、同条のデュー・プロセス条項の定める「自由」の内容に修正1条から10条までの「権利章典」

規定を組み込み州に適用する、「編入理論」を19世紀末から展開してきた。編入理論とは、本来連邦を規制対象とする「権利章典」を、修正14条を通じて州に当てはめる判例法理をいい、同条項を実体的に理解することで成立する理論といえよう。「権利章典」のすべてが編入されているわけではなく、修正5条の大陪審による起訴条項と修正7条の民事における陪審裁判条項は編入されていない。修正2条の武器保有権は、長らく連邦のみ拘束すると理解されてきたが、連邦最高裁は2010年のマクドナルド判決でデュー・プロセス条項に編入し、州を拘束する権利だと判決した。

この編入理論により、合衆国憲法の人権規定に反する州法は憲法違反と判断される。合衆国憲法の規定が人権保障における全国的なミニマムスタンダードとなり、州憲法の人権規定はこのミニマムスタンダードと同等かそれ以上の保障を意味すると解釈されるようになった（新司法連邦主義）。連邦最高裁は、修正14条の平等保護条項を修正5条に「編入」することで、平等保護条項の連邦への適用を可能にした（「逆編入理論」）。

◆コメント

適正手続、あるいはデュー・プロセスの保障は、人権保障の歴史の中でも最古の権利の1つといえ、非常に重要な保障と考えられてきた。これは、英米の社会で重視されるフェアネス（公平で正しい）という考えとデュー・プロセスの保障が深く結びついているためだといえよう。

日本の適正手続が主に刑事手続に関するものであるのに対して、アメリカでのデュー・プロセス保障は実体面での人権保障規定として発展してきた点に特徴があり、新しい人権を憲法レベルで保障する根拠となってきた。近年連邦最高裁は、賛否の分かれる権利を実体的デュー・プロセスから積極的に保障し、アメリカ社会の変化を是認してきた。連邦最高裁が権利を保障するとき、それが全国一律で保障するのに適しているのかという考慮が働いていることに留意が必要である。

[高畑英一郎]

21 ステイト・アクション 〔英〕state action

憲法の人権保障は、もともと国家による侵害から国民の権利・自由を保護しようとして成立したものである。それゆえ、伝統的な憲法理論では、憲法に拘束されるのは国民ではなく、あくまで国家であるとされてきた。それでは、憲法の人権保障は、国民相互間（私人間）で発生する人権侵害には何ら及ばないのであろうか。この問題（憲法の私人間効力の問題）をめぐって、これまで日本の学界では、ドイツの判例・学説の影響を受けた「間接適用説」と呼ばれる立場が通説となってきた。この立場によれば、私法の一般条項（民法90条や同709条等）の解釈適用時に、憲法の人権規定の趣旨が考慮されることにより、私人間の行為にも憲法の人権保障が間接的に及びうるとされる。判例も、この間接適用説を採用していると理解されている（日産自動車事件）。

もっとも、学界においては、憲法と私人間の人権侵害との関係をめぐって、間接適用説とは異なるアプローチとして、アメリカのステイト・アクションの法理も参照されてきた[1)]。そこで以下では、間接適用説とは異なる思考に立つ、本法理の内容とアメリカにおける展開についてみることにしよう。

1 「ステイト・アクションの法理」

ステイト・アクションの法理とは、アメリカ連邦最高裁の判例を通して形成された法理論である。それによると、①合衆国憲法の人権保障は、あくまでステイト・アクション（政府の行為）[2)]に対する制限であって、私人の行為に対する制限ではないことから、私人間の権利侵害には及ばない、②ただし、

1) たとえば、芦部信喜は、間接適用説ではカバーしきれない私人間の人権侵害に、憲法の人権保障を及ぼしていくための1つの有用な理論として、ステイト・アクションの法理に着目していた。芦部信喜『憲法学Ⅱ　人権総論』314-327頁（有斐閣、1994年）。なお、ステイト・アクションの法理に関する近年の詳細な邦語文献として、木下智史『人権総論の再検討―私人間における人権保障と裁判所』（日本評論社、2007年）、君塚正臣『憲法の私人間効力論』（悠々社、2008年）、榎透『憲法の現代的意義―アメリカのステイト・アクション法理を手掛かりに』（花書院、2008年）、宮下紘「ステイト・アクション法理の理論構造」一橋法学7巻2号239頁（2008年）。

私人の行為であってもステイト・アクションとみなすことのできる一定の場合には、合衆国憲法が適用される。

このように、ステイト・アクションの法理は、合衆国憲法の人権保障が対公権力のものであるとの原則を維持した上で、それを公権力の行為と同視できる私人の行為にも及ぼしていこうとするものである。それではなぜ、人権保障の対公権力性という原則をあくまで維持するのであろうか。連邦最高裁の諸判例によると、その理由の第1は、合衆国憲法の条文の規定の仕方にある。たとえば、合衆国憲法の主要な人権条項である修正1条（表現の自由、信教の自由）や修正14条（平等保護条項、デュー・プロセス条項）は、文言上、対公権力の形で規定されている（「連邦議会は…をしてはならない」「州は…をしてはならない」）。第2に、私的自治や個人の自律に対する配慮がある。私人も合衆国憲法に拘束されるとなると、その分、個人の自由な活動が制限されることになる。私的空間における自由を確保し、個人の自律や私的自治を維持するためにも、合衆国憲法の拘束力は私人に及ぶべきではないとされる。第3に、連邦主義に対する配慮がある。私人にも合衆国憲法の人権条項の拘束力が及ぶとなると、それを執行するために連邦裁判所や連邦議会が私人間の問題に介入することになる。しかし、連邦主義の下では、私人間の問題の解決は、州に委ねられるべきであるとされる。

もっとも、ステイト・アクションの法理によれば、前記のように、私人の行為であってもステイト・アクションとみなすことのできる場合には、合衆国憲法の人権保障が及ぶとされる。それでは、いかなる場合であれば、私人の行為は政府の行為とみなされるのか。以下では、この点を中心に、ステイト・アクションの法理の歴史的展開をみることにしよう。

2 「ステイト・アクションの法理」の起源

ステイト・アクションの法理が形成される上で重要な役割を果たしたのが、1883年の公民権事件である。合衆国憲法修正14条1項は平等保護やデュー・プロセス等の諸権利を保障し、同条5項はそれらを執行するための法律を制定する権限を連邦議会に認めているが、本件では、この権限に基づいて連邦

2) 現在のステイト・アクションの法理の文脈では、「ステイト・アクション」（state action）とは、州（state）のみならず、連邦や地方自治体のような、あらゆるレベルの「政府の行為」（governmental action）を指す概念として用いられている。また、ここにいう政府とは、行政部のみならず、立法部・司法部も含めたあらゆる統治機関を指している。

議会が私人による人種差別を禁止する法律を制定できるか否かが争われた。連邦最高裁は、修正14条1項はその文言（「州は…をしてはならない」）が示すように、州による権利侵害を禁止しているのであって、私人による権利侵害を対象にしているわけではないこと、それゆえ、同条5項は連邦議会に対して州政府による権利侵害を規制する権限を認めているのであって、私人による権利侵害を規制する権限まで認めているわけではないことを判示した。その上で、私人が経営する宿泊施設や劇場等による人種差別行為を禁止した連邦法（1875年公民権法）に対して、連邦議会が制定できる範囲を超えた法律であるとして、違憲判決を下した。

このように、本判決により、合衆国憲法修正14条の権利保障が公権力による侵害にのみ及び、私人による権利侵害には及ばないことが確立した。こうした判断は、合衆国憲法の文言を重視したためであるが、それとともに、私人間の問題に関する州政府の権限を尊重するという、連邦主義的な考慮に基づくものでもあった。

3 「ステイト・アクション」概念の拡大

こうして、公民権事件等により、合衆国憲法の人権規定が対公権力のものであり、私人間には一般に及ばないこと（ただし、修正13条を除く）が明確にされた。ただ、連邦最高裁は20世紀に入ると、次の場合にはステイト・アクションとみなすことができるとして、私人の行為にも人権規定を及ぼすようになった。

(1) 公的機能理論

その第1は、私人が公的機能を果たしている場合である。1944年のスミス事件では、私的結社である政党が黒人を予備選挙（公職選挙の党公認候補者を決定するために行われる党内選挙）から排除していることが問題になったが、連邦最高裁は本件予備選挙は州の公職選挙手続の一部を構成していることから、一般の公的選挙と同様に合衆国憲法の規律を受けると判示し、本件排除が合衆国憲法修正15条（人種を理由とする投票権の否定・制限の禁止）に違反するとの判決を下した。

また、連邦最高裁は1946年のマーシュ事件において、いわゆる「会社町」は私企業が所有している町とはいえ、通常の町と何ら異なることのない公的機能を果たしているため、合衆国憲法の制約に服する旨を判示した。そして、会社町の歩道において町の許可なく宗教的文書を配布した者に対して、合衆国憲法修正1条（表現の自由・信教の自由）の保護を与えた。これらの判例を通して、私人が公的機能を遂行している場合には、そこに合衆国憲法の制約が及びうることが明らかにされた。

(2)　司法的執行理論

第2は、裁判所が私人の行為を執行する場合である。1948年のシェリー事件では、黒人に土地を売却しないという住民間の合意（人種制限約款）の存在を理由に、州裁判所が黒人による土地取得に差止命令を出したところ、連邦最高裁は、約款自体は私人が締結したものであるとしても、それを州政府の一機関である州裁判所が執行することはステイト・アクションにあたり、合衆国憲法修正14条（平等保護条項）の制約を受けるとの判断を示した。本判決の論理に従えば、私人の行為であっても、司法的執行の場面になると憲法の規律を受けることになる。それゆえ、私人の行為とステイト・アクションを区分し、後者にのみ合衆国憲法が及ぶとする伝統的な考え方が掘り崩される可能性があるとして、アメリカの憲法学界では大きな議論が巻き起こった。

(3)　関係性理論

第3は、私人の行為が政府と深い関わりを持っている場合である。1961年のバートン事件では、州政府機関所有の駐車場建物の一角を賃借しているレストランが、人種を理由に黒人に対するサービスを拒否したことが問題になったが、連邦最高裁はこの問題に合衆国憲法修正14条（平等保護条項）の規律が及ぶとの判断を示した。当該レストランは私人によって経営されているとはいえ、政府施設内にあり、レストランと政府は互恵的関係にある。それゆえ、本件差別行為は「純粋に私的な」ものとはいえず、合衆国憲法の規律を受ける程度にまで政府が関わっているといえる、というのがその理由である。これにより、私人の行為であっても、政府との深い関わり合いがあると、合衆国憲法の規律を受ける場合のあることが明らかにされた。

(4)　小括

このように、連邦最高裁は20世紀半ばになると、私人の行為であっても政府の行為とみなすことができる場合には、合衆国憲法の規律を及ぼすようになった。ステイト・アクション概念が、大きく拡張されることになったのである。

こうした動きは、連邦最高裁が20世紀中期以降、人種差別問題の解決に正面から取り組むようになったことと関係している。当時の南部諸州では、人種差別が州政府によって公然と行われており、私人による差別を規制する法律も整備されていなかった。このような中、連邦最高裁は、州政府による差別に対して積極的に違憲判決を下していくとともに、私人による差別に対しても、上記のような法理を編み出しながら（限られた場面ではあるが）対処しようとしたのである。ステイト・アクション概念を拡張した判例の多くが人種差別に関係していた背後には、このような事情があった。

4 「ステイト・アクションの法理」の現在

もっとも、このようにステイト・アクション概念を広げていくことに関して、連邦最高裁も一枚岩であったわけではない。たとえば、ハーラン判事は、1963年のピーターソン事件において、「仲間や隣人を選ぶこと、自己の財産を自己の判断で使用・処分すること、自己の人間関係に関して不合理、恣意的、きまぐれ、不正ですらあることの個人の自由は、すべて政府の介入から広範に保護されるに値するものである。[…] また、ステイト・アクション概念に内在しているのは、連邦主義という価値である」（373 U.S. 244, at 250 (Harlan, J., concurring)）と述べて、この概念のさらなる拡張に対して消極的な姿勢をとった。

こうした中、1970年代以降、連邦最高裁において保守的な裁判官が多数を占めるようになると、ステイト・アクション概念の拡張傾向は止まり、この概念の縮小もみられるようになった。たとえば、連邦最高裁は1968年のローガン・バレー・プラザ事件において、私人が経営する大型ショッピングセンターに公的機能を見出し、そこにおける表現活動に合衆国憲法修正1条の保護を与えていたが、1976年のハジェンズ事件においてこれを覆し、公的機能理論を縮小した。

また、関係性理論についてみると、1972年のムース・ロッジ事件では、私的な白人専用会員制クラブが黒人にサービスを拒否したことが問題になったが、連邦最高裁は、州政府がこのクラブに酒類販売免許を与えていたというだけでは、当該拒否行為をステイト・アクションとみることはできないと判示して、関係性理論を限定した。同様に、連邦最高裁は、1974年のジャクソン事件において、電力会社が州政府の広範な規制に服しているということだけでは、料金滞納者への電力供給の打ち切りをステイト・アクションということはできないとの判断を示し、さらに、1982年のレンデル・ベーカー事件では、公的資金が学校予算の9割以上を占めているということだけでは、私立学校による教員の解雇をステイト・アクションとみなすことはできないとした。ただし、非営利の中等学校体育協会が加盟校に下した処分が争われた2001年のブレントウッド・アカデミー事件では、連邦最高裁は、協会がその運営にあたり公立学校および州政府と深く結びついていることを理由に、当該処分がステイト・アクションに当たるとの判断を下している。

また、司法的執行理論についてみると、シェリー事件の判決論理はその潜在的影響の大きさから議論を巻き起こしたが、連邦最高裁はその後この論理を基礎に判決を下すことはあまりなかった。そのため、シェリー判決の射程は十分に明らかではない。

以上のように、現在でも私人の行為がステイト・アクションとして認められる場合があるが、全体としてみると、ステイト・アクション概念の拡張には歯止めがかかり、縮小傾向がみられる。人種差別の文脈を超えて私人の行為にも憲法の規律を及ぼしていくことに慎重な裁判官が多いこと、また、人種差別の文脈でも、私人間の差別を規制する法律が整備されるようになり、ステイト・アクション概念の拡張を通した司法的対処の必要性が低下したことが、その背景にあるといえる。ただ、こうした変化もあって、各判例の射程や判例相互の関係がみえにくくなっており、法理に一貫性を見出すことも難しくなっているのが、ステイト・アクションの法理の現状といえよう。

◆コメント

ステイト・アクションの法理は、合衆国憲法の規律が対公権力であることを原則としたうえで、政府の行為と同視できるような限られた場合に、私人の行為にも憲法の規律を及ぼしていくものである。それは、日本の学界における直接適用説（憲法の人権保障は私人間にも直接及ぶとする立場）とも間接適用説（憲法の人権保障は私人間にも私法の一般条項を通して間接的に及ぶとする立場）とも異なる別様の考え方として、憲法の性格・効力を考えていく上で参考になるであろう。

なお、アメリカ連邦最高裁は、人種差別克服の過程でステイト・アクションの概念を拡張したが、現在ではこれを再び縮小する傾向にある。その背景には、私的行為者の自由を確保するという考え方にくわえ、私人間の問題を調整するのは私人に近い州政府の役割であるという、アメリカ固有の連邦主義的な考慮が働いていることにも留意が必要である。

［見平典］

22　保護義務〔独〕Schutzpflicht

基本権保護義務論は、もともとドイツの判例・学説において誕生し発展してきたものであるが、日本の概説書では、人権の私人間効力の問題において取り上げられることが多く、また、直接適用説の一種として紹介されることもある。たとえば芦部信喜は、「近時、とくにドイツの判例・学説を参照して、日本国憲法は個人が相互に尊重しあいながら共生する社会を前提としていること、それを確立することが国家に求められていること、したがって私人間で人権侵害が争われ、立法による保護措置がない場合には、裁判所が国家の機関として介入し、保護を与える義務があること、などを主要な論拠とし、直接適用を解く見解が一部に有力である。」と紹介している[1)]。

しかし、保護義務論は、必ずしも私人間効力の問題を念頭に置いて展開されてきた議論ではないし、また、基本権を保護すべき義務を負うのはあくまでも国家であって、私人ではない。保護義務論は、後述するように、たとえば国民の生命・身体等の安全が脅かされている状況があるときに、国家には国民の生命・身体等に対する基本権を保護すべき義務があるとする考え方である。国民の基本権を脅かす事態は、私人によってもたらされる場合もあれば、そうでない場合もある。保護義務論が私人間効力論としても機能するのは前者の場合だけである。したがって、保護義務論が、憲法上の人権規定は私人間においても拘束力をもつか、という問いに対して直接の解答を与えるものと捉えるのは、そもそもの問題意識のレベルで誤解を生む可能性をはらんでいる。

1　保護義務論の成立と展開

基本権保護義務は、連邦憲法裁判所の1975年2月25日の判決、いわゆる第一次堕胎判決において、はじめて展開された。妊娠中絶を一律に処罰の対象とする刑法の規定を改正して、受胎後12週間以内の妊娠を不可罰とする

1）　芦部信喜〔高橋和之補訂〕『憲法〔第6版〕』116頁（岩波書店、2015年）。

規定の合憲性が争われた事案において、連邦憲法裁判所は、基本法は母胎内で生成中の生命も保護するものであるとした上で、これは国家による生成中の生命への直接的侵害を禁止するのみならず、生成中の生命の保護と支援をも、とりわけ他者からの違法な侵害からも守るよう国家に命ずるものであると述べた。これは基本権としての胎児の生命権を第三者による侵害から保護すべき国家の義務について論じたものである。

その後、基本権保護義務論は、環境汚染や薬害による生命・健康被害などへもその適用領域を広げていく。いずれにせよ共通しているのは、私人の生命・健康といった基本権が第三者の事業活動などによって脅かされているという状況がある場合に、これを保護すべき国家の義務が問題とされているという点である。基本権保護義務論が本来その威力を発揮するのは、私人の基本権が第三者によって侵害されているにもかかわらず国家が規制権限を適切に行使せずに放置しているという問題状況であり、国家の規制権限不行使（不作為）の統制が期待されているのである。そこで基本権保護の担い手となる「国家」は、主として行政であり、行政が規制を行うためにその根拠となる立法措置が必要な限りで、立法府である。基本権保護義務論が行政法学からも強い関心を集めている理由もここにある。

基本権保護義務論が当初主として念頭に置いていた問題領域が以上のようなものであるにせよ、基本権保護義務論は私人による基本権侵害から基本権を保護すべき国家の義務を問題とするという性質上、私人間効力の問題にも拡張される可能性があった。事実、ドイツ連邦憲法裁判所は、1990年の代理商決定において、そのような傾向を示し、以来、基本権保護義務論は私人間効力論をもその射程に含むものとなっている。もっとも、代理商決定のような事案において基本権保護義務の受命者となる「国家」は、私法法規の解釈・適用を行う裁判所であることには注意を払うべきであろう。すなわち代理商決定は、直接的には代理契約終了後における競業を適正な補償なしに避止する旨の合意を許容する商法の規定の憲法適合性が問題となったものであるが、民事裁判所が当該契約条項の有効性を認めたのに対し、連邦憲法裁判所は、裁判所も他の公権力と同様に基本権に拘束される旨を強調し、民事裁判所は私的自治を優先させずに商法の当該規定について憲法判断をする必要があったとしているのである。したがって、ここで基本権を保護する担い手として想定されている「国家」は、第一次的には裁判所であり、二次的に基本権に配慮して私法法規を形成すべき立法府である。このような問題構造は、ドイツの連邦憲法裁判所制度が、裁判所による裁判作用の憲法適合性を統制する憲法異議手続を有していることに大きく依存しているともいえよう。

2　基本権保護義務の基礎づけ

基本権保護義務をどのような理論的根拠から認めるかについては、大きく分けて、以下の二通りのアプローチがある。もっとも、この2つのアプローチは必ずしも排斥しあうものではなく、同じ論者が双方に依拠することもありうる。

1つは、個人の生命、自由および財産の保護という国家の本来的任務に依拠するものである。社会契約論（5「社会契約」参照）によれば、個人は自然状態において享受している生命、自由および財産を他者の侵害から守るために国家を形成したと説明される。このような国家の正当性を基礎づける国家の任務から、逆に、個人の生命、自由および財産の安全を積極的に保護すべき国家の義務を基礎づけようとするのである。このような「安全」概念は、自由国家の憲法学においては見失われていたのが、科学技術の発展がもたらす負の帰結や組織犯罪の脅威が顕著となったのにともなって、国家の基本権保護義務を導く憲法解釈論において「再発見」された、とされる[2)]。また、国家による権力独占から、国家が私人による基本権侵害を禁止することを怠っている場合には、国家は当事者に侵害を受忍する義務を課しているという構成をとることにより、国家の基本権保護義務とこれに対応する個人の安全を求める権利を基礎づける見解もある[3)]。いずれにせよ、このアプローチにおいては、安全という国家の根本的任務または正当化根拠、あるいはそれに加えて国家による権力独占というような「国家論」が、基本権保護義務の理論的根拠として持ち出される。

基本権保護義務を基礎づけるもう1つのアプローチは、基本権の二重性に依拠するものである。有力な学説によれば、基本権は、国家による侵害に対する個人の防御権であるだけでなく、同時に公共体の客観的秩序の構成要素でもあり、この秩序の基本的内容を規定しているとする[4)]。私人間効力の判例としても有名なリュート判決も同様の立場に立って、基本権は防御権であ

---

2)　ヨーゼフ・イーゼンゼー（ドイツ憲法判例研究会編訳）『保護義務としての基本権』136頁以下（信山社、2003年）。
3)　Dietrich Murswiek, Die Staatliche Verantwortung für die Risiken der Thechnik, 1985, S.102ff.
4)　コンラート・ヘッセ〔初宿正典・赤坂幸一訳〕『ドイツ憲法の基本的特質』182頁以下（成文堂、2006年）。

ると同時に客観的価値秩序または価値体系でもあり、この価値体系はすべての法領域に妥当して、立法、行政および裁判に指針と刺激を与えるとして、基本権の私法への影響を論じている。このような議論を基本権保護義務の基礎づけにも利用して、客観的原理としての基本権は、基本権が実現されるためにあらゆることをなすべき義務を国家に課しているとするのである。

3　日本における受容

基本権保護義務論は、ドイツでは連邦憲法裁判所の判例において確立した地位を有していることもあって、その存在を前提として理論的基礎づけが学説において試みられているという状況である。しかし、日本においては、基本権保護義務の概念を認めるかどうかという点からして、根強い批判が存在する。保護義務論に対する批判は、大きく2つの観点からのものに分けることができるであろう[5)]。

1つは、基本権保護義務論の概念を認めることにともなう憲法観あるいは国家観の変容に対するものである。保護義務論は、基本権保護を目的とする国家の作為を基礎づけるものであるため、個人の自由の領域に対する国家の過剰な介入を招きかねないというのである。また、これにより、国家権力を制限して個人の自由の領域を確保するという憲法上の権利規定の性格、さらには憲法それ自体の性格が変容してしまう点が危惧されている。このような観点から保護義務論に批判的な論者も、安全という国家の根本的任務を否定するわけではないが、基本権保護義務という概念を持ちださなくても同様の結論を導くことが可能ではないかとし、次に述べる解釈論的意義または必要性に関する疑問もあいまって、保護義務論に消極的な立場をとっている。

もう1つの批判の観点は、保護義務論の解釈論としての側面について疑問を投げかけるものである。保護義務論は、基本権を保護すべき国家の義務およびこれに対応する個人の「安全を求める権利」を導き出すのであるが、基本権保護義務から個人が何らかの具体的な請求権が導き出されるのかというと、必ずしも明らかでない。具体的請求権は導かれないとするならば、せいぜいそれは立法や解釈の指針となるにすぎず、このような客観法的内容を「義務」として語ることの適切性が問われよう。他方、具体的請求権が導か

5)　基本権保護義務論に対する詳細な批判として、米田雅宏「現代国家における警察法理論の可能性（2・完）」法学70巻2号236頁以下（東北大学、2006年）。

れるとするならば、それは法律を飛び越えて行政や裁判所の介入を求めることを肯定するものなのか、かりにそうであるとすれば、基本権的価値を法律による調整を経た上で執行するという通常の法執行過程を破壊するものなのではないか、との疑問も投げかけられることになる。

◆コメント

保護義務論は、ドイツ連邦憲法裁判所の判例において、今まさに発展中の理論であって、確定した内容をもっているわけではない。また、その基礎づけについてもさまざまな考え方があり、しかもそれは論者の憲法観を強く反映したものとなっている。さらに、保護義務論から導かれる解釈論的な帰結がどのようなものであるかも必ずしも明らかでない面がある。保護義務論に好意的な立場をとるにせよ、批判的な立場をとるにせよ、上記の点に留意することが重要であろう。

［鵜澤剛］

23　二重の危険　〔英〕Double Jeopardy

日本国憲法39条は「何人も……既に無罪とされた行為については、刑事上の責任を問はれない。又、同一の犯罪について、重ねて刑事上の責任を問はれない」と定める。一事不再理とは、確定した判決について、再度審理することはないという法原則をいう。また二重処罰の禁止とは、一度処罰した行為を、別な罪として処罰することはできないことを指す。

基本書によると、この規定は「一事不再理」かまたは「二重処罰の禁止」かという問題があり、前者を規定したとする見解、両者を規定するとみる見解がある。これに対して、この規定はアメリカ法の「二重の危険」を禁止したものであるとする見解もある。日本で理解される「一事不再理」「二重処罰の禁止」はアメリカ法の理解と同一のものだろうか。そこで、「二重の危険」とは何かをみていくことにしよう。

1　二重の危険法理の形成

二重の危険の禁止は、古代のギリシャやローマにその萌芽を見ることができる刑事手続上の保障である。「同一人に同じ問題で重ねて罰を与えてはならない」とする観念は、やがてイギリスのコモン・ローに組み込まれ、法原理として確立していく。17世紀のイギリスにあっては、同じ行為について、かつて無罪とされたこと（「前の無罪（auterfois acquit）」）またはかつて有罪とされたこと（「前の有罪（auterfois convict）」）が再審理に対する抗弁となっていた。

この法原理は、アメリカ植民地に伝わっていった。もっとも、アメリカ独立後に制定された各州憲法には二重の危険禁止規定はあまりみられず[1)]、「何人も、同一の犯罪について、重ねて生命または身体の危険にさらされることはない」と規定する合衆国憲法修正5条の成立をもって本格的に各州憲法に普及していった。

---

1)　小島淳「二重の危険の成立過程」早法76巻2号288-289頁（2000年）。

2　アメリカにおける二重の危険法理の発展

19世紀前半のアメリカでも、二重の危険法理は、かつて無罪または有罪とされた行為に対する再審理を遮断する法理と理解されていた。これが20世紀後半には、同一犯罪についての無罪判決後及び有罪確定判決後の再訴追の禁止、そして二重処罰の禁止を意味すると考えられるようになる（ピアース判決）。また罪の重さに関係なくこの法理は適用される（ラング判決）。そこで、連邦最高裁はどのように二重の危険の概念を展開してきたか、その判例法理の発展をみることにしよう。

(1)　無罪評決に対する検察官上訴と二重の危険

まず、無罪評決に対する検察官の上訴と二重の危険に関する問題がある。1896年のボール判決は、無罪評決は最終的なものでありその評決に対する上告審における再審理は被告人を二度危険にさらすことになると説示して、無罪評決に対する検察官の上訴は憲法違反であると判決した。この判断はその後も維持され、確立した法理となっている（ケプナー判決など）。1962年のフォンフー判決では、無罪評決が著しく誤った根拠に基づくものであっても、検察による上訴は許されないとして、その保護範囲を拡大した。検察官上訴の否定は、陪審の下した無罪評決に限られず、裁判官の無罪判決にも及ぶ（ジェンキンズ判決）。なお、有罪判決に対する弁護側の上訴により被告人が再審理を受けることは二重の危険条項に違反しない上に、再審理の結果原審よりも重い判決が下されたとしても、それは被告人による権利の放棄が招来したことであり、憲法に反しないとされた（トロノ判決）。また、有罪判決に対して量刑不当を理由とする検察官上訴も合憲とみなされている（デフランチェスコ判決）。

(2)　同一事件に対する重複訴追

第2に、同一事件に対する重複訴追につき、20世紀初頭の判決では後の訴追が前の訴追と同じ証拠で事件を証明するのかという点、すなわち証拠の同一性を判断基準として、重複訴追の可否を確定していた（カーター判決）。また、同一行為が複数の法律に違反する場合、異なる証拠によってそれぞれ立証されるならば、同一行為を各法律ごとに別個の犯罪とみなすことができると理解された（ブロックバーガー判決）。ここに、重複訴追（そして二重処罰）の判断基準として、それぞれ異なる証拠で立証可能かどうかというブロックバーガー・テストが確立されたのである。この基準の下で、一連の継続犯罪の別々の時点の行為を切り取りそれぞれ訴追することは重複訴追に当たるとしたブラウン判決では、より重い犯罪を先に訴追しなかったのがその（重い）犯罪が訴追時には発生していなかったか慎重な捜査の上でもその犯罪事実を確知できなかった場合に限り、重複訴追が例外的に容認された。ブロックバーガー・テストは一時期その効力を否定されたことがあったが、その後判断基準としての地位を回復し、こんにちにおいても適用されている。なお、先の判決で確定した争点につき再度の審理を否定するコラテラル・エストッペル（collateral estoppel）[2]も二重の危険に関連するが、ここでは触れない。

⑶　二重処罰

第3に、二重処罰の問題がある。有罪判決後に刑が執行されているにもかかわらず、同一犯罪につき裁判所が刑の宣告をやり直すことについて、1873年のラング判決は二重の危険条項の禁止する「危険」とは処罰に対するものでもあると判示し、二度の公判のみならず二重の処罰からも被告人は保護されることを明らかにした。また逐次執行の刑の宣告（複数の訴因で有罪である場合に各々の刑期を逐次的に執行することで刑期の総和を実際の刑期とする刑の言い渡し）は、議会が法律でそれを認めた場合には二重の危険条項に違反しないとされ（ウェイレン判決）、同一犯罪に対して議会が複数の法律でその行為を罰する場合二重の処罰は憲法に違反しないとされた（ハンター判決）。

⑷　陪審の解散と二重の危険

さらに第4として、評決前に裁判所が陪審を解散した場合に検察が同一被告人を再起訴することは二重の危険に該当するのかという問題がある。連邦最高裁は、当初この問題について、消極的な判断を示した。1824年のペレス判決は、陪審を解散させる明白な必要性があった場合には裁判所はそうせざるを得ず、その場合被告人はいまだ有罪にも無罪にもなっておらず、陪審の解散は将来の公判を妨げるものではないと判示した。被告人の同意はないが正当な理由に基づく陪審の解散ならば、その後の再訴追は二重の危険に該当しないとする連邦最高裁の姿勢は、その後長く維持されていく。20世紀後半になると、連邦最高裁は、検察官の請求による陪審の解散は重大な必要性に基づいていないとしてその後の再審理は二重の危険に当たるとしたダウム判決、被告人の請求による陪審解散の場合それが検察側の誘導によるものでないならばその後の再審理は二重の危険条項に反しないとしたディニッツ判決などを下し、陪審解散に明白な必要性がある場合またはそれが被告人の自

2)　*See* Kamisar, LaFave, Israwl, King, Kerr & Primus, Modern Criminal Procedure 1154-62 (13th ed. 2012) ; Erwin Chemerinsky & Laurie L. Levenson, Criminal Procedure 1178 (2d ed. 2013).

主的な請求による場合でないかぎり、その後の再審理は二重の危険条項に違反するとしている。

(5)　二重主権論と二重の危険

第5に、連邦制を採用するアメリカにおいて、連邦と州とが同一犯罪に対して個別に訴追することが許されるのかという問題がある。アメリカでは主に州が犯罪を取り締まる権限を有するが、合衆国憲法の列挙する権限に関連する犯罪については連邦政府が取り締まる。この二重主権論のもとでの二重の危険の問題に関して、連邦最高裁は修正5条が連邦政府を拘束し州には及ばないことを理由に、同一犯罪について連邦とは別に州が独自に訴追することは二重の危険条項に反しないとした（フォックス対オハイオ判決）。この理論は1922年のランツァ判決で確認され、現在でも維持されている。複数の州が同一犯罪について各々訴追することも許される（ヒース判決）。他方、軍事法廷と通常裁判所における同一犯罪の取り扱いについて、連邦最高裁はいずれも連邦の管轄下にあることを理由に二重主権論は成立しえず、両者の間に二重の危険条項は適用されると判決した（グラフトン判決）。

(6)　二重の危険条項の州への適用

最後に、二重の危険条項の州への適用に関して、1937年のパルコ判決は同条項は編入理論によって州に及ぶものではないとしてその適用を否定したが、1969年のベントン判決は先例を覆し二重の危険条項の州への適用を認めた。したがって、二重の危険条項に関する連邦の判例法理は州が遵守する最低基準となる。

「本人を困惑させ出費させ試練にさらし、不安な心理状態が継続するなかで生活するよう強制し、無実であっても有罪となる可能性を高めるように」しないこと（グリーン判決）がその目的と理解される二重の危険条項が、こんにち「被告人に保障するもの（略）は、同一の犯罪についての①無罪後の再訴追の禁止、②有罪後の再訴追の禁止、③二重処罰の禁止、④（一定の場合における）手続打切後の再訴追の禁止」[3]なのである。

---

3)　小島淳「アメリカ合衆国における二重の危険の発展過程⑴」早法77巻1号165頁（2001年）。小島淳「アメリカ合衆国における二重の危険の発展過程⑵～⑺」早法77巻2号59頁（2002年）、早法77巻4号137頁（2002年）、早法78巻1号83頁（2002年）、早法78巻2号281頁（2003年）、早法78巻4号111頁（2003年）、早法79巻1号149頁（2003年）、小早川義則『デュープロセスと合衆国最高裁Ⅴ　二重危険、証拠開示』5-103頁（成文堂、2015年）、中野目善則『二重危険の法理』43-112頁（中央大学出版部、2015年）も参照。

◆コメント

日本国憲法39条の定める「一事不再理」「二重処罰の禁止」は、アメリカの判例法理のいう二重の危険を意味するのだろうか。アメリカの判例法理との対比では、無罪判決後の検察官上訴の可否がポイントとなろう。アメリカでは下級審であっても無罪判決には終局性があると理解されている。つまり、無罪判決は被告人の「危険」を終了させることとなる。これに対して日本の最高裁は、裁判が確定するまでは被告人に対する「危険」は継続するとの立場から検察官の上訴を容認している。日米の間には、「危険」の終了時の理解について隔たりがあるといえよう。さらに、公訴事実を起訴状に記載せず公訴棄却になった場合でも後日同一犯罪について起訴することは認められており、「危険」そのものに対する理解も日米で異なる。もちろん重複訴追の禁止や二重処罰禁止では類似性をみることができようが、アメリカ法のいう「二重の危険」の禁止を日本国憲法39条が採用しているとは、日本の裁判所は理解していない[4]。

[高畑英一郎]

4)　同旨、中野目・前掲注3）40-41頁。

24 厳格な基準 〔英〕strict judicial scrutiny

「厳格な基準」とは、違憲審査基準のうち、立法等の合憲性審査を、通常よりも厳格に行う際に用いられる基準をさすということができる。日本の代表的学説は、違憲審査基準論を次のように体系化している[1]。(1)（事前抑制〔検閲〕や過度広汎規制に関する）文面上無効の判断。(2)①表現内容規制には厳格な審査基準（「明白かつ現在の危険」や「定義づけ衡量」）。②表現の時・所・方法の規制（内容中立規制）には内容規制にほぼ準ずる基準（LRAの基準）。(3)経済的自由の規制については、合憲性推定の原則と結びついた合理性の基準を基礎に、①消極目的規制には「厳格な合理性」基準、②積極目的規制には「明白性の原則」。社会権やプライバシー権・自己決定権や平等原則についても、その性質・内容に応じ、以上に準ずる基準による。

これらのうち、内容中立規制（(2)②）と経済的自由の消極目的規制（(3)①）は、合憲性推定の原則を除くと同レベルの審査基準（LRAの基準。「33　LRAの基準」参照）が想定されており、結局、実際には、(a)厳格な審査基準と(b)中間的な審査基準（「厳格な合理性」基準）、そして(c)合理性基準の三種の基準が想定される、と説かれることがある[2]。「厳格な基準」とは、(a)・(b)で想定されるものを基本的に意味すると考えられるが、ここでは、日本憲法学がこうした審査基準論を追究するうえで大きな影響を与えた、アメリカでの議論を概観しておこう。

1　審査基準の「緩」・「厳」―20世紀前半のアメリカ連邦最高裁判例

20世紀初め頃までのアメリカ連邦最高裁は、今日的な意味での審査基準(standards of review)、つまり、「厳格な」・「緩やかな」基準といった、厳格度の異なる多段階の審査基準によって憲法判断を行うことをしていなかった、

1)　芦部信喜〔高橋和之補訂〕『憲法〔第6版〕』103-104、131-132、193-198、278頁（岩波書店、2015年）、同『憲法学Ⅱ』227-243頁（有斐閣、1994年）。

2)　松井茂記「違憲審査基準論」大石眞＝石川健治編『憲法の争点』284頁（有斐閣、2008年）。なお参照、市川正人「『厳格な合理性の基準』についての一考察」立命館法学333・334号91頁（2011年）、駒村圭吾「憲法的論証における厳格審査」法学教室338号（2008年）。

といわれる[3]。つまり、最高裁は、公権力と個人の権利の領域との間の境界線を画することをその任務と考えており、対立する公・私それぞれの利益を調整するというよりも、両者の境界を確定しようとしていた。最高裁は、州の立法は、その規制権限（ポリス・パワーと呼ばれる）の範囲にとどまるよう、合理的に行使されなければならない、といった判断基準で合憲性審査を行っていたが、ここにいう「合理的（reasonable）」とは、州の規制権限の妥当な行使の範囲を画する要件として考えられており、憲法上の様々な自由について、広くこの判断枠組みで違憲審査を行っていた。例えば、1923年のメイヤー判決では、一定の学年に達するまで英語以外の言語を教育することなどを禁ずる州法の合憲性が争われた。最高裁は、教師の教育権や児童に教育させる親の権利が、合衆国憲法のデュー・プロセス条項（修正第14条第1節）[4]にいう「自由」含まれる、としつつ、合憲性判断について、恣意的であるか、または適切な規制目的と「合理的に（reasonable）」関連しない立法によってこの「自由」は侵害されてはならない、としている[5]。つまり、精神的自由に近い領域の権利・利益であっても、合理性の有無を審査していたのであった。

しかし、パン工場での労働時間を制限する州法を違憲としたロックナー判決（1905年）に象徴されるように、最高裁は、20世紀初頭のこの時期、社会経済立法の多くを違憲とし、政治的にも逆風にさらされることになる。また、そもそも理論的にも、公権力と私的領域の境界を明確かつ客観的に区分することが困難であることも認識されるようになった。こうしたことから、最高裁は、それまでの姿勢を大きく転換し、女性等の最低賃金について規制する州法を合憲とした1937年のウエストホテル判決を皮切りに、経済規制立法について、立法府に強い敬譲を示す、合理性審査（「合理的根拠」審査〔rational basis review〕）を行うようになった。

もっとも、そうなると、憲法上の権利について、すべてこのような合理性審査に服すべきなのか、という問題が生じる。最高裁は、キャロリーヌ判決（1938年）の脚注4において、一定の権利・自由の場合にはより厳格な司法審査が妥当しうることを示唆した[6]。その後、いくつかの判例を通じ、表現の自由や結社の自由、信教の自由といった権利（合衆国憲法修正1条の権利[7]）

3） Richard H. Fallon, Jr., *Strict Judicial Scrutiny*, 54 UCLA L. Rev. 1267, 1285-1297 (2007).

4） 合衆国憲法修正14条1節は、「…いかなる州も、法の適正な過程なくして、人から生命、自由、又は財産を奪ってはならない」、と定める。20「デュー・プロセス」も参照。

5） もっとも、当時、すでに「明白かつ現在の危険」テストは宣明されていた（Schenk v. United States, 249 U. S. 47, 52(1919)）。32「明白かつ現在の危険」参照。

が「優越的地位」(preferred position) とされるようになると、どのような審査基準によって、これら「優越的地位」を占める権利の保護を図っていくか、ということがさらに問題となった。1960年代の連邦最高裁は、当初、サリバン判決（1964年）で示された「現実の悪意」法理のように（36「現実の悪意」参照)、特定の論点について妥当する審査基準を個別的に形成していたが、その後、「優越的地位」を占める権利保障の文脈において、「厳格審査」(strict scrutiny) ——問題となる立法は、「極めて重要な」(compelling：「やむにやまれぬ」とも訳される) 政府利益を促進するのに、「必要」(necessary) 又は「密接に調整されている」(narrowly tailored) ものでなければならない—を、広く用いることで、より定式的な審査基準が形成されていくことになった。

2　審査基準の展開—平等保護条項における審査基準の「緩」・「厳」

以上の大きな流れを、合衆国憲法の平等保護条項（修正14条1節）[8)]をめぐる判例の展開でみてみよう。

ロックナー判決の反省もあり、最高裁は、これ以降、経済規制立法については、立法府の判断を尊重する極めて敬譲的な審査を行っていた。例えば、リー・オプティカル判決（1955年）では、眼科医等の処方なしに眼鏡商が眼鏡レンズの複製等を行うことなどを禁じた州法が争われたが、デュー・プロセス条項違反の主張について、当該立法が弊害を是正する措置として合理的であるか、という判断枠組みを示して斥け、本件規制は平等保護が禁止する不快な差別 (invidious discrimination) に至っていない、などとして、平等保護条項違反の主張も斥けている。一方、最高裁は、当該立法による区別が「疑わしい区別」か、あるいは、「基本的権利」に関わるものである場合には、厳格審査によって判断することとしていた[9)]。日系米国人の強制移動を命じた命令の合憲性が争われたコレマツ判決（1944年）は、ある人種に対する市

---

6)　具体的には、①合衆国憲法の修正条項のうち最初の10か条と修正14条の禁止にふれる立法、②政治過程をゆがめる立法、③宗教・国籍・人種にかかる少数者の地位にむけられた立法、④「分離して孤立した少数者 (discrete and insular minorities)」に対する偏見に基づく立法、である。47「『二重の基準』論」も参照。

7)　合衆国憲法修正1条は、「連邦議会は、国教を樹立し、若しくは宗教の自由な行使を禁止し、又は言論若しくは出版の自由又は人民が平穏に集会し及び苦情処理のため政府に請願する権利を剝奪する、いかなる法律も制定してはならない」、と定める。

8)　合衆国憲法修正14条1節は、「いかなる州も、…その管轄権内にある者について、法の平等な保護を奪ってはならない」、と定める。

9)　Gerald Gunther, *The Supreme Court, 1971 Term-Foreword : In Search of Evolving Doctrine on a Changing Court : A Model for a Newer Equal Protection*, 86 HARV. L. REV 1, 8-10(1972).

民的権利の侵害はすべて「疑わしい」(suspect) ものであり、これらは「最も厳格な審査」(the most rigid scrutiny) に服すべきことが説かれた（ただし本件措置は合憲とされた)。また、スキナー判決（1942年）は、婚姻と生殖は「基本的な」(fundamental) ものであり、その制限は「基本的自由」(basic liberty) を剥奪するとして、「厳格審査…が不可欠である」(essential)、と述べた。

このように、平等保護条項については、「疑わしい」区別や「基本的権利」に関する区別には厳格審査が妥当し、それ以外については、立法府の判断に敬譲的な最小限の審査が妥当する、という、二階層の審査基準が定着することになった。しかし、厳格審査は、「理論的には『厳格』でも実際のところは致命的なもの」、と評されたように（ガンサー)、「厳格審査」＝違憲、それ以外の審査＝合憲、といったぐあいに受け止められ、二階層の基準はその硬直性が問題視されるようになった。その間、個別意見で両者のギャップを埋めるような審査基準論が提唱されるなど、審査基準について新たな方向性が模索されることになり[10)]、「厳格」審査と最小限審査（合理性審査）との間で、中間的な審査基準が登場した。クレイグ判決（1976年）は、低アルコールのビール販売対象年齢を男女で差を設けた州法の合憲性が争われたが、「性に基づく区別は、重要な政府目的に仕えるものであって、かつ、それらの目的を達成する上で実質的に関連して（substantially related）いなければならない」、という判断枠組みを示した（「中間的審査基準」(intermediate scrutiny))。

3 三段階の審査基準？

このように、アメリカにおいて、平等保護条項についていえば、冒頭でふれた三つの審査基準—厳格審査基準・中間的審査基準・合理性基準—は、それなりの歴史的展開を経て形成されてきた、ということができる。

ただし、アメリカにあっても、この三つの基準を「使い分け」し、定型的に事案処理をしているわけではない。例えば、知的障害者（mentally retarded）をめぐる区別の合憲性が争われたクレバーン判決（1985年）は、厳格度の高い審査基準は妥当しないとして、正当な政府目的と手段が合理的に関連するか（rationally related）を問い、当該措置には「不合理な偏見」(irrational prejudice) があったとして、違憲と判断している。また、性的指向に基づく差別を禁ず

---

10) *Id.* at 8, 17-18. マーシャル（Thurgood Marshall）判事は、多段階的で柔軟な審査基準（スライディング・スケール分析〔sliding-scale analysis〕）的な考え方を提唱した。Dandridge v. Williams, 397 U. S. 471, 520-521(1970) (Marshall J., dissenting).

る州・自治体の法令等を一掃する州憲法改正の連邦憲法適合性が争われたローマー判決（1996年）は、同州憲法改正は同性愛者等への敵意（animosity）に基づくものであるなどとして、合理的関連性の審査ですら満たすものではない、と判断している。一方、公立ロースクール入学試験で人種を考慮することが平等保護条項に反しないかが争われたグラッター判決（2003年）では、人種に基づく区別は厳格審査に服するとしつつ、学校側が主張した多様な学生集団を確保するという利益を「極めて重要な」（compelling）ものと認め、この点で政府（大学）側に譲歩した判断をしている。つまり、最も緩やかな審査基準とされる合理性審査のもとでも（例外的にではあるが）踏み込んだ司法審査を行ったケースもあり、他方、厳格審査といってもおよそ違憲とするわけではないケースもあるように、審査基準の適用をカテゴリカルに行っているわけではない、ということである。

このようにみていくと、審査基準が「厳格」か「緩やか」か、という問いは、アメリカについていえば、かならずしもアプリオリに定型化されて存在するものではなく、連邦最高裁と政治部門との関係、そして、問題となる憲法上の権利ないし利益の重要性といった要素が相関しながら、その時々の状況下で、歴史的に形成されてきた、ということができるであろう。

◆コメント

当初、「実際のところは致命的」と評された「厳格審査」であるが、最近では、連邦最高裁による「厳格審査」基準の適用には、①ある種の権利侵害をカテゴリカルに排除するというもの、②重み付けをした利益衡量審査として用いられるもの（この点で「比例原則」に類似する。25「比例原則」参照）、③禁止された政府目的を「あぶり出す」（smoking out）ように用いられるもの、といった仕方があることが指摘されている（ファロン）。ここにも、アメリカの審査基準は、事案や問題となる憲法上の権利に応じて、弾力的な適用の余地を残しながら展開する、という性格を見いだすことができよう。

[尾形健]

25 比例原則 〔独〕Verhältnismäßigkeitsprinzip

比例原則について、日本の憲法学が、概説書レベルにおいて明示的に言及するようになったのは、比較的最近のことといってよい。たとえば、芦部信喜〔高橋和之補訂〕『憲法』には、一般的行為自由説に言及する箇所で、「人格的利益説をとっても、これらの行為［バイクに乗るとか髪型を長髪にするなどの行為――筆者注］を行う自由が保護されなくなるわけではない。……平等原則や比例原則（権利・自由の規制は社会公共の障害を除去するために必要最小限度にとどまらなければならないとする原則）とのかかわりで、憲法上問題となることもありうる。」という記述があるのみである[1)]。これに対し、その後公刊された渋谷秀樹『憲法〔第2版〕』は、罪刑の均衡は比例原則とその発想の基盤を共通にすると説明し、比例原則の根拠を憲法13条に求めている[2)]。日本の憲法学において、比例原則に対する言及が増えてきているのは、合憲性の審査手法としての三段階審査が日本に紹介され急速に勢力を得つつあることと関係しているとみてよいだろう。詳細は別項目（48「三段階審査」参照）に譲るが、三段階審査においては、保護領域→制限→正当化という手順の最後の正当化の審査において、比例原則による審査が行われる[3)]。三段階審査に対する関心の高まりに呼応して、比例原則に対する関心も高まっているのであろう。

今日ドイツにおいて合憲性の審査手法として用いられている比例原則については後で詳述するが、一般論として、比例原則は、①適合性（Geeignetheit）、すなわち手段はそもそも目的を達成する上で適性を有するものでなければならない、②必要性（Erforderlichkeit）、すなわち手段は目的達成のために必要とされるものでなければならず、より穏当な他の適性のある手段が存在しないといえなければならない、③平衡性（Zumutbarkeit）または狭義の比例原則、

1）芦部信喜〔高橋和之補訂〕『憲法〔第6版〕』121頁（岩波書店、2015年）。
2）渋谷秀樹『憲法〔第2版〕』264-265頁（有斐閣、2013年）。
3）違憲審査の理論としての比例原則については、小山剛『「憲法上の権利」の作法〔新版〕』67頁以下（尚学社、2011年）。

すなわち手段は達成しようとする目的との関係で均衡がとれていなければならない、の3つの原則からなると説明される[4)]。いずれも目的との関係で手段の適否を問題にするものであるから、比例原則の適用に当たっては目的の把握が重要となる。また、同じように目的と手段の関係を問う審査手法という点で共通するアメリカ法由来の目的手段審査やLRAの基準との異同も問題となろう。

1　警察法と比例原則

比例原則は必ずしも当初から憲法上の原則として論じられていたわけではない。比例原則は、行政法各論の一分野である警察法上の一原則として出発した（警察比例の原則）[5)]。ここでいう「警察」は、公共の安全および秩序を脅かす危険を防止し障害を除去する活動を意味し、必ずしも組織としての警察が行う活動とは一致しない。たとえば日本では厚生労働省などが担っている食品衛生行政も、ここでいう「警察」の1つである。経済的自由の制約の合憲性審査についていわれる目的二分論において、消極目的がしばしば警察目的と言い換えられるのは、ここでいう「警察」概念に由来している。

警察は、上記のような目的のための手段として、命令や強制を用いて、人の自由や財産を直接侵害する。ここでいう命令とは、法令の規定や行政庁の処分によって人に一定の作為・不作為を義務づけることにより、人の自由を制限し（警察下命）、あるいは法令の規定により一般的に課されていた禁止を個別的に解除すること（警察許可）を指す。また、強制とは、相手方の身体や財産に対して、相手方の意思を排し、直接実力を行使して、事実上に一定の状態を実現する作用を指す（警察強制・即時強制）。警察は私人の自由や財産を侵害する国家作用の典型的なものであり、警察法理論は、侵害留保説[6)]に代表される古典的な行政法理論にその範型を提供する役割を果たしたのである。

---

4)　比例原則一般について、須藤陽子『比例原則の現代的意義と機能』（法律文化社、2010年）。

5)　古典的な警察法理論については、田中二郎『新版　行政法　下巻〔全訂第2版〕』29頁以下（弘文堂、1983年）。

6)　私人の自由と財産を侵害する行政作用に法律の根拠を要求する考え方である（7「法律の留保」参照）。

2 比例原則の適用領域の拡大とその内容の変容

もともと行政法各論の一分野である警察法の原則にすぎなかった比例原則は、その後、他の行政分野にもその適用が拡大されていき、行政法の一般原則としての地位を占めるに至っている。たとえば補助金の交付のような給付行政の分野においても、補助金交付に付随して課せられる義務（報告義務など）や監督権限の行使について比例原則の適用が問題となることがある。

さらに、比例原則は、《行政》対《私人》の関係だけでなく、行政主体間の関係、すなわち国とゲマインデ（地方自治体）との関係にまで適用を見いだしている。ドイツには、国（連邦またはラント）の法律による自治体の行政権侵害を理由として、連邦憲法裁判所に異議を申し立てる自治体憲法異議の制度が存在する（基本法93条1項4b号、連邦憲法裁判所法91条）。この自治体憲法異議において、法律による自治体行政権の制約が比例原則に適合するものかどうかという形で、比例原則の適用が問題となることがある[7)]。

しかし、冒頭で述べたように、比例原則は目的との関係で手段の適否を問うものであるから、目的が異なってくれば、その具体的な適用も異なってくるはずである。また、1で述べたように、警察の手段は、私人の自由と財産を最もわかりやすい形で侵害するものであり、だからこそ、過剰禁止という比例原則の発想になじみやすかったといえる。そうすると、比例原則の適用を警察以外の行政分野に拡大させていくことによって、警察比例の原則が本来もっていた意味内容も一定の変容を被らざるをえないと考えられる。

たとえば環境法においては、警察法において警察介入の要件となっていた「危険」（公共の安全および秩序を脅かす危険）という概念が、「リスク」という概念に置き換えられ、用いられる手段についても、命令と強制という形ではなく、補助金等の誘導的手法が前面に出てきていて、私人の自由と財産を侵害する行政作用という側面は薄められている。環境法理論における予防原則（56「予防原則」参照）は、警察法における比例原則を環境分野の特徴に沿うように修正したものであるという捉え方もできよう[8)]。

---

7) 実際の事案としては、連邦の法規命令による騒音防止区域の指定が、ゲマインデの計画高権を侵害するとして提起された自治体憲法異議についての1980年10月7日の連邦憲法裁判所第二部の決定（BVerfGE 56, 298.）がある。同決定に関する邦語文献として、駒林良則「75 地方自治の保障と市町村の計画高権——騒音防止事件——」ドイツ憲法判例研究会編『ドイツの憲法判例〔第2版〕』452頁以下（信山社、2003年）。

3 憲法適合性の審査手法としての比例原則

比例原則は、今日、あらゆる行政分野に妥当する行政法の一般原則であるにとどまらず、法治国原理および基本権の本質から派生する憲法原則であって、立法者をも拘束し、法令等の合憲性の審査の尺度にもなると考えられるに至っている。比例原則は、基本権の「制約の制約」（Schranken-Schranke）原理であるといわれる。最後に法令等の合憲性の審査手法としての比例原則についてみておこう。

ある概説書によれば[9)]、基本権の「制約の制約」としての比例原則は、適合性、必要性、狭義の比例原則のほかに、目的の正当性（legitimes Ziel）を加えた4つからなると説明されている。行政法において比例原則を適用する際には、侵害の目的は法令に規定によって与えられているので、目的の正当性それ自体が問われることはない。しかし、法令の合憲性を審査する際には、あらためて侵害の目的自体の正当性をも問う必要があることから、このような内容の追加がされていると考えられる[10)]。

注意しておかなければならないのは、比例原則は三段階審査の最終段階で用いられるものであるが、三段階審査は基本権の防御権としての側面、つまり国家からの介入に対してこれを排除するという側面に対応したものであるということである。もともと比例原則は、消極目的のために命令や強制を用いて私人の自由と財産を侵害する作用であったのであるから、比例原則は基本権の防御権的側面と親和性が高い。他方、平等原則のような防御権的構成になじまないものについては、①法律が本質的に等しいものを異なるように扱っているか、②異なる取扱いは憲法上正当化されるか、という「二段階審査」（Zwei-Schritt-Prüfung）によって整理・説明がされており[11)]、すべての場合において三段階審査の枠組みが適合的であるわけではない。

◆コメント

比例原則は、もともと消極目的のために私人の自由と財産に直接制約を加

8）須藤・前掲注4）98頁は、「予防原則は比例原則の本来の姿ではなく、リスク概念と比例原則が結びついたものであ」るという。

9）Friedhelm Hufen, Staatsrecht II, 2007, § 9 Rn.15.

10）ピエロート／シュリンクの概説書においても、比例原則が要求する内容として、国家によって達成されようとしている目的がそれ自体として要求することが許されるかどうか、ということがあると説明されている。Bodo Pieroth / Bernhard Schlink, Grundrechte Staatsrecht II, 25Aufl., 2009, Rn.289.

11）Pieroth / Schlink, a.a.O., Rn.538.

えるという警察作用を念頭に発展してきたものであり、その内容もこのような性格をもつ作用に適合的にできている。行政法学においては、行政作用を消極目的と積極目的に明確に区別することは困難であるとされているし、比例原則は各行政分野における特徴、目的に適合的に一定の修正が加えられている。比例原則を法令の合憲性審査手法として活用しようとする場合においても、消極目的と積極目的の二分論は維持可能であるか、規制目的の具体的内容や目的達成のために用いられる手段ごとに修正を加えていく必要はないか、といった検討が不可欠であろう。

［鵜澤剛］

26 比較衡量 〔英〕Balancing test

比較衡量とは、人権を制約することで社会・政府が獲得する利益（価値）と、制約により個人が失う自由・権利とを比較検討し、社会の利益が大きい場合には人権制約を合憲とする判断方法をいう。日本の最高裁は、1966年の全逓東京中郵事件以降、人権規制の合憲性を判断する際に比較衡量を行うようになった。近年でも2006年の学納金返還請求事件が「財産権に対する規制が〔憲法29条2項〕にいう公共の福祉に適合するものとして是認されるべきものであるかどうかは、規制の目的、必要性、内容〔と〕その規制によって制限される財産権の種類、性質及び制限の程度等を比較衡量して判断すべきものである」と説示するように、比較衡量が用いられている。

日本の比較衡量はアメリカの影響を受けているといわれる。そこで、アメリカでの比較衡量の展開を見ることにしよう。

1 アメリカにおけるバランシング・テスト

バランシング・テストと呼ばれるアメリカの比較衡量も、個々の事件で相対立する利益を比較する裁判所の手法と理解されている（個別的衡量（ad hoc balancing））。憲法問題では、比較対象となる多数の項目において双方の権利や利益の重要性や強度を検討する。連邦最高裁はこの手法を多用しており、「比較衡量はこんにち憲法の主要な領域で適用されている」と評されるところである[1)]。

2 バランシング・テストの勃興

利益衡量の考えを全面的に主張したのは、パウンドだといわれる。彼は社会学的法学を提唱する中で、権利は法的に保護された利益であるとし、立法と裁判は公的利益、社会的利益、個人的利益の間の対立を調整する過程であると規定した。そして社会的利益を重視し、個人的利益は社会的利益を促進

1）　T. Alexander Aleinikoff, *Constitutional Law in the Age of Balancing*, 96 Yale L.J. 943, 965 (1987).

維持する限りで保護されるとした。パウンドの議論は、ロックナー期の法理論を打破する意義があり[2)]、秩序と公益を個人権と対比させ妥当な結論を導く手法が論じられているといえよう。

3 連邦最高裁とバランシング・テスト

19世紀からロックナー期までの連邦最高裁は、憲法の定める要件への該当性を審理する形式的手法を採用していた。ロックナー期を脱却した連邦最高裁は、1930年代後半から40年代にかけて、社会的要請を勘案しつつ憲法を解釈する手法として比較衡量を用いるようになった。例えば州際通商条項に関するサザン・パシフィック判決、州の機関への連邦税の免除に関するヘルヴァイング判決、表現の自由に関わるシュナイダー判決などで、比較衡量は適用された。これはホームズ、ブランダイス、ストーンといった、紛争の事実に注目する姿勢を強調し、多くの項目で双方の利益の重要性を検討する判断手法を主張していた連邦最高裁判事の努力の賜物といわれている[3)]。

しかし連邦最高裁は、1950年代から60年代にかけて、表現の自由の絶対性を否定し公益との関係で相対化する手法として比較衡量を用いることで、共産主義的言論の規制（デニス判決）や結社に対する政府調査（ケーニヒスベルク判決）、政府転覆の主張に関係する結社や活動に対する政府調査（バーレンブラット判決）、共産党と党員に対する刑事訴追（共産党事件）を容認した。このように、思想表現活動に対する制約手法として使用されたため、比較衡量には暗い影がつきまとうと指摘される[4)]。

とはいえ、1970年代以降連邦最高裁は比較衡量を大いに用いた。修正4条の定める捜査押収の合理性や相当性の意味、手続的デュ・ープロセス、州際通商条項、平等原則、契約条項や特権免責条項、修正5条の自己負罪供述拒否権、修正6条の陪審裁判権および公開裁判権、修正8条の残酷な刑罰禁止条項、修正14条での刑事手続の適正、権力分立、連邦制などの裁判で比較衡量は適用された[5)]。例えば、修正5条の定める収用条項に関し、連邦最高裁はペン・セントラル判決において、ニューヨーク市がグランド・セントラル駅の駅舎を歴史的建造物に指定し駅舎の高層ビル化の建設申請を外観保護

2） 阪口正二郎「憲法上の権利と利益衡量—『シールド』としての権利と『切り札』としての権利」一橋法学9巻3号46頁（2010年）。
3） Aleinikoff, *supra* note 1, 949-954, 963-964.
4） 阪口・前掲注2）47-48頁。
5） Aleinikoff, *supra* note 1, 964-971.

のために拒否したのは収用に当たるとの訴えに対して、外観保護がもたらす公共的利益と私企業がこうむる損失とを比較衡量し、諸々の要素を考慮に入れたうえで、市の歴史建造物への指定と改築制限は「収用」に該当しないと判決した。また、中絶裁判で有名なロー判決では、連邦最高裁は胎児の生命権を保護する政府利益と妊婦の選択権とを比較衡量し、妊娠期間を3区分する考えを打ち出し、妊娠初期の段階での人工中絶の判断は女性のプライバシー権に含まれるとした。

連邦最高裁は表現と信教の自由は優越的地位にあることを明確にし（マードック判決)、個人の行為を規制する法律上の利益は優越的に保護される修正1条の自由と比較考量された上でその合憲性が決定されると判示した(トーマス判決)。こうした「人権を重視する比較衡量（preferred balancing)」は、二重の基準と接合しながら適用された。その例として、団体の方針に適さない会員を除名する自由と差別禁止法の利益とを比較したデイル判決、公共の利害に関する公務員の発言の自由と公共サービスを効率的に運用する政府利益とを比較したピカリング判決などがある。

4　バランシング・テストの利点と批判

比較衡量の利点としては、個別事例ごとに相対立する利益の比較が行われるので、個々の事件において最適な結論がもたらされると期待できることが指摘できよう。またその時々の社会的要請を衡量の要素に加えることで、裁判所は時代の変化に対応する判断を下すことが可能となる[6)]。

比較衡量に対する批判として、以下の指摘がある。具体的状況により権利保障が決まることなり、かならずしも権利保護を重視する判断をもたらさないきらいが生じる。比較衡量そのものが人権保障に中立的であるため、社会的要請次第では権利制約的な判断をもたらすことになる。また比較衡量そのものに、衡量する利益をいかに確定し、そして測定するのかについての基準がないため、利益を比較検討する際に、裁判官の選好を避けることができない。さらに、衡量の結論がその事件の具体的事案に大きく依存するので、その判決の射程を測ることがきわめて難しいという問題もある。こうした問題点から、「比較衡量は滑りやすい坂（slippery slope）のようなものであり、権利保障を程度問題と一度みなすと、人権はそれに融和的な法執行に依存する

---

6)　*Id*. at 960-961.

ことになる」[7]と批判されるのである。

◆コメント

冒頭で触れたように、日本の裁判所は1960年代後半から、比較衡量に基づいて人権制約的法令の合憲性を判断してきた。だが日本の比較衡量に対しても、利益を比較する尺度に客観的基準がないので裁判官の主観的判断に依存することが避けられず、そのため予測可能性に欠け法的安定性に資するところがないといった批判がある[8]。優越的地位が認められる表現の自由を中心に、比較の尺度に客観性を見出すことのできる二重の基準を適用するのが望ましいといえよう。

［高畑英一郎］

7）　Laurence H. Tribe, American Constitutional Law 794 (2d ed. 1988).
8）　高橋和之「審査基準論の理論的基礎（上）」ジュリスト1363号67-68頁（2008年）。

27　アファーマティブ・アクション

〔英〕affirmative action

アファーマティブ・アクションは積極的差別是正制度とも訳され、アメリカ社会における過去の人種差別の結果を清算するために、積極的にマイノリティを優遇する措置として、日本でも知られている。日本でこれにあたるものとして、被差別部落解消のための同和対策や、アイヌ民族の保護対策などの特別措置が挙げられる。さらに男女雇用機会均等法の下で、実質的な男女均等取扱いを実現するためのポジティブ・アクションが推進されつつある。しかしアメリカでは、過去の差別への対応として、法で人種等の区別を用いるのが正当化できるか、どのような理由で正当化できるか、さらには差別された集団を優遇すること自体が逆差別ではないか、といった論点をめぐり、これまで激しい論争が展開されてきた。

1　アメリカ社会と人種問題

アファーマティブ・アクションの背景には、アメリカにおける長い人種差別の歴史がある。1776年の独立宣言は「すべての人間は平等に造られている」と謳ったが、合衆国憲法には奴隷制を前提とした条項が複数存在していた。奴隷問題を巡って戦われた南北戦争は、1865年に北軍の勝利に終わり、奴隷制の廃止と平等保護などの憲法修正がなされた。それでも、法的な人種差別はアメリカに根強く残ったのである。

1953年、連邦最高裁はブラウン判決を下し、公立学校における人種別学は合衆国憲法の平等保護条項に反すると判示した。この画期的な判決も、南部で実現するのは極めて難しかった。しかし1950年代から60年代にかけて、公民権運動が盛り上がりを見せてゆく。そうした中で、1964年に公民権法が、そして1965年に投票権法が成立した。

アファーマティブ・アクションという用語が初めて公式に用いられたのは、1961年のケネディ大統領の大統領命令である。これは、連邦政府と政府調達契約を有する者に対し、人種、信条、皮膚の色などを理由とした雇用差別を禁ずる命令であった。ただし、そこでアファーマティブ・アクションという用語は、差別禁止を保障するための措置を指して用いられた。この語を、差別されてきたグループを積極的に優遇するという意味で用いたのは、ジョンソン大統領が黒人大学ハワード大学の卒業式で行った1965年の演説だとされる。

2 アファーマティブ・アクションの展開

人種平等が、形式的な機会均等の保障では足りないという考え方は、1960年代後半に強まっていった。公民権法が成立した1964年以降も人種問題はなかなか解決せず、むしろ不満の高まりから大規模な暴動が各地で頻発した。そうした中で、実質的な平等を実現し、過去の差別を清算するためには、積極的にマイノリティを優遇しなければならないとの認識が広まっていったのである。

1969年に大統領となった共和党のニクソンは、建設業者にマイノリティの労働者を雇用することを求めるアファーマティブ・アクションを実施した。プログラムの対象はさらに拡大され、1971年の大統領命令では、マイノリティ企業に対する支援を拡大、強化する権限が商務長官に与えられた。こうした連邦政府の取り組みは地方自治体にも広がった。大学や専門職大学院でも、1950年代ごろから入試において黒人学生の積極的な受け入れの試みが徐々に始まった。1960年代中ごろには主だった大学において、マイノリティの応募者を募る、入学選考でマイノリティ枠を設ける、白人より低いスコアの黒人を受け入れる、といった取り組みがなされていた。

こうした中で1978年、アファーマティブ・アクションの法的位置づけについての重要判決が下された。カリフォルニア大学評議員会対バッキ事件の連邦最高裁判決である。争われたのは、定員100人のうち16人をマイノリティ枠とした、カリフォルニア大学デービス校のメディカル・スクールの入試制度だった。白人である原告のバッキは、優先枠の合格者より高得点を取りながら2年連続で不合格とされた。そのため、これは白人への人種差別であり、合衆国憲法修正14条、1964年公民権法第6編に反すると訴えたのである。

連邦最高裁では、判事らの見解が分かれた。リベラル派の判事は、過去の人種差別を是正するためにマイノリティを優遇することは許されるとしたが、保守派判事は、州が人種を考慮して区別をするのは一切許されないと述べた。しかし、いずれの立場も多数を取ることができず、中間でキャスティング・ヴォートを握ったのがパウエル判事だった。

パウエル判事は、本件で人種のみに基づいて一定の定員に別枠を設けたのは、あからさまな差別で違法だとした。マイノリティを優遇する制度でも、人種に基づく区別は厳格審査を受けるというのである。この観点からすると、過去の差別を是正するという目的は、差別につき個人的な責任のない人に負担を強いることから、やむにやまれぬ利益とはいえないが、教育の分野で人種的多様性を確保することは、やむにやまれぬ利益にあたる。こうして、アファーマティブ・アクションには、かろうじて合憲とされる余地が残された。パウエル判事の判示は、以降アファーマティブ・アクションの是非が争われる際に判断枠組みとして引用されてゆく。

3 「逆差別」か

バッキ判決は、バーガー長官（1969-86）の下で保守的な傾向を強めつつある連邦最高裁による判決だった。しかし背景には、1970年代アメリカにおいて、アファーマティブ・アクションの実効性に対する疑問や、終わりが見えないことへの批判の高まりがあった。

バッキ事件の後、連邦最高裁では、アファーマティブ・アクションに否定的な判決が続いた。1989年のクロソン判決では、市の契約の30%をマイノリティの所有する業者にまわす条例が違憲とされた。1995年のアダランド判決では、ゼネコンが下請けにマイノリティの所有する業者を採用すれば補償を与える連邦のプログラムが、違憲とされた。これらの判決を通じ、アファーマティブ・アクションは、それが善意によるものであっても、悪意に基づく差別と同様に厳格な合憲性審査にかかることが確立した。また、抽象的に過去の差別を解消するというだけでは、一部人種に対する優遇策を正当化できなくなったのである。

連邦最高裁は2003年、あらためて高等教育でのアファーマティブ・アクションを審査した。学部の入試制度が争われたグラッツ判決では、マイノリティにポイントを与える評価方法が、人種的区別による定員割り当てにほかならず違憲だとされた。しかし、ロースクールの入試が問題となったグラッター判決では、点数化された評価要素に加え、マイノリティを含め、個別学生の多様性に資する人物を評価し合格させる制度は合憲とされた。多様な学生集団で教育を行うことは、やむにやまれぬ目的とされ、この事件で採用された制度は、その目的を実現するのに必要最小限の手段と認められたのである。しかし、両判決とも法廷意見に加わったのはオコナーとブライヤー両判事だけで、当時の連邦最高裁は保守・リベラルで微妙なバランスをとりつつあった。

4 アファーマティブ・アクションのゆくえ

連邦最高裁はレーンキスト・ロバーツ両長官の下で保守色を強め、アファーマティブ・アクションを合憲とする余地はさらに狭まりつつある。アファーマティブ・アクションに対する厳しい態度は、連邦最高裁の外にも広がっている。近年は、州のレファレンダムや行政命令によって、政府が特定の人種を優遇することが禁じられている。ミシガン州では、住民投票により公立大学によるアファーマティブ・アクションを禁ずる州憲法修正が成立したのに対し違憲訴訟が提起されたが、連邦最高裁は2014年のシューティー判決でこれを退けた。

こうした中で、形式的には人種を考慮に入れない手法で、実質的な人種差別の解消、人種の融合を図ろうという試みがなされつつある。テキサス、カリフォルニア、フロリダの各州では、州内のすべての高校につき、上位一定割合の学生に州立大学への入学資格を与える制度を導入した。また近年は、人種に代えて社会階層を指標にして、社会的・経済的に恵まれない者を優遇していく動きがみられる。こうした試みがどの程度まで有効なのか、アメリカでは今後も試行錯誤が続けられてゆく。

◆コメント

日本でも、男女雇用機会均等法改正により男女間の格差解消のための積極的取り組み（ポジティブ・アクション）の促進が図られることになった。日本でそうした施策が取り入れられる時期に、アメリカではアファーマティブ・アクションを過去の差別解消という理由では正当化できなくなったというのは皮肉ではある。

社会における根強い差別を前に、平等の理念を具体化するため、法・裁判・政府は何をできるだろうか。アメリカ人の法社会学者フランク・K・アッパムは、1980年代に日本の被差別部落問題について調査を行い、興味深い法社会学的比較を行っている[1)]。アッパムは、日本でも1969年同和対策事業特別措置法などの立法はなされたものの、そこに具体的な権利は定められることはなく、差別解消運動も糾弾闘争という裁判外の行動で進められたことを指摘している。これは、アメリカの1964年・1968年公民権法が差別の被害者に対して具体的な権利を与え、NAACPなどの団体が裁判所を通じて権利の主張を行ったのと対照的だというのである。アッパムが調査を行ったのは、アメリカでアファーマティブ・アクションをめぐる議論の高まっている時期でもあった。

［溜箭将之］

---

1) Frank K. Upham, *Instrumental Violence and Social Change : The Buraku Liberation League and the Tactic of "Denunciation Struggle"*, 17 LAW IN JAPAN 185 (1984), *reprinted in* FRANK K. UPHAM, LAW AND SOCIAL CHANGE IN POSTWAR JAPAN (1987).

28 間接差別 〔英〕indirect discrimination

間接差別の法理とは、それ自体は差別を含まない中立的な制度や基準であっても、特定の性別や人種に属する人に不利な効果・影響を及ぼすと、違法な差別にあたるとする考え方である。日本では2006年男女雇用機会均等法改正により、職場における男女間の間接差別が禁止されることとなった。

間接差別を禁ずる法制は、日本に先んじて世界各国や地域でも導入されているが、その源流は、1970年代の連邦最高裁の判例の中で展開した、「差別的効果」(disparate impact) の法理に求められる。雇用差別の実態は、国や地域によりその社会状況や歴史的背景を反映し多様である。そうした中で、あからさまな差別ではないが、社会的に固着した差別をさらに固定する雇用形態にどう対処するかは、それぞれの国と地域にとって大きな課題となる。こうした課題にどのような法的対処がありうるか、アメリカの差別的効果法理の源泉に遡って考えてみたい。

1 差別的効果法理の生成

差別的効果の法理は、雇用差別の禁止を定めた1964年公民権法第7編を解釈したアメリカ連邦裁判所の判例の中で発展した。1964年公民権法は、アメリカでは1950年代から60年代にかけて公民権運動が盛り上がる中で成立した立法である。同法第7編は、雇用における人種、肌の色、宗教、性別及び出身国を理由とした差別を禁止している。

連邦最高裁として初めて差別的効果の法理を示したのが、1971年グリッグス判決である。この事件では人種差別の有無が争われ、連邦最高裁は、電力会社が発電所作業員に課してきた学歴・学力テストが、人種中立的ではあるが、歴史的に教育の機会を与えられてこなかった黒人に対して差別的効果をもつことを認め、この利用を認めることで差別的な雇用形態を維持させてはならないと判示した。

職場における少数派にとって、不当な差別により不利益を被ったと感じるのは、雇用者側の差別の意図や露骨な偏見が証明できる場合に限られない。

むしろこうした意図や偏見を証明できなくとも、社会や職場における差別的構造を引きずった慣行がマイノリティを苦しめることは少なくない。差別的効果の法理は、訴訟における証明の困難を軽減するとともに、日常的な社会において通用してきた条件、基準、慣行の中にも、差別的な機能が内包されていることを直視するものでもあった[1)]。

連邦最高裁はグリッグス判決の5年後、差別的効果の法理は、憲法に基づき平等保護違反を争う訴えには適用にならないとして、その射程を限定した。それでもこの法理は、アメリカにおける雇用の場面で大きなインパクトを与えたといわれる。世界的な影響も大きかった。差別的効果法理は、1975年にイギリス性差別禁止法（1条1項b号）に間接差別の禁止として明文化され、その後も各国に広がり、現在ではEUの2002年改訂均等待遇指令にも導入されている。

2　立証枠組

連邦最高裁は1977年のドサート判決で、差別的効果の法理が、性を理由とした雇用差別にも適用になることを明らかにした。原告は女性で、身長及び体重制限により刑務所の看守に就くことができなかったとして、地方自治体を全米公民権法第7編違反で訴えた。連邦最高裁は、性別ごとの身長及び体重統計に照らすと、問題とされた身長・体重制限は、男性であればほとんどがクリアできる一方で、かなりの割合の女性が排除されてしまうことが明らかであり、差別的効果について一応の証明がなされたとして、原告の主張を認めた。

ドサート判決は、差別的効果法理に基づく主張の証明枠組を示した点でも大きな意義をもつ。当事者の証明枠組は3段階からなる。まず第1段階として、原告側が、被告の用いる一見すると中立的な制度・基準が、実際には差別的な効果を有していることを証明する。これが違法な差別があるとする一応の証明となる。これを覆すためには、今度は第2段階として被告側が、当該制度・基準が業務上の必要性および職務関連性をもつことを示さなければならない。被告側がこれを示した場合でも、第3段階として原告が、同等の効果を得られる、より差別的な効果の少ない選考方法があるにもかかわらず、それを被告が用いなかったことを証明すれば、原告が勝訴することにな

1）　長谷川珠子「アメリカは何をしてきたか」森戸英幸・水町勇一郎編著『差別禁止法の新展開―ダイヴァーシティの実現を目指して』第2部第2章45-68頁（日本評論社、2008年）。

る。

長らく定着した雇用慣行の合法性を争う原告にとって、この慣行と人種的マイノリティや女性への不利益との間の因果関係を証明することは難しい。この三段階の証明枠組によれば、原告は統計資料を用い、人種や性別などによる集団相互間の比較から、雇用上の制度や基準と属性ごとの不均等との相関を示せば、証明の負担が雇用者に移ることになる。この証明枠組は、裁判における証明活動の現実に即した判例の対応だということができる。しかしそうであるからこそ、アメリカでは、どのような統計資料があれば差別的効果の一応の証明と認められるか、またこうした証明責任をいかに位置づけるかをめぐって、激しい議論が戦わされてきた。

3　差別的効果法理の動揺と1991年公民権法改正

1970年代後半から1980年代にかけて、アメリカの連邦最高裁は保守化の傾向を強めていった。そしてついに、1989年のウォーズ・コーヴ判決で連邦最高裁は、従来の差別的効果法理についての理解を覆すような判断を下した。

事件は、アラスカの工場でサケの缶詰を製造する会社に対し、人種的マイノリティの従業員が人種差別の訴えを提起したものである。この工場では、缶詰作業に従事する未熟練工の圧倒的多数がマイノリティである一方で、熟練を要し給料も高い職種には白人が配属されていた。原告はこれが人種を理由とした雇用差別であり、1964年公民権法第7編に反すると主張した。しかし連邦最高裁は、原告の主張を退け、熟練職と未熟練職の間で白人とマイノリティの比率に差があることから、直ちに違法な差別の一応の証明がなされたとは言えないとした。むしろ原告は、そうした統計的な差を生じさせた雇用慣行を具体的に特定する証明責任を負う、としたのである。

ウォーズ・コーヴ判決は強い批判を浴びた。連邦議会は1991年公民権法を制定し、その中でウォーズ・コーヴ判決での連邦最高裁の判示を明示的に覆し、それ以前の差別的効果の法理に復帰することを確認した。これにより差別的効果の文言が制定法に明記されるとともに、どのような場合に差別的効果に基づく法違反が成立するかが具体的に定められた。とりわけ、雇用者側の判断過程が複数の要素からなるが、それらの差別的効果の有無を個別に分析することができない場合、そうした雇用上の判断は1つの雇用慣行として分析されうる、とされた。また、差別的効果の証明枠組の第2段階で、雇用者側は雇用判断上の基準が職務関連性をあることを示さなければならないが、これは単に職務関連性を示す証拠があることを示すにとどまらず、証明責任を果たすところまで求められることも明らかにされた。

とはいえ、1991年改正も曖昧さを残す立法であり、また1990年代以降の連邦裁判所、さらにはアメリカ社会が全般的に保守化してきたことも否めない。1970年代初頭に一躍注目を浴びた差別効果法理も、すでに1970年代末以降はその期待に応える役割を果たしているとは言えないとの指摘もなされている[2)]。

なお、1991年の公民権法改正では、新たに雇用差別をめぐる訴訟で陪審審理を受ける権利が認められた。1964年の公民権法第7編では、損害賠償をエクイティ上のバック・ペイと位置づけ、コモン・ロー上の陪審審理を受ける権利を排除していた。当時の南部の陪審は、ほぼ白人男性によって構成されていたから、彼らが公民権法の実施を妨害することが危惧されたのである。しかし1991年法では、新たに填補賠償と懲罰的賠償（ただし懲罰的賠償は意図的な差別に限られ、差別的効果の主張では認められない）を定め、これについて陪審審理を求める権利が認められた。1991年法では裁判官よりも陪審が信頼できる場合もあると考えられたことが伺える。また損害賠償請求に依存する度合いが高まったことで、公民権法第7編が、当初は平等雇用機会委員会（EEOC）の関与による実効性の担保を想定していたものから、裁判で損害賠償をめぐって争う不法行為モデルへ変容しつつあることも指摘される。その是非についても議論のあるところである。

◆コメント

間接差別の考え方のもととなる差別的効果の法理は、母国アメリカにおいて、社会構造的な差別のありかたと対峙するものとして登場し、その後も裁判での証明実務に即した発展を遂げてきた。しかしそのアメリカでも、差別的法理の社会的役割を持続させ、構造的な差別に対する救済を確保することは、決して容易でない。

日本の男女雇用機会均等法では、間接差別を禁じつつ、禁止対象を省令に委任する形式をとった。その結果、間接差別は現在、①募集・採用で身長、

2)　Michael Selmi, *Was the Disparate Impact Theory a Mistake?*, 53 UCLA L. Rev. 701 (2006). 相澤美智子『雇用差別への法的挑戦――アメリカの経験、日本への示唆――』（創文社、2012年）。

体重や体力要件を課す、②採用・昇進・職種変更で全国転勤を要件とする、③昇進の際に転勤経験を要件とする、の3つの形式に限定列挙されるに留まっている。こうした限定的な施策は、表面的な数合わせ的な責任回避行動を促すことになりかねない、と批判されているところである。現場の組織的・構造的な差別や不平等を浮き彫りにし、その解消に向けた取り組みを実現するにはどうすればよいか。これは難しい課題であり、差別の背景や法の実現のあり方は、各国と地域によって異なる。それぞれの社会における差別構造の本質を見据えた取組みが求められている。

［溜箭将之］

29　1人1票　〔英〕one person, one vote

1人1票とは、根元的な政治的平等の理念から、各有権者に平等に1票を認めることをいう。「現代選挙法の公理」の1つをなす「平等選挙」の具体的内容とされる。

1人1票原則の内容は国や時代によって違いがみられるが、現在の日本の学界においては一般に、①投票権の数的平等と、②投票価値の平等を要請するものとして理解されている。それによると、前者は、特定の有権者に2票以上を認める複数投票制等を否定する意義を有する。後者は、各投票が選挙結果に及ぼす影響力の平等を求めるものであり、議員1人あたりの有権者数（ないし人口）の格差（較差）——たとえば、A選挙区では10万名の有権者が1名の議員を、B選挙区では1万名の有権者が1名の議員を選出する状態——を否定する意義を有する。

現在の日本の選挙制度では、投票権の数的平等は確立している一方で、衆議院議員・参議院議員両選挙ともに選挙区間で投票価値に大きな格差が存在しているため、②の意味での1人1票原則のありようが問題になっている。最高裁は長年、投票価値の平等が憲法上の要請であると認めつつも、選挙制度を設計する国会の裁量を広く認め、衆議院については2倍台、参議院については5倍台の格差も認容してきた（もっとも、最高裁は2011年には2.3倍の格差をもたらしていた衆議院議員選挙の1人別枠方式を、2012年には5倍の格差をもたらしていた参議院議員選挙の定数配分規定を、違憲状態にあると判断しており、これまでの姿勢に変化がみられる）。

これに対し、アメリカの連邦最高裁は1人1票原則を、投票価値の平等を厳格に求める判例法理として定式化してきた。アメリカ流の1人1票原則は、その徹底性や、その実現における司法の積極的役割ゆえに、これまでの日本の学界における1人1票原則の議論においてもっとも参照されてきたことから、以下では主にアメリカにおける1人1票原則の由来と展開について解説する[1)]。

1 古典的な1人1票原則

アメリカ流の1人1票原則についてみる前に、1人1票原則の由来について簡単に触れておきたい。

1人1票原則／平等選挙原則は、19-20世紀前期には主に複数投票制の禁止を意味していた。複数投票制とは、前記のように、特定の有権者に2票以上を認める制度のことである。こうした制度は、この時期のイギリスやベルギーなどにおいて存在していた[2)]。

さらに、1人1票原則／平等選挙原則は、等級選挙の禁止も意味するとされた。等級選挙とは、有権者を身分や納税額等により複数の等級に分け、等級ごとに議員を選出する選挙制度であり、プロイセンなどにおいて存在していた。この制度の下では、一般に上位の等級ほど有権者数が少なくなるため、各等級から選出される議員数が同数であると、下位の等級の有権者の1票の価値は損なわれることになる。投票価値を損なうこうした制度も、1人1票原則／平等選挙原則に反するとして理解された。

2 アメリカにおける投票価値の格差訴訟と1人1票原則

前記のように、アメリカでは1人1票原則は、連邦最高裁によって徹底した投票価値の平等を求める法理として定式化されてきた。次に、この経緯についてみることにしよう。

アメリカでは19世紀後期に工業化・都市化が進むと、地方部の人口減と都市部の人口増により、地方部と都市部の選挙区間における投票価値の格差が著しくなった。アメリカでは建国期から既に、代表制では代表は人口に比例して配分されるのが原則であるとの考え方自体はみられたが、選挙区割を行う権限を有する各州議会は、自らの当選をもたらした現行の選挙区割に変更を加えることを望まなかったため、投票価値の格差は拡大する一方であった。

こうした状況の中、政治過程を通した格差是正の見通しがないと判断した市民が、訴訟を通した格差是正を試みるようになった。だが、連邦最高裁は当初、こうした選挙区割が絡む問題に介入することには消極的であった。た

---

1) なお、アメリカにおける1人1票原則の展開に関する詳細な邦語文献としては、中村良隆「一人一票原則の歴史的再検証」比較法学36巻1号17頁（2002年）参照。

2) この時期の各国の選挙制度の詳細については、林田和博「選挙法」黒田覚・林田和博『国会法　選挙法』（有斐閣、1958年）参照。

とえば、1946年のコールグローブ事件では、相対多数意見は「こうした紛争は、裁判所と党派的な争いとの間に直接かつ積極的な関係を生じせしめる事柄に関わるもの」であり、「裁判所はこのような政治の茂みに立ち入るべきではない」と述べて、この問題が司法判断適合性のない政治問題であるとの判断を示した（53「政治問題の法理」参照）。

しかし、1962年のベーカー事件において、リベラルなウォーレン長官率いる連邦最高裁は、選挙区間の人口格差を原因とする投票価値の「低下」の問題について、司法判断適合性を認めるに至った。もっとも、この判決は、投票価値の格差訴訟における違憲審査基準――どの程度の格差であれば平等保護条項に反するのか、選挙区割にあたってどの程度の格差が存在すると平等保護条項違反になるのか、選挙区割にあたっての考慮要素（各選挙区の地理的一体性を確保することや、人口の少ない地方の声も議会に届けられるようにすることなど）については、どの程度加味することが認められるのか――については明らかにはしなかったため、下級裁判所間で判断基準が分立することになった。

だが、連邦最高裁は後続の事件において、次第に「1人1票原則」という名の厳格な違憲審査基準を形成するに至った。その嚆矢となる1963年のグレイ判決は、次のように述べて1人1票という概念を提示した。

「州全体で行われる選挙において、なぜ単に地方に住んでいる、あるいは、もっとも人口の少ない郡に住んでいるという理由のみによって、他の人よりも2倍や10倍の投票力を与えられることになるのであろうか。ひとたび代表を選出するための地理的単位が設定されれば、その選挙に参加する者は皆、人種・性別・職業・所得・住所にかかわりなく、平等な1票を有しなければならない。これが、合衆国憲法修正14条の平等保護条項の要求である。[…]独立宣言からリンカーンのゲティスバーグ演説、そして修正15・17・19条へと至る政治的平等の概念はただ1つのことを意味する――それは1人1票である。」(372 U.S. 368 at 379, 381 (1962).)

そして、連邦最高裁は翌年のウェズベリー事件とレイノルズ事件において、たまたまどこに居住しているかによって投票価値に差を設けることは平等保護条項に違反する差別であること、それゆえ、選挙区割は人口比例が原則であり、人口以外の考慮要素はそれを害さない限りで認められる二次的なものであること、この法理は連邦下院・州両院の選挙に及ぶこと（連邦上院は合衆国憲法の規定により、人口にかかわらず各州2名を選出する仕組みのため除く）を判示して、グレイ判決で提示された1人1票概念を敷衍した。

その後、連邦最高裁はこの原則を他の選挙にも適用していくと同時に、原則からの逸脱に対する審査の密度を各選挙の性質に応じて設定してきたが、基本的に選挙区間の人口格差による投票価値の稀釈に対しては厳しい姿勢で臨んでいる。特に、連邦下院議員選挙においては選挙区人口の平等を厳格に求めており、たとえばカーチャー事件では0.698％の格差に対しても厳格な審査を実施して違憲判断を下している[3)]。

3　1人1票問題における司法の役割

このように、アメリカ連邦最高裁は1人1票原則を、投票価値の平等を徹底して求める判例法理として定式化し、選挙区間の人口格差に積極的に違憲審査権を行使してきたが、この問題領域における司法の能動的な役割はいかにして正当化されるであろうか。この点につき、重要な判例が、1938年のキャロリーヌ判決である。ストーン判事の手になる、本判決の有名な脚注4は、「望ましくない立法に廃止をもたらすことを通常であれば期待できる政治過程」そのものに対して、法律が制約を課している場合には、当該法律には合憲性の推定が働かず、厳格な違憲審査が求められることを示唆していた。そして、そのような法律の例としてそこにおいて挙げられていたのが、「投票権に対する制限」であったのである。問題のある法律が制定されても、通常であれば、政治過程に訴えてそれを修正していくことが可能であるが、投票権が侵害されると、そのような修正が不可能になる。それゆえ、民主政治を維持するためにも、投票権に対する制限には司法の積極的な介入が求められる、という考え方がそこでは示唆されていた。脚注4およびそれを理論化した民主主義プロセス司法審査理論は、アメリカ司法の投票価値の格差に対する積極主義を理論上、下支えする役割を果たしてきたとみることができよう。

3）　この事件では、議員1名あたり（1選挙区あたり）の平均人口は526,059人であり、最多人口は527,472人、最少人口は523,798人であった。それゆえ、最大人口格差は3674人、平均人口の約0.698％であり、この数値がアメリカでは最大格差の表記にあたり用いられる。なお、日本の表記方法にしたがえば、本区割の最大格差は、1.007倍となる。なお、州議会議員選挙については、州に一定の裁量を認めており、10％を超える格差につき州には正当化を求めている。Mahan v. Howell, 410 U.S. 315 (1973) ; Gaffney v. Cummings, 412 U.S. 735 (1973) ; White v. Regester, 412 U.S. 755 (1973).

◆**コメント**

現在のアメリカでは、1人1票原則は、基本的に投票価値の平等の意味で用いられている。そして、アメリカ連邦最高裁は、この原則の侵害が争われている場合には、投票価値の格差ゼロを原則として、そこからの逸脱に対して厳格な審査を実施しており、過去には格差1.007倍の連邦下院選挙区割を違憲としたこともある。

これに対して日本の最高裁は、これまで選挙区割に関して広範な立法裁量を認めており、長年衆議院議員選挙については2倍台、参議院議員選挙については5倍台の格差も認容してきた。もっとも、この傾向については、本項目冒頭で述べたように、近年重要な変化がみられるところであり、今後の展開が注目される。

［見平典］

30　制度的保障 ※原語に該当する言葉はない

いわゆる津地鎮祭事件の上告審判決は、「元来、政教分離規定は、いわゆる制度的保障の規定であって、信教の自由そのものを直接保障するものではなく、国家と宗教との分離を制度として保障することにより、間接的に信教の自由の保障を確保しようとするものである」と述べる。また、日本の代表的な概説書によれば、制度的保障とは、「個人の権利・自由を直接保障する」のではなく、「権利・自由の保障と密接に結び合って一定の『制度』を保障する」ものであって、「このような個人的権利、とくに自由権と異なる一定の制度に対して、立法によってもその核心ないし本質的内容を侵害することができない特別の保護を与え、当該制度それ自体を客観的に保障していると解される場合」、それを制度的保障といい、「ワイマール憲法下の学説に由来する」と説明されている[1)]。しかし、これらの説明は、もともとの「ワイマール憲法下の学説」からかけ離れたものであることが、すでに複数の研究によって明らかにされている。

実は「制度的保障」という用語自体、ドイツのいかなる用語の翻訳語であるか、不明である。本書では見出しに括弧書きで欧文表記をしているが、本項目にはそれがないのもこのような理由によるものである。

以下では、ドイツにおいて「制度的保障論」がどのような学説として生まれ、どのような変容を経て今日に至っているのかを概観することとする。

1　「制度的保障論」の「原意」

ドイツにおける制度的保障論の起源を厳密に特定することは困難であるが、一般に、ワイマール期のシュミットの学説に遡るのが通例である。シュミットはワイマール憲法の基本権規定を類型化していくと、そこに制度そのものを保障する類型があることを指摘した。したがって、シュミットの「制度的保障論」を理解するためには、それが彼の基本権論の中でどのような位

1)　芦部信喜〔高橋和之補訂〕『憲法〔第6版〕』86頁（岩波書店、2015年）。

置づけを受けているのかということから出発する必要がある。

シュミットの基本権論の基本的発想は、いわゆる配分原理（Verteilungsprinzip）、すなわち「個人の自由の領域は、なんらかの前国家的所与として前提されている、それも、個人の自由は原則として無限定であり、他方で、この領域を侵害する国家の権能は原則として限定されている」という考え方であり、その享有主体として想定されているのは「孤立した個々人」（isolierte Einzelmenschen）である。意見表明の自由、宗教的行為の自由、集会・結社の自由などの「個人が他の個人と関係する権利」は単なる社会的なものの領域を逸脱しなければ真正の基本権であるが、このような基本権は容易にその非政治的性格を失って配分原理に適合するものではなくなり、個人主義的性格とともにその保護の絶対性を失うとされる。いわゆる参政権や国務請求権はさらに個人主義的基本権から離れている。そして個人主義的基本権から最も遠い距離にあるのが、「制度体保障」（institutionelle Garantie）である。

シュミットは、憲法典の規定による制度の保障を、公法上の「制度体保障」（institutionelle Garantie）と私法上の「法制度保障」（Institutsgarantie）に区別する[2)]。この2つは、ともに前憲法的な制度を保障するものであるという点では共通するものの、それが保障する「制度」は大きく異なる。乱暴に要約すれば、前者の「制度」（Institution）が主として想定しているのはドイツ特有ともいえる公法上の社団であり、具体的には教会、地方自治体、大学などである。これに対し、後者の「制度」（Institut）は法制度（Rechtsinstitut）であり、具体的には婚姻制度、相続制度、財産制度である。

冒頭でみたように、津地鎮祭事件の上告審判決は、政教分離を「制度的保障」と呼んでいる。しかし、公法上の社団としての教会の保障は、ドイツ的政教分離（いわゆるコンコルダート型）の保障を意味するものではない。中世においては、教会は領主であり、統治権の主体にほかならなかった。それが、神聖ローマ帝国の崩壊にともなう「世俗化」、すなわち世俗諸侯による聖界領の接収によって、教会は領土支配権と所領収入を失い、政治権力として消滅すると同時に経済的にも弱小化する。そこで教会の財政基盤の確保として、国家によって教会に付与されたのが教会税の徴収権限であった。ワイ

2）　この区別は、Carl Schmitt, Freiheitsrechte und institutionelle Garantien der ReichsVerfassung (1931), in : ders. Verfassungsrechtliche Aufsätze aus den Jahren 1924-1954, 1958, S140ff. で導入されたものである。訳語は、石川健治『自由と特権の距離〔増補版〕』（日本評論社、2007年）によった。

マール憲法137条5項第1文は、「宗教団体は、従来公法上の社団であった限りにおいて、今後も公法上の社団とする。」とし、同条6項は「公法上の社団たる宗教団体は、市民租税台帳に基づき、ラント法の定める基準に従って、租税を徴収する権利を有する。」と定める（同規定は基本法140条により基本法にも編入されている）。また、138条は、1項で「法律、条約又は特別の権原に基づいて宗教団体に対してなされる国の給付は、ラントの立法によってこれを有償で廃止する。」としつつ、「宗教団体及び宗教的結社が、礼拝、教化及び慈善の目的のために用途を指定した自己の営造物、財団その他の財産に対して有する所有権その他の権利は、これを保障する。」と規定する。これらの規定は、教会の財政基盤を保護する規定であり、教会に残された高権や教会財産を現状として保障するもの（Status-quo-Garantien）なのである。

ドイツにおいては、近代化に乗り遅れたというその特殊な歴史的経緯から、身分制的特権を保持する諸々の団体が解体されずに温存されてきた。シュミットは、基本的には中央集権的な国家が市民に対峙するという図式を近代憲法の典型とみており、前述の配分原理もそこからの派生物である。シュミットの制度体保障論は、このような近代憲法の論理からみれば異物でしかない前近代的・身分制的団体の保障をワイマール憲法の基本権規定から括り出し、その異質性を際立たせる議論なのである。シュミットの「制度的保障論」の中心はどちらかというとこのような制度体保障論に置かれており、諸々の職業身分的権利および義務を伴う職業官僚制の保障が、その「真正の例[3]」として、位置づけられている。

2 スメント学派の制度的保障論

以上にみてきたように、シュミットの制度的保障論は、孤立的個人が国家と直接対峙するという図式を基礎に据えた憲法論、基本権論を背景にして展開されたものである。しかしその後、このような制度的保障論をその一内容とする基本権類型論は、シュミットとは全く異なる憲法観、基本権観、たとえば基本権を実質的統合の契機と位置づけ、国民という身分の身分的権利として論じるスメントの憲法観、基本権観を受け継ぐ論者たちによっても受容されていくことになる。今日ドイツにおいて制度的保障を論じる際の基本文献となっているショイナーの論文もその1つである。ここではシュミットに

3） Carl Schmitt, Verfassungslehre, 1928, S.172.

おいて顕著であった個人主義的基本権と制度体保障とのコントラストは薄められている。「個人的自由権の多くは同時に共同体生活の基礎的秩序の保障を定めたものでもある[4)]」はこのことをよく表すものである。

戦後のドイツにおいては、基本権は主観的権利であると同時に公共体の客観的秩序の基本的諸要素でもあるという考え方がかなりの影響力をもち、連邦憲法裁判所の判例にも取り入れられた。私人間効力の判例として有名なリュート判決もその1つであり、いわゆる基本権の「放射効」(Ausstrahlungswirkung)を基本権の客観的価値秩序としての側面から導いている。ここでは自由の意味も制度の意味も、シュミットにおけるそれから大きく変容しており、制度的保障論の中心も伝統的な身分制を背景とする制度体保障から離れていっている。

このような変容は、ヘーベルレの制度的基本権論において、1つの頂点に達していると評価できよう。ヘーベルレにおいては、制度という語は、基本権の二重的性格を説明するために用いられている。いわく、「個人の自由は制度的に保障された生活関係、基本権の制度的側面およびこれらを集積した規範複合体を必要とする」、「個人の自由は制度としての自由を見出す」[5)]。ここでは制度の保障と自由の保障との結びつきが強調されてくる。

3　制度的保障論の拡散

今日のドイツにおいても、シュミットの提示した基本権類型論、そしてその一部としての制度体保障と法制度保障といった概念枠組みは、学派を超えて、広く一般に用いられている。しかし、「自由」と「制度」にそれぞれどのような意味を込めるか、制度的保障を基本権保障の体系のなかにどのように位置づけるかは、論者が何のために制度的保障という枠組みを持ち出すかによって千差万別であり、その意味では、制度的保障論はもはや拡散しすぎて、その最大公約数的な部分を括り出すことすら困難であるといわざるをえない。

今日ドイツにおいて展開されている制度的保障論は、スメント学派的な基本権の二面性論の影響を強く受けたものとなっており、シュミットのそれとは、その問題意識からして、大きく異なるものとなっていることに注意しな

---

4)　Ulrich Scheuner, Die institutionellen Garantien des Grundgesetzes (1953), in : ders : Staatstheorie und Staatsrecht, S.672ff.

5)　Peter Häberle, Wesensgehaltgarantie des Artikel 19 Abs.2 Grundgesetz, 3.Aufl., 1983, S.98f.

ければならない。

◆コメント

津地鎮祭事件上告審判決の制度的保障論は、政教分離が信教の自由のような主観的権利を保障したものではない、単なる客観法の規定であるということをいっているにすぎない。日本の裁判実務においては、制度的保障はしばしばこのような意味において用いられる傾向がある[6)]。

しかし、制度的保障論は、制度そのものを保障するものであって、人権を制度的に保障しようとするものではない。また、少なくともオリジナルとされるシュミットに関していえば、制度的保障は制度を保障することによって間接的に人権保障を確保しようとする議論でもないし、そこでいう制度は前憲法的なものであって、憲法の基本決定・基本原理からすれば異質なものである。その意味で、政教分離原則を制度的保障の例として論じるのは、幾重にも誤っている。シュミットの制度体保障論の例を日本国憲法に見出そうとするならば、天皇制であるといわれる[7)]。

他方、法制度保障論は、戦後のスメント学派の基本権論を経由して、財産権などの制度依存的権利に関する解釈枠組みとして発展させられており、このような学説動向は近時日本にも紹介され、一定の支持を得ている[8)]。

いずれにせよ、日本国憲法の学説として制度的保障という枠組みを用いるのであれば、本国ドイツにおけるのと同様、どのような問題を説明または解釈するために、どのような制度の保障を語るのかを、まず明らかにしなければならないであろう。

［鵜澤剛］

---

6)　レペタ法廷メモ事件の上告審判決が、憲法82条1項の裁判の公開について、「その趣旨は、裁判を一般に公開して裁判が公正に行われることを制度として保障し、ひいては裁判に対する国民の信頼を確保しようとすることにある」とし、「裁判の公開が制度として保障されていることに伴い、各人は、裁判を傍聴することができることとなるが、右規定は、各人が裁判所に対して傍聴することを権利として要求できることまでを認めたものでない」と述べるのも、その例といえる。

7)　石川・前掲注2）235-237頁。

8)　小山剛『基本権の内容形成』（尚学社、2004年）。

31　政教分離　〔英〕Separation of Religion and State

日本国憲法は、宗教団体への特権付与・財政支援（20条1項後段、89条前段）、政府の宗教教育・宗教的活動を禁止し（20条3項）、あわせて宗教団体に政治上の権力行使を禁じている（20条1項後段）。これらの規定から、憲法は政教分離原則を採用しているとされる。日本の政教分離は、第二次世界大戦後のアメリカ占領下で発布された「神道指令」を嚆矢とする。

この項目では、政教分離原則の理念を確認したうえで、この原則を最初に制度化したアメリカの状況と、日本の目的効果基準の母法といわれるレモン・テストなどの展開についてみていく。

1　世俗国家と宗教制度

世俗権力と教会との分離（あるいは区別）という考えは、聖書が「カイザルのものはカイザルに、そして神のものは神に返しなさい」と記すように、古くからヨーロッパ社会では広く認識されていたが、ルターが宗教改革の際に二王国論[1)]を唱え、ロックが社会契約の設立する政府は人々の心の領域に立ち入ってはならないと主張するにいたり、近代における世俗国家の観念と政教分離の理念が確立したといえよう。

宗教の教義を統治の基本原理とする国家（神政国家）に対して、政治と宗教とを区別し、宗教の優位性を否定する国家を世俗国家という。西欧近代国家は世俗国家であることを前提に、様々な宗教制度を採用しており、特定の宗教を国家の宗教として優遇する制度[2)]、国教は認めないが、いくつかの宗教と契約を結び公的な地位を認める制度[3)]、政府が宗教と特別な関係をもたない制度[4)]の3つに分類される。その歴史や伝統が反映されるため、政府が宗教をどのように扱うかは各国により異なる。

1)　二王国論とは、神は法と福音により世界を支配するという考えをいう。
2)　国教制といい、イギリスやノルウェーなどで採用される。
3)　公認宗教制といい、ドイツやイタリアなどで採用される。
4)　政教分離制といい、アメリカやフランスなどで採用される。

2　アメリカにおける政教分離

イギリスの宗教改革の徹底を主張して弾圧されたプロテスタント系の清教徒（ピューリタン）は、信教の自由を求めてアメリカ植民地に渡ったとされる。だが、入植した彼らはそこで神の教えに基づく国家を建設し、その信仰を共有しない者たちを迫害した。とくにボストンの会衆派は、教団による政府権力の掌握を懸念し世俗権力と宗教権力とは互いに介入してはならないと主張していたロジャー・ウィリアムズをロードアイランドに追放するなど、政教一致体制を強く推し進めた。一方ウィリアムズの主張は、ジェファーソンやマディソンの「請願と抗議の書（Memorial and Remonstrance）」に受け継がれ、宗教の公定を廃止したヴァージニア信教の自由法の成立に至る。

アメリカにおける政教一致とは、特定宗教の公定とその存続のための宗教課税を意味した。独立13邦の多くが宗教を公定しており、合衆国憲法および権利章典成立に際して、宗教問題は州の管轄であり連邦は関与しないという合意が成立していた。つまり修正1条の国教樹立禁止条項は、連邦政府の宗教公定の禁止という意義しかなく、州には適用されなかった。もっとも19世紀前半にはアメリカ社会の世俗化が進み、1833年のマサチューセッツ州での廃止をもって、全米から宗教の公定は消えた。だが、プロテスタントは事実上の国教として扱われ、カトリック信者やユダヤ教徒に対する差別は残存した。

19世紀半ばにカトリック系アイルランド移民が大量にアメリカに渡り、アメリカ社会と軋轢を生んだ。そこで各州政府は、普及し始めた公立学校でのプロテスタント教育を通して同化政策を実施した。だがカトリック系移民の多い都市部ではこの政策が切り崩され、公立学校でのカトリック教育を容認するようになった。これがアメリカ的価値観への危機とみなされ、19世紀末には公立学校でのプロテスタント式の祈祷と聖書朗読が法定されるとともに、そこでの宗教教育の禁止と宗教学校への公的援助の禁止が進められた。これらの禁止の合衆国憲法化（ブレイン改正案）は失敗したが、各州憲法に規定されるようになり、さらには新州の連邦加盟の条件となった。

合衆国憲法の国教樹立禁止条項は本来州には適用されないこととなっていたが、連邦最高裁は修正14条の編入理論を活用して、これを州に適用できると判決した（エバーソン判決）。この判決を契機に、連邦最高裁は様々な宗教遺制を憲法違反と判決するようになり、公立学校での聖書朗読（エンゲル判決）、祈祷（シェンプ判決）、進化論教育の禁止（エパーソン判決）や公職就任時の宗教審査（トルカソ判決）などが違憲と判決された。後述のように、宗教学校への直接援助は禁止されるが、1980年代以降間接援助は許容され、保護者に宗教系を含む私立学校の学費相当分の金券を配布する学校ヴァウチャー制も合憲と判決された（ゼルマン判決）。

3　レモン・テスト

ジェファーソンは「分離の壁」という表現でもって、政府と宗教とを厳格に分離する考えを示した。だが連邦最高裁は、憲法に反することなく政府は宗教とかかわりをもつことがありうるとして、厳格な分離解釈をとらなかった。そして国教樹立禁止条項に反する政府行為を明らかにする判断基準として、連邦最高裁はそれまでの判例法理を総合したレモン・テストを提示した。1971年のレモン判決で示されたこのテストは、政府の行為が合憲となるためには「世俗目的をもち」「その主たる効果は宗教を促進させ、あるいは禁圧するものではあってはならず」「政府による宗教に対する過度なかかわり合いを促すものであってはならない」とするものである。レモン・テストは、目的基準、効果基準、過度の関わり合い基準の3要素からなり、いずれかの基準に合致しない場合には違憲となる。過度の関わり合い基準は、政府と宗教との緊密な関係を否定するものであり、具体的には、政府が政策を実施する上での宗教団体との接触が定期的継続的になることが、政府が宗教に過度に関わることとなるとする「行政上の関わり合い」、宗教への公的援助が政治共同体としての同一性を毀損し、決定的な分裂を住民の間に引き起こすとする「政治的分裂」の2点を検討するものである。

連邦最高裁は、1980年代まで、このテストをほとんどの政教分離事件に適用し、主に宗教学校に対する様々な補助金制度を憲法違反とした。

レモン・テストには、当初から多様な批判が浴びせられたが、とくに効果基準と過度の関わり合い基準の関係に問題があるといわれた。効果基準を満たすために、政府はその行為や補助金提供が宗教助長効果をもたないようにする必要がある。そのため、とくに補助金給付では、その使途を監視する制度の設定が求められる。だが、そのような監視制度は上記の過度の関わり合い基準の「行政上の関わり合い」に該当するとして、憲法違反と判決されてしまう。他方で、監視制度のない補助金給付には宗教を促進する効果があると判定される。つまり、宗教学校へのどのような補助もレモン・テストにはパスしないのである。そのため、政府は私立学校の財政危機がもたらす私立学校制度崩壊の防止と、その崩壊に起因するであろう公教育の負担増に伴う財政支出増加の回避という正当な目的を達成するにも、どのような手段も選択できず、その目的を実現することができないという矛盾に直面することになった。この「八方塞がり」の状況を踏まえ、レーンキスト連邦最高裁長官はレモン・テストの放棄を、オコナー判事は過度の関わり合い基準の放棄を主張していた。こうした批判を受け、1997年のアゴスティーニ判決は、過度の関わり合い基準を効果基準の一要素に組み替えるようレモン・テストを改変した。

連邦最高裁は1990年代からレモン・テストの適用を回避するようになり、例えば、2005年の十戒をめぐる2つの判決（マックリアリー判決、ヴァン・オルデン判決）では、一方でレモン・テストの目的基準から違憲判決を下しながら、他方では同テストに言及することなく合憲判決を出すといった一貫性に欠ける判断が示されている。このようにレモン・テストの存在感は薄らいでいるが、連邦最高裁のある判事が述べたように、このテストは「深夜のホラー映画に出てくる、何度も殺されながら、その都度墓から起き上がり足を引きずって歩くゾンビ」のようなものかもしれず、復活することはありえよう。

4　エンドースメント・テスト

レモン・テストは連邦最高裁内部からその妥当性を強く疑問視されていたので、レモン・テストに代わる判断基準が1980年代に提唱されるようになった。

オコナー判事は、レモン・テストを補強する基準として、エンドースメント・テストを提唱した。このテストは、政府行為の目的または効果が「宗教に対する政府の是認あるいは否認」であるのかを審査するもので、具体的には「その宗教の信者でない者に対して、彼らが部外者であって政治的共同体の完全なメンバーでないというメッセージを送り、同時に信者に対しては、彼らが部内者であって政治的共同体内で優遇されるメンバーだというメッセージを送る」かどうかを問うものである。当初はレモン・テストの基準に合わせて目的または効果が宗教是認であるのかを審査していたが、レモン・テストの後退にしたがい近年では政府行為全体が宗教是認をみなしうるかという点を検討するものとなっている。エンドースメント・テストは、公有地での宗教的装飾（十字架やキリスト降誕図など）の展示の合憲性を判定する際に適用されることが多いが、それ以外に公立学校での祈祷への参加強制の事件でも適用されることがある。

◆コメント

津地鎮祭事件判決が提示した目的効果基準は、レモン・テストを母法にするといわれる。しかし、目的効果基準はレモン・テストそのままではなく、目的あるいは効果に宗教的要素が認められても、当該政府行為が政教分離違反となるためには総合的評価が必要であるとする。さらには、レモン・テストが「過度の関わり合い」基準をその審査項目とする一方で、目的効果基準はこれを判断基準として採用していない点にも違いがある。この違いから、目的効果基準はレモン・テストほど厳格なものではないと評価されている。また愛媛玉串料訴訟判決がエンドースメント・テストを採用したとの指摘もあるが、異論も多い。日本の最高裁は、砂川空知太（そらちぶと）神社判決で総合的判断基準を採用した。だが、その後の白山比咩（ひめ）神社判決では目的効果基準を適用したとの意見もあり、目的効果基準が放棄されたのかは今後の判例の展開を待つほかなかろう。

［高畑英一郎］

32 明白かつ現在の危険

〔英〕clear and present danger

「明白かつ現在の危険」の法理とは、表現の自由に関するアメリカの判例法理である。それによれば、表現行為に対する規制は、当該表現行為によって実質的な害悪が引き起こされる、明らかに差し迫った蓋然性が存在する場合に限って許される。

日本では、下級裁判所レベルでは、この法理を違憲審査基準として用いた例もみられるが、最高裁レベルでは、その趣旨を取り入れた例が若干みられるにとどまる（新潟県公安条例事件、泉佐野市民会館事件）。一方、憲法学界では、この法理は、かつては表現の自由を実効的に保障するための一般理論として期待され、表現の自由に関する「恐らくは唯一の正当な」違憲審査基準とみられることもあったが[1)]、現在の通説では、本法理は一定の限定された場面（主として違法行為の煽動を処罰する法令が絡む場面）における基準として位置づけられている[2)]。

このような日本の学説の変化は、母国アメリカにおける判例や学説の動向の影響も受けている。そこで、この法理をめぐる日本の学説状況を理解するためにも、以下ではアメリカにおける本法理の歴史的展開をみていくことにしよう。

1 「明白かつ現在の危険」の法理の起源

「明白かつ現在の危険」というフレーズは、1919年のシェンク判決における、ホームズ判事が執筆した法廷意見に遡る。本件被告人は、第一次世界大戦中に、徴兵制が奴隷制を禁じた合衆国憲法修正13条に違反するとして、

1) 佐藤功『憲法（ポケット註釈全書）』153頁（有斐閣、1955年）。
2) 日本の学界における、この法理の内容や適用場面に関する議論の現況については、木下智史「違憲審査基準としての『明白かつ現在の危険』基準・再考」初宿正典ほか編『国民主権と法の支配（下巻）』296-298頁（成文堂、2008年）。同稿はアメリカにおける本法理の展開についても詳しい。また、佐藤幸治「明白かつ現在の危険」小嶋和司編『憲法の争点（新版）』（有斐閣、1985年）、浦部法穂「明白かつ現在の危険」芦部信喜編『講座 憲法訴訟（第2巻）』（有斐閣、1987年）、芦部信喜『憲法学Ⅲ 人権各論(1)［増補版］』413-431頁（有斐閣、2000年）も参照。

徴兵法の廃止を主張したパンフレットを配布したため、徴兵業務を妨害したなどとして防諜法違反のかどで訴追された。被告は合衆国憲法修正1条の表現の自由を援用したが、ホームズ法廷意見は次のように述べて、被告人の有罪を支持した。

「もっとも徹底して表現の自由を保障するとしても、劇場で『火事だ』と嘘を叫んでパニックを引き起こした者を保護することはないであろう。[…] どのような事件であれ、問われるべきは、用いられた言葉が、議会が防止する権限を有するような実質的害悪を引き起こす明白かつ現在の危険を生じさせるような状況下で用いられたかどうか、そして、そのような危険を生じさせる性質のものであったかどうかである。それは、[用いられた言葉と害悪の] 近接性と程度の問題である」(249 U.S. 47, 52 (1919))。

ホームズ法廷意見はこのように述べた上で、平時には許される言葉であっても、戦時には戦争遂行の妨げとして制限されうることを指摘した。

このようにして「明白かつ現在の危険」というフレーズが登場したが、ここでは次の2点に注意を促したい。1点目は、本件では、言論が刑罰法令に触れているかどうかを判断するための基準として用いられていたという点である。それは、法令そのものが合憲かどうかを判断するための基準として提示されていたわけではなかった。2点目は、本件では、「明白かつ現在の危険」というフレーズは、戦時における状況の切迫性を理由に表現の抑圧を正当化する文脈で用いられていたという点である。ホームズ判事がこのフレーズを本件で用いたとき、表現の自由の価値をどの程度意識していたかは定かではない。実際に、当時の判例では「悪しき傾向のテスト」(bad tendency test) と呼ばれる、表現の自由にとって非保護的なテスト（言論が違法行為等の実質的害悪を引き起こす傾向を有していれば、当該言論に対する制限を認めるテスト）が存在していたが、ホームズはこのテストを代替する意図で「明白かつ現在の危険」のテストを提示したわけではなかったといわれる[3)]。

2 「明白かつ現在の危険」の法理の形成

このように、ホームズ判事が「明白かつ現在の危険」という考え方を初めて提示したとき、彼が表現の自由の価値を果たしてどの程度重く受け止めていたかについては、明らかではない。しかし、シェンク判決から8か月後の

3) David M. Rabban, *The Emergence of Modern First Amendment Doctrine*, 50 U. Chi. L. Rev. 1205, 1261 (1983).

同じく防諜法違反の事件であるエイブラムス事件において、ホームズ判事は注目すべきことに、今度は一転して、被告人の有罪に反対する少数意見を執筆した。この事件では、被告人はロシアへのアメリカの出兵を批判し、ロシア革命を守るために軍需産業の労働者にゼネラル・ストライキを呼びかける文書を配布したため、戦争遂行への抵抗を煽動したなどとして防諜法違反のかどで訴追されていた。法廷意見は被告人の有罪を支持したが、ホームズ判事は反対意見の中で、「合衆国が憲法上阻止することのできる実質的害悪を直ちに引き起こす、明白かつ切迫した危険を生じさせる言論、あるいは、そうした危険を生じさせることを意図した言論」については憲法上処罰可能であるが、本件文書は何らそのような切迫した危険を呈するものではないとして、被告人の無罪を主張したのである[4)]。そして、彼は反対意見を締めくくるにあたり、「思想の自由な交換」が言論市場における競争を通して行われる中で、われわれはもっともよく真理に近づくことができること、それゆえ、表現に対する国家の規制が許されるのは、市場競争による淘汰を待っていては間に合わない、明白かつ切迫した危険が当該表現によって生じる場合に限られることを強調したのであった。ここにきて「明白かつ現在の危険」は、いわゆる思想の自由市場論と結び付きながら、言論保護的な法理としての姿を現すようになったのである。

このホームズ反対意見にはブランダイス判事も同調したが、その後、両判事は10年間にわたり、言論の取り締まりを是認する多数派に抗して、表現の自由を擁護する個別意見を執筆し続けた。その中でも特に重要であるのが、刑事サンディカリズム法（経済的・政治的変革を目指して犯罪・怠業・暴力を唱道する団体を結成・加入することを処罰する法。この法は当時、左翼労働運動の抑圧に用いられていた。）違反が争われたホイットニー事件における、ブランダイス判事の個別意見である（ホームズ判事同調）。ブランダイス判事によれば、合衆国の建国者たちは次の信念に基づいて、合衆国憲法修正1条の表現の自由条項を制定した――その信念とは、思想や表現の自由は政治的真実を発見し広め、有害な主張の浸透を防ぐ上で欠かすことができないということ、法による沈黙の強制ではなく、自由な公的討議を通して発揮される理性の力こそが安定した政府を生み出すということ、である。それゆえ、修

4）シェンク事件とエイブラムス事件におけるホームズの立場の変化の背景については、Rabban・前掲注3）や、アンソニー・ルイス〔池田年穂、籾岡宏成訳〕『敵対する思想の自由――アメリカ最高裁判事と修正第一条の物語』（慶應義塾大学出版会、2012年）参照。

正1条の下で言論の制限が許容されるのは、言論により生じる危険が「明白かつ現在」といえる場合、すなわち、①議論する機会を持つ間もないほどに、害悪の発生が差し迫っており、かつ、②その害悪が重大である場合に限られる。ブランダイス判事は、このように表現の自由の民主政上の意義を強調しながら、「明白かつ現在の危険」の法理を修正1条上の法理として明確に位置づけるとともに、「明白かつ現在の危険」が認定される場合を絞り込んだ。こうして、表現活動に対する刑罰法令の適用を制限する憲法法理として、「明白かつ現在の危険」の法理が形作られたのである。

3 「明白かつ現在の危険」の法理の展開

ホームズ、ブランダイス両判事は、このようにして「明白かつ現在の危険」の法理を形成していったが、彼らの立場はなかなか多数派の採用するところとはならなかった。しかし、1937年の「ニュー・ディール憲法革命」以降、連邦最高裁が「二重の基準」の原型となる考え方を提示し、自己の役割を経済的自由の擁護から精神的自由の擁護へと再規定していく中で（47「二重の基準」論参照）、連邦最高裁は次第に「明白かつ現在の危険」というフレーズを援用しながら、表現の自由を積極的に保障するようになった。

たとえば、1940年のソーンヒル事件では、会社敷地近くでのピケットやうろつきを一律に禁止する労働運動抑圧立法の合憲性が争われたが、連邦最高裁は、雇用者の敷地の近くで労働争議の事実を公表することが生命や財産の破壊等をもたらす「明白かつ現在の危険」を有しているとは考えられないことを指摘し、本法の規制が必要な範囲に限定されていないとして、これに違憲無効の判断を下した。さらに、連邦最高裁は、公立学校の生徒に国旗敬礼を強制する州教育委員会規則が争われたバーネット事件や、労働組合の勧誘活動を行う者に登録を要求する州法が争われたトーマス判決をはじめとする各種事件において、「明白かつ現在の危険」の概念を援用し、規制を違憲とした。

このように連邦最高裁は、1930年代末から40年代にかけて「明白かつ現在の危険」の法理に依拠しながら表現の自由の保障を進めていったが、この時期の連邦最高裁による法理の用い方には、次のような特徴がみられる。まず、ホームズ／ブランダイス両判事は、もともとこの法理を、違法行為や戦争非協力等の唱道・煽動の罪にかかわる事件で用いていたが、この時期の連邦最高裁は、この法理を表現の自由が関係する様々な事件で用いるようになった。また、両判事は、刑罰法令の適用を制限していくためにこの法理を用いていたが、この時期の連邦最高裁は、法令そのものの合憲性を判断するための基準としてもこの法理を用いるようになった（たとえば、上記ソーンヒル事件参照）。

4 「明白かつ現在の危険」の法理の衰退

もっとも、こうした連邦最高裁の傾向は長くは続かなかった。冷戦が深刻化し、全米で共産主義者やリベラル派を弾圧するマッカーシズムの嵐が吹き荒れる中、連邦最高裁は1951年のデニス事件において、「明白かつ現在の危険」の法理を骨抜きにし、政府の暴力的転覆を唱道する団体を組織したとして訴追された共産党幹部の処罰を支持した。相対多数意見は、言論によって生じうる害悪が重大であれば、害悪発生の切迫性は低くてもこれを規制することが可能である旨を述べ、言論市場における議論に委ねる間もないほどに危険が差し迫っていない限り規制は認められないという「明白かつ現在の危険」の法理の核心部分を否定した。そして、以後、この法理が連邦最高裁によって援用されることはほとんどなくなってしまった。

また、憲法学界においても、1950年代初め頃まではこの法理は表現の自由保障の鍵概念として期待されていたが、次第にこの法理に対する評価に変化がみられた。たとえば、この法理が、より制限的でない規制手段の有無等の要素を考慮しておらず、「過渡に単純」であることが指摘されるようになった[5)]。また、漠然として明確性を欠いており、言論の保護に十分とはいえないとの批判も上がるようになった[6)]。くわえて、言論が「明白かつ現在の危険」を生じさせるかどうかは状況によって可変的であるため、言論の処罰が状況依存的に正当化されてしまうということも、この法理の問題点として指摘できるであろう。

このような中、連邦最高裁は1950年代末頃から、再び言論保護的な姿勢をみせるようになったものの、「明白かつ現在の危険」の法理を以前のように一般的な違憲審査基準として用いることはせず、萎縮効果概念（35「萎縮効果」参照）や、言論内容・規制態様に応じた様々な審査手法を編み出して用いていった。また、連邦最高裁は、この法理のもともとの適用場面であった、政府転覆や違法行為の唱道・煽動の罪にかかわる事件においても、この

---

5)　PAUL A. FREUND, ON UNDERSTANDING THE SUPREME COURT 27-28 (1949).
6)　Thomas I. Emerson, *Toward a General Theory of the First Amendment*, 72 YALE L. J. 877, 911 (1963).

法理をそのまま用いるのではなく、この法理を発展させたブランデンバーグ原則に依拠するようになった。ブランデンバーグ原則とは、1969年のブランデンバーグ事件において連邦最高裁によって示された法理であり、違法行為の唱道が規制されうるのは、それが「差し迫った違法行為を煽動するか生み出すことに向けられており、かつ、そのような違法行為を煽動するか生み出す蓋然性のある場合」に限られる、とするものである。この原則の下では、前半部分の要件により、言論の内容が直接的な煽動に当たらない限り処罰は許されないことから、単なる唱道であっても状況次第では処罰されてしまうという「明白かつ現在の危険」の法理の問題が克服されている。同時に、後半部分の要件により、たとえ言論が煽動に該当しても、実際に違法行為を引き起こす差し迫った危険性がなければ処罰は許されないことから、「明白かつ現在の危険」の法理の考え方も活かされているといえよう。

このように、「明白かつ現在の危険」の法理は1950年代以降、（裁判批判に対する裁判所侮辱罪の適用が争われている場合のような）ごく限られた場面以外には、そのままの形で用いられることはほとんどなくなってしまった。しかし、この法理の発想はブランデンバーグ原則に活かされていること、また、この法理がアメリカにおける表現の自由の保障の発展において重要な役割を果たしてきたことは、見逃されるべきではないであろう。

◆コメント

「明白かつ現在の危険」の法理は、その母国アメリカでは、かつては表現の自由に関する一般的な違憲審査基準として用いられたこともあった。しかし、その後、言論の内容や規制の性質などに応じた様々な違憲審査の手法が考案されるに伴い、この法理が用いられることは稀になった。また、この法理のもともとの適用対象であった、違法行為の唱道・煽動の罪にかかわる事件においても、現在ではこの法理がそのまま用いられているわけではなく、その進化形であるブランデンバーグ原則が用いられている。日本の憲法学界においても、この法理の適用場面については以前よりも限定的に解されるようになってきたが、その背景には、このようなアメリカの判例・学説の変化の影響を受けている。

［見平典］

33 LRAの基準 〔英〕less restrictive alternative

LRAの基準とは、違憲審査基準の一つであり、規制立法について、「より制限的でない他の選びうる手段（less restrictive alternatives）」の有無を審査する手法である[1]。政府がその目的を達成する上で、必要以上に個人の権利を侵害する手段を採用してはならない、という発想自体は、比例原則（比例性）（proportionality〔英〕／Verhältnismäßigkeit sprinzip〔独〕／proportionnalité〔仏〕）に含まれるものであり、ドイツでは、19世紀頃から行政法の領域において警察比例の原則として理論化され、第二次世界大戦後、連邦憲法裁判所によって憲法原則として承認された。今日では世界各国で広くこの考え方が用いられ、立憲主義にとって当然の原則として語られることもある[2]。比例原則については別項で解説されるため（25「比例原則」を参照）、ここでは、「LRAの基準」としてわが国憲法学に影響を与えた、アメリカの議論を簡単に概観しておこう。

なお、アメリカでは、LRAと同趣旨ないし近い用語法として、「規制の厳密性」（precision of regulation）、「より劇的とはいえない手段」（less drastic means）、「最も制限的でない手段」（least restrictive alternatives）、「必要性」（necessity）など、様々なものがあるが、ここではわが国で広く用いられる用法として、「LRA」としておきたい。

1 LRA基準の来歴と展開

マーシャル連邦最高裁長官は、1819年のマカロック判決において、次のように述べていた。「〔立法の〕目的が正当であり、それが憲法の射程内にあるならば、一切の手段は、それが適切であって、明らかにその目的に適合し、憲法の文言と趣旨からみて禁止されておらず、むしろそれに合致する場合、

1） 芦部信喜〔高橋和之補訂〕『憲法〔第6版〕』210頁（岩波書店、2015年）。日米裁判例の分析として、右崎正博「『より制限的でない他の選びうる手段』の基準」芦部信喜編『講座憲法訴訟 第2巻』所収197頁（有斐閣、1987年）参照。

2） Alec Stone Sweet & Jud Matthews, *Proportionality Balancing and Global Constitutionalism*, 47 COLUM. J. TRANSNAT'L LAW 72, 76, 97-111(2008).

合憲である」。ここには、立法府は、その正当な目的を達成するためには憲法適合的な手段を採用しなければならない、という発想が読み取れる。LRAの基準とは、憲法上の権利と国家権力の行使が対立した際、それを回避するよう、より限定的な――より憲法適合的な――規制を憲法は要請する、というものであり、基本的にはこうした発想に由来するものといえる[3)]。連邦最高裁の判例では、LRAの基準の使用は19世紀はじめに遡るといわれ、19世紀半ばには、「必要性の法理」(doctrine of necessity) が、出入国関係、外交関係、そして州際通商にかかる連邦政府の権限と州法の抵触等に際して、用いられるようになった。20世紀に入り、デュー・プロセス条項（合衆国憲法修正14条1節）の解釈に際して必要性判断が重要な要素とされ、その後、様々な分野でLRAの基準が用いられるようになった[4)]。

LRAの基準の典型は、精神的自由の領域でみられる。カントウェル判決 (1940年) では、当局の許可なくして宗教的・慈善的目的で金銭等の支援等を勧誘する州法の合憲性が争われたが、そこで連邦最高裁は、憲法上保障される信仰の自由と宗教的行為の自由を区別し、後者に対しては一定の規制が及ぶとしつつ、「規制権限は、許容された目的を達成する上で、保護された自由を過度に侵害しないよう、行使されなければならない」、と述べ、勧誘の時・所・方法等に対する規制や、憲法上保障された自由を違憲に侵害することなく公の秩序を維持する規制等なら許容されるが、本件規制はそのようなものではないとして、本件において違憲と判断している。シェルトン判決 (1960年) では、州が支援する学校の教員に対し、自己が関与する団体全てをリストアップした宣誓供述書の提出を毎年求める州法の合憲性が争われたが、連邦最高裁は、団体への関与を明らかにすることが教員の「結社の自由」(right of free association) を制約するとものしつつ、次のように述べている。「たとえ政府の規制目的が正当で重要なものであったとしても、その目的がより狭い規制手段で達成しうる場合、個人の基本的な自由を広く抑制する手段によって当該目的を達成してはならない。立法による剥奪が広範であるか否かは、同じ基本的目的を達成する、より劇的でない手段 (less drastic means) の観点から検討しなければならない」。

20世紀初頭、連邦最高裁は、契約の自由などの経済的自由規制立法の多

---

3)　United States v. Robel, 389 U. S. 258, 268 n20(1967).

4)　*See generally* Robert M. Bastress, Jr., *Notes : Less Restrictive Alternative in Constitutional Adjudication: An Analysis, A justification, and Some Criteria*, 27 VAND. L. REV. 971, 1017(1974).

くを、デュー・プロセス条項（合衆国憲法修正14条1節）に反するとした（「実体的デュープロセス論」）[5]。その代表例として知られるロックナー判決（1905年）は、パン工場等の労働時間を制限する州法の規定を違憲としたものであるが、その際、州の規制権限行使について、それが合理的かつ適切なものであるか、個人の自由（労働契約の権利）を「不合理に、不必要に、かつ恣意的に」侵害するものであるか」、との枠組みを示しており（傍点付加）、この時期において、規制の「必要性」を厳密に判断する傾向が強く示されている。経済的規制立法をデュー・プロセス条項に反し違憲とする姿勢は、1937年のウェストホテル判決などによって大きく転換され、社会経済立法について連邦最高裁は敬譲的な姿勢を示すようになる。第二次世界大戦後、プライバシー権の保障など、憲法上列挙されていない市民的自由などがデュープロセス条項等で保障されるかが問題となったが、その先駆であったグリスウォルド判決（1965年）では、避妊用具使用規制立法が婚姻者のプライバシー権を侵害するとした際[6]、本件規制は、避妊具について、その販売・製造ではなく使用を禁止しており、「〔婚姻〕関係に最大級の破滅的影響を与える手段によって、その目的を達成しようとしているのである」、としている。

平等保護条項（修正14条1節）[7]をめぐる事案でも、LRAの基準は用いられている。この領域は、伝統的には、「合理的根拠のテスト」(rational basis test)（合理性審査）が行われてきた。1940年代以降、「厳格審査」(strict scrutiny) が用いられるようになり、合理性審査と厳格審査の二分法が硬直化した点も踏まえ、連邦最高裁は、その後、「中間的審査」(intermediate scrutiny) を性差別の分野などで用いることになる（以上につき、24「厳格な基準」も参照）。厳格審査は、政府が当該規制について極めて重要な利益を有しており、規制手段が必要か、あるいは、当該利益に密接に調整されているか (narrowly tailored) を判断するものであり、ここには、問題となる憲法上の権利・利益の重要性などに鑑み、規制手段が必要以上に制約的となることを厳密に審査しようとする姿勢がみられ、その際、ありうる代替手段の有無が審査される。シャピロ判決（1969年）は、福祉受給について居住期間要件を課す州法について、

5) 合衆国憲法修正14条1節は、「…いかなる州も、法の適正な過程なくして、人から生命、自由、又は財産を奪ってはならない…」、と定める。20「デュー・プロセス」も参照。
6) ただし、同判決は、プライバシー権 (zone of privacy) について、権利章典の様々な部分（「半影」(penumbras)）によって保障されるとした。
7) 合衆国憲法修正14条1節は、「いかなる州も、…その管轄権内にある者について、法の平等な保護を奪ってはならない」、と定める。

これが「移動の権利」(right to travel) という基本的権利にかかわることをふまえ、「極めて重要な政府利益 (compelling government interest) を促進するのに必要である」と立証されない限り、この権利に不利益を課す区別は違憲となるとして、詐欺的な福祉受給阻止の目的にはより劇的でない手段 (less drastic means) がありうることなど示している。

2 LRAの基準の意義

このように、LRAの基準は、アメリカ憲法にあっては、市民的自由が問題となる際、様々な領域において広く用いられている。日本の最高裁も、よく知られるように、特に違憲判決においてこの手法を用いている。その代表例は、消極目的規制にかかる許可制について、「許可制に比べて職業の自由に対するよりゆるやかな制限」の有無などを検討した、薬事法距離制限事件であろう。それ以外にも、例えば、尊属殺重罰規定違憲判決は、刑法の旧200条 (尊属殺重罰規定) について、尊属殺について刑を加重すること自体は違憲とはいい難いが、加重の程度が極端であって、立法目的達成の手段として甚だしく均衡を失し、これを正当化する根拠を見出せないときは、憲法14条1項違反となる、として、尊属殺への厳重の処罰は「普通殺人罪の規定の適用によつてその目的を達成することは不可能ではない」、などとしている。森林法違憲判決は、共有森林につき持分価額が2分の1以下の共有者について一律に分割請求権を否定する森林法の規定について、目的達成のための代替手段 (森林の安定的経営のために必要最小限度の森林面積の特定等) を指摘しつつ、「必要な限度を超えた不必要な規制」と断じている。なお、在外邦人選挙権制限違憲訴訟も、国民の選挙権制限は原則として許されず、その制限が許されるためには、それが「やむを得ない事由」が必要であるとして、「そのような制限をすることなしには選挙の公正を確保しつつ選挙権の行使を認めることが事実上不可能ないし著しく困難であると認められる場合」にのみ、制約が許容される、と述べている。

アメリカにおいてLRAの基準の適用の厳格度を決定する大きな要因は、問題となる憲法上の権利ないし利益の重要度である、といわれる。つまり、裁判所が、問題となる個人の利益・権利を重要であると考えれば考えるほど、代替手段の有無がより厳密に審査される、ということである。それは、精神的自由 (宗教的行為の自由や結社の自由) について、LRAの基準による審査が典型的に行われていたり、平等保護条項における厳格審査が、規制手段の目的適合性を極めて厳格に審査しようとする点にも現れている。実際、アメリカ連邦最高裁は、セントラル・ハドソン判決（1980年）で、営利的表現規制の違憲審査として、当該規制が政府利益達成に必要な範囲を越えた拡張的なものでないか否か、という、LRAの基準を用いて、当該規制を違憲としたが、その後、営利的表現の保障の程度がそもそも下位にあることをふまえ、より厳格な審査基準の適用に消極的姿勢をみせている（ニューヨーク対フォックス判決〔1989年〕）。こうした思考は、日本の最高裁判例もある程度共有しているように思われる。逆にいえば、問題となる権利の重要性等が低下すれば、それだけ政治部門に対して敬譲的となる、ということもでき、LRAの基準は――比例原則と共通する部分を本来含んでいるように――事案に応じた柔軟な審査のあり方を可能にする違憲審査の手法、ということもできるであろう。

◆コメント

LRAの基準は、正面から立法目的の不当性をいわず、規制手段に焦点を当てるアプローチである。この点で、裁判所は、立法目的の不当性について「最後通牒」を突きつけることなく、その達成すべき「手法」について代替措置があり得ることを示唆することによって、立法府に対し、裁判所の指示に従い、立法を再考する機会を与える、という側面があることも指摘されている。その過程において、裁判所は、立法府はじめ、世論や学説などとの間で対話を促し、立法府に、より制限的でない手法を求めることで、よりよい立法制定を促すこともできる。普段憲法を勉強していると、もっぱら中間的審査の一手法としてのみLRAの基準を受け止めがちになってしまうかもしれないが、本来、実は、こうした裁判所と立法府との間の役割分担論にも関わる部分があるということを認識すると、最高裁判例も違った角度からみることができるかもしれない。

［尾形健］

34 漠然性ゆえに無効 〔英〕void for vagueness 過度広範ゆえに無効 〔英〕void for overbreadth

法令の文面だけを審査して違憲判断を下すことを「文面上無効」(void on its face) という[1)]。このような審査手法の典型例が、漠然性ゆえに無効の法理と過度広範ゆえに無効の法理である。日本の基本書では、合憲限定解釈[2)]を行って法令の漠然不明確性がなくならない限り、かりに法令の合憲的適用の範囲内にあると解されるケースであっても法令が違憲とされることを漠然性ゆえに無効の法理といい、法文は明確でも規制の範囲が広すぎて違憲的に適用される可能性がある法令を違憲とすることを過度広範ゆえに無効の法理というと説明されている[3)]。これらは法文の不明確性や広範性を問うものであり、特に表現の自由に関する規制立法に対して用いられる手法とされる。

もっとも、判例はこれらの審査手法を使って違憲と判断したことは一度もない。また、判例が両者を区別しているかは微妙なところである。たとえば、集団行進の許可条件の明確性が争われた徳島県公安条例事件は表現の自由の事案であったが、最高裁はもっぱら31条の問題として法文の明確性について判断し、明確性が要求されるのは「その規定が通常の判断能力を有する一般人に対して、禁止される行為とそうでない行為とを識別するための基準を示すところがなく、そのため、その適用を受ける国民に対して刑罰の対象となる行為をあらかじめ告知する機能を果たさず、また、その運用がこれを適用する国又は地方公共団体の機関の主観的判断にゆだねられて恣意に流れる等、重大な弊害を生ずるからである」とし、明確かどうかの判断基準については「ある刑罰法規があいまい不明確のゆえに憲法31条に違反するものと認めるべきかどうかは、通常の判断能力を有する一般人の理解において、具

1) なお、文面審査については論者によって使い方が異なり、芦部信喜〔高橋和之補訂〕『憲法〔第6版〕』383-384頁（岩波書店、2015年）は立法事実を検討せずに文面だけで判断する手法を文面判断（文面審査）とし、高橋和之『立憲主義と日本国憲法〔第3版〕』417頁（有斐閣、2013年）は、法令そのものを審査することを文面上判断としている。

2) 法令の解釈として複数の解釈が可能である場合に、憲法の規定と精神に適合する解釈がとられなければならないということをいう。

3) 芦部・前掲注1) ではそのように説明されている。

体的場合に当該行為がその適用を受けるものかどうかの判断を可能ならしめるような基準が読みとれるかどうか」によって判断するとしている。なお、最高裁は広島市暴走族条例事件において広範性の問題と明確性の問題を項目別に分けて判断しているが、明確性についてはほとんど判断しておらず、実際にどこまで両者を区別しているのかは明らかではない[4)]。

それでは、これらの法理の母国であるアメリカでは、いかなる意味で、どのように使われているだろうか。

1 漠然性ゆえに無効の法理の萌芽

コモン・ローの世界において、裁判所が法令の明確性に言及することはあっても、憲法に基づいて明確性を要求し始めたのは20世紀に入ってからのことであった[5)]。アメリカでは、19世紀末に、経済規制立法に基づく処罰が問題となったケースで、告知（notice）の機能を果たしていたかどうかについて言及されることがあったが、それが要請される根拠も程度も曖昧なままであった。

もっとも、この頃、連邦最高裁は経済規制立法に対してデュー・プロセス違反を理由に違憲判断を下し始め（20「デュー・プロセス」参照）、その流れに乗るような形で、あまりに漠然としている法令についてもデュー・プロセス違反とする判断を行うようになった。たとえば、1921年の合衆国対コーエングローサリー社判決は、あまりに漠然としすぎていて一般人が理解できないような規定はデュー・プロセスに反して無効であるとした。また、1927年のクライン対フリンクデアリー社判決は合衆国対コーエングローサリー社判決を引用しながら、独禁法に対して、デュー・プロセスが漠然とした法令を禁じているとしていた。このように、当初の漠然姓ゆえに無効の法理は、経済規制立法に対して公正な告知を求めるものとして適用されるものだった。

2 刑事立法に対する適用

ところが、時代がニュー・ディール期を迎え、連邦最高裁もニュー・ディール政策を認めるようになると、経済規制立法がデュー・プロセス違反とされ

---

4) さらにいえば、広範性の判断の際に21条と31条両方に関わる問題としていることから、広範性の問題の射程をどのように考えているのかも明らかではない。

5) Cristina D. Lockwood, *Defining Indefiniteness : Suggested Revisions to the Void for Vagueness Doctrine*, 8 CARDOZO PUB. L. POL'Y & ETHICS J. 255, 263-264 (2010).

るケースが影をひそめるようになる[6]。代わって連邦最高裁が適用し始めたのは、刑事罰の分野であった。そのリーディングケースが、1939年のランゼッタ対ニュージャージー判決であった。連邦最高裁は、何人も刑法の意味を理解できなければ自由や財産を奪われないとしたのである。そうなると、問題になるのはどのような告知であれば、公正な告知といえるのかである。これについて、1954年の合衆国対ハリス判決は、一般の人が有する知識で、その行為が禁止されていることが理解できるかどうかが基準になるとした。言い換えれば、刑事罰規定の法律は、一般人がある行為を行うとその法律の刑罰の対象になると理解できる程度に明確でなければならないとされたのである。

なお、この時期の連邦最高裁は、修正1条の表現の自由に言及しながら、デュー・プロセス違反の判断を下すこともあった。1948年のウィンター対ニューヨーク判決では、表現の自由を制約する法律が公正な告知を欠いている場合、デュー・プロセスに反するとした。

いずれにせよ、漠然性ゆえに無効の法理は、公正な告知を要求するものとして形成されたといえる。

3　公正な法執行の要件

しかし、1972年のパパクリスト判決は漠然性ゆえに無効の法理に新たな要素を加味した。それが、公正な法執行の要素である。連邦最高裁は、法律が漠然としていると行政によって法が恣意的に運用されてしまうとし、公正な告知と公正な法執行が求められるがゆえに、漠然とした法律は許されないとした。

その後、連邦最高裁はこの2つを漠然性ゆえに無効の法理の理由とするようになったが、中には公正な法執行のみを前面に出す判決も出てきた。1974年のスミス対ゴグーン判決は、実際に告知がなされているかどうかよりも、法律が法執行を統制するために最低限の指針を示しているかどうかが重要だとしたのである。その後、連邦最高裁は2つの理由を出しながらも、特に公正な法執行を重視する傾向にある。

---

6)　門田成人「『刑罰法規明確性の理論』の意義と根拠について」刑法雑誌33巻3号9頁（1993年）。

4　過度広範ゆえに無効

漠然性ゆえに無効の法理が法令の明確性を要求するものであったのに対し、法令が規制対象としていない行為まで広く適用されるおそれがあってはならないとするのが過度広範ゆえに無効の法理である。つまり、前者は法令の内容や規制する対象を明確にしなければならないとするのに対し、後者は法令が適用対象を越えないように限定されていなければならないとするものである。

また、漠然性ゆえに無効の法理と異なり、過度広範ゆえに無効の法理はその適用が基本的に修正1条の問題（＝表現の自由の問題）に限定される点も特徴である。表現の自由は、法令によって制約されると、規制対象の周辺部分の表現を行うことをためらうようになってしまうことから、他の権利と比べて傷つきやすい権利であるとされる[7]。そのような萎縮効果を防ぐためにも、法令は規制対象を限定していなければならないのである。

この点に関連して、過度広範ゆえに無効は、裁判において、当事者の行為が保護される行為でなかったとしても、第三者の権利が制約されてしまうことを主張することができる。

5　過度広範ゆえに無効の法理の展開

過度広範ゆえに無効の法理のフロンティア的判決はソーンヒル判決である。この事件では、工場の近くを他者に影響を与えるためにうろつく行為を禁止した州法が問題になった。連邦最高裁は「過度広範」(overbreadth) という言葉こそ用いなかったものの、文面審査によって違憲判決を下した。

その後、リベラルで有名なウォーレン・コートの時代になると、修正1条が問題となるケースを中心にこの法理が使われるようになった。たとえば、1966年のバゲット判決や1967年のロベル判決では立て続けに過度広範ゆえに無効の法理により違憲判決が下された。もっとも、過度広範ゆえに無効の法理は法令の文面だけを審査して違憲判決を下すものであり、しかも第三者の権利主張をも認めるものであることから、ブローディック対オクラホマ判決では「劇薬」(strong medicine) であると言及された。

それでもなお、連邦最高裁がこの劇薬を使い続けたのは、修正1条の保障する権利（特に表現の自由）が傷つきやすい権利だったからであると考えら

---

7)　毛利透『表現の自由——その公共性ともろさについて』105-241頁（岩波書店、2008年）。

れている。表現の自由は、規制されると萎縮効果によって、本来保護される行為まで事実上規制されてしまうおそれがあるからである。実際、連邦最高裁は過度広範ゆえに無効を修正1条に限定して用いていくようになる[8]。ファーバー判決では「修正1条の過度広範の法理」(First Amendment overbreadth doctrine) と述べられ、シャル判決やサレルノ判決では修正1条以外に過度広範は使われないと示されている。

◆コメント

日本の最高裁は、もっぱら法令の内容に着目して合憲性を判断することが多く、法令の文面を中心に憲法判断を行うことが少ない。また、それによって違憲判決を下したこともないため、漠然性ゆえに無効の法理と過度広範ゆえに無効の法理が判例上発達しているとは言い難い。そのため、これらの法理を別のものとして用いているかどうかも定かではない。一方、アメリカでは両者を区別し、特に過度広範ゆえに無効の法理は修正1条専門の法理になっている。ただし、アメリカでも最初からそうだったわけではなく、判例法理の中で変遷してきた流れを理解しておくことが重要である。

[大林啓吾]

8) John F. Decker, *Overbreadth Outside the First Amendment*, 34 N.M.L. Rev. 53, 71-79 (2004).

35　萎縮効果 〔英〕chilling effect

法規制等の国家行為が、人々の表現活動に対する意欲を挫いて、本来許されるはずの表現活動まで人々に控えさせてしまうことを、萎縮効果という。

日本の一般的な憲法学の教科書では、この萎縮効果概念は、主に次の2つの場面で登場する。1つは、「漠然性ゆえに無効」および「過度広範ゆえに無効」の法理の文脈である（34「漠然性ゆえに無効／過度広範ゆえに無効」参照）。そこでは、文言が曖昧なために何を禁止しているのかはっきりとしない表現規制や、憲法上保護される表現にも制限が及びうるような過度に広範な表現規制は、憲法上許されるはずの表現まで人々に差し控えさせてしまう効果を有することから、文面上無効であるとされる。ここでは、萎縮効果の概念は、両法理の正当化根拠として援用されている。

もう1つは、名誉毀損の文脈である。日本の最高裁判例（夕刊和歌山時事事件）によれば、公共の利害に関わる公益目的の表現であれば、摘示した事実が真実であることを証明できなくても、それが真実であると信じたことに相当の理由があれば、名誉毀損は成立しないとされる。これは、真実であると法廷で証明できない限り名誉毀損が成立するとなると、人々は証明が成功しなかった場合のリスクをおそれて、許されるはずの真実の表現まで自制してしまうことに配慮したためであると考えられている。ここでは、萎縮効果の概念は、名誉毀損の成立範囲限定の根拠となっている。

もっとも、萎縮効果概念を発展させてきたアメリカ連邦最高裁は、この概念を上の2つの場面以外にも用いてきた。むしろこの概念は、20世紀中期アメリカにおける表現の自由の全般的発展の中で、鍵となる役割を果たしていたとみられる。以下では、アメリカ憲法判例における萎縮効果概念の展開を見ることにしよう[1)]。

1　萎縮効果論の起源

アメリカ連邦最高裁は1930年代末頃から、「明白かつ現在の危険」の法理等を援用しながら、表現の自由を積極的に保障するようになった（32「明白かつ現在の危険」参照)。しかし、冷戦が深刻化し、全米で極端な反共運動（マッカーシズム）が始まると、連邦最高裁はこれに対決せず、むしろ「明白かつ現在の危険」の法理を骨抜きにして、表現抑圧を容認する判決を多く下すようになった。

ただ、マッカーシズムの行き過ぎを前にして、いくつかの判決や個別意見は、法規制が市民の表現活動を萎縮させる危険性のあることを指摘するようになった。たとえば、1951年のデニス判決のフランクファーター結果同意意見は、政府の暴力的転覆の唱道を規制する連邦法を合憲とする側に回ったものの、「政府転覆の主張者を抑圧することは、政府転覆を主張してはいないが自己の批判がそのように解釈されるかもしれないことを恐れる批判者を、不可避的に沈黙させることになるであろう」(341 U.S. 494, at 549）と指摘した。また、翌年のウィーマン事件のフランクファーター同意意見は、州立大学の教員に対して共産主義団体等に所属していない旨の宣誓を求めることは、「すべての教員が特に涵養し実践すべき自由な精神活動を、間違いなく萎縮(chill）させる傾向を持つ。それは、教員になろうとする者の間に結社への警戒心と臆病さを生じさせる」(344 U.S. 183, at 195）と述べて、連邦最高裁判例の中で表現規制の効果をめぐって、初めて「萎縮」という言葉を用いた。このように、1950年代に入ると、連邦最高裁は冷戦の深刻化を反映して表現の自由の保障を全体的に後退させていったが、同時に、マッカーシズムの猛威を前にして、表現規制の持つ萎縮効果を意識するようになっていった。

2　萎縮効果論の形成

1950年代後半になると、判事の交代に伴い、行き過ぎた反共運動に歯止めをかけようとするリベラル派の判事が増えたが、「明白かつ現在の危険」の法理は既に骨抜きにされていたため、これを使うことは難しかった。そのような中、彼らが目を付けたのが萎縮効果概念である。たとえば、リベラル派のブレナン判事が執筆した1958年のスペイザー判決は、免税の申請者に政府の暴力的転覆を唱道していないことの証明責任を課すことに対して、萎縮

1）アメリカの萎縮効果論に関する詳細な分析としては、毛利透『表現の自由——その公共性ともろさについて』4章・5章（岩波書店、2008年）を参照。本項目の以下の説明にあたっては、同書および*Notes : The Chilling Effect in Constitutional Law,* 69 Colum. L. Rev. 808 (1969) ; Frederick Schauer, *Fear, Risk and the First Amendment : Unraveling the "Chilling Effect"*, 58 B. U. L. Rev. 685 (1978) ; Monica Youn, *The Chilling Effect and the Problem of Private Action*, 66 Van L. Rev. 1473 (2013) を主に参考にした。

効果概念を用いて違憲判断を下した（「自己の行動の合法性について証拠を提示し他者を説得しなければならないと知る者は、〔……〕必然的に違法な範囲よりもはるかに離れたところで行動せざるをえなくなってしまう」(357 U.S. 513, at 526)）。

また、この時期にはアメリカ南部において、公民権運動に対する州諸機関の妨害が相次いでいたが、連邦最高裁はこれに対しても萎縮効果概念を援用して違憲判決を下していった。たとえば、アラバマ州では州裁判所が黒人の権利擁護団体であるNAACPに対して構成員の氏名と住所の開示を命じたが、当時の同州の状況下では、NAACPの構成員は氏名と住所が明らかにされれば、白人から様々な迫害を受けるおそれがあった。1958年のアラバマ事件では、この開示強制の合憲性が争われたが、連邦最高裁は、本開示強制は構成員の結社の自由を実効的に抑制する機能を果たすこと、それゆえそれは厳格な審査に服すべきことを指摘して、違憲判断を下した。これらの判決では、いずれも「萎縮」という言葉自体は用いられていなかったが、萎縮効果概念が判決の要として機能していた。

3　萎縮効果論の展開

その後、連邦最高裁のリベラル派判事は、この萎縮効果概念を表現の自由をめぐる様々な文脈で使用するようになっていった。たとえば、1959年のスミス事件では、わいせつ書を置いていた書店を、その内容を知らなくても処罰する条例の合憲性が争われたが、連邦最高裁は、書店が処罰をおそれて本を自己検閲し、本来許されるはずの本まで売らなくなってしまうとして、違憲判決を下した。同様に、1960年のタリー事件では、匿名のビラ配布を禁止する条例の合憲性が争われたが、連邦最高裁は、顕名を義務付けられると、特定され報復されることへの不安から、重要な公的問題に関する表現が抑止されてしまうと述べて、これを違憲とした。

さらに、1964年のサリバン判決では、連邦最高裁は名誉毀損訴訟が公務員に対する批判的言論に萎縮効果をもたらすことを踏まえて、有名な「現実の悪意」の法理を形成した（36「現実の悪意」参照）。また、同年のバゲット事件では、反共立法の合憲性が争われたが、連邦最高裁は、当該法の漠然性や広範性が表現活動にもたらす萎縮効果を理由として、文面上違憲の判断を下した。

このように、連邦最高裁は1950年代末から60年代にかけて、表現の自由をめぐる様々な文脈で、萎縮効果概念に依拠しながら表現の自由を保障していった。それは、名誉毀損や法令の過度広範性・漠然性といった文脈のみならず、上記のように、証明責任の配分、氏名・住所の強制開示、書店に対する厳格責任の賦課、顕名の義務付けなどをはじめとする様々な問題に及んでいた。そして、こうした連邦最高裁の姿勢の基礎には、表現の自由は「われわれの社会においてこの上なく大切なものであり、また、こわれやすく傷つきやすい」(1963年のバトン事件判決）との認識があった。

4　萎縮効果論の現在

このようにして、連邦最高裁は1950年代末から60年代にかけて、萎縮効果概念を拠り所としながら表現の自由の保障を拡張していったが、70年代に入ると、こうした傾向に変化がみられるようになった。連邦最高裁は表現の自由をめぐる事件において、次第に萎縮効果概念に依拠して判断するのではなく、各種の違憲審査基準や法理を構築し、これに依拠して判断するようになっていったのである（たとえば、表現内容規制・表現内容中立規制の区分や、パブリック・フォーラムの理論等)。

このような変化の背景には、連邦最高裁において、現実に対する帰結・効果を重視するプラグマティックな判断を志向する判事よりも、理論や類型に基づく判断を志向する判事が増えたことがある。また、表現活動を取り巻くアメリカ社会の状況が変化したことも挙げられる。マッカーシズムの嵐が過ぎ去り、さらに、連邦最高裁が表現の自由の保障を飛躍的に強化してきたこともあって、この時期になると、自由な表現活動がはばかられるような抑圧的な社会の空気は克服されつつあった。それにより、萎縮効果の現実性や深刻性に対する受け止め方も、判事の間で多様になっていたのである。

こうして、連邦最高裁の表現の自由をめぐる判断手法は、萎縮効果を基軸としたものから、審査基準論へと移行していった。ただ、現在においても、萎縮効果概念は「過度広範ゆえに無効」および「漠然性ゆえに無効」の法理や名誉毀損法理の重要な根拠として機能している。また、この概念が、20世紀中期アメリカにおける表現の自由の保障の強化にあたり、広く鍵となる役割を果たしていたことは、この概念の権利保障上の意義を理解する上で見逃されるべきではないであろう。

5　表現の自由と萎縮効果論

さて、国家行為が人々に本来許されるはずの活動まで控えさせてしまうことは、表現活動の文脈に必ずしも限られない。それでは、なぜ表現活動に関して萎縮効果がことさらに問題とされるのであろうか。最後にこの点について、見ることにしよう。

これについては、一般に、次の2つの理由が挙げられている。1つは、表現の自由の価値である。表現の自由は、自己統治や自己実現にとって重要な「優越的地位」を占める権利であることから、表現活動における萎縮は特に防止しなければならないとされる。もう1つは、表現の自由のもろさである。個人の表現活動は一般に経済的な利得に結びつくことは少なく、ひとりひとりの表現が直ちに社会の変化につながるわけでもない。それゆえ、制裁や不利益のおそれを前にすると、人々は表現意欲を失いやすい。そして、その結果、公的討議空間は容易に空洞化されてしまう[2)]。このように表現活動には萎縮効果が働きやすいことから、その除去が重要になるとされる。

いずれの理由を見ても、萎縮効果論が表現の自由の性質に照らしたものであることが理解されるであろう。表現規制の許される範囲を考察する際には、それが有する萎縮効果にも目を向けることが求められるといえる。

◆コメント

萎縮効果の概念は、現在の日本の一般的な憲法学の教科書では、「漠然性ゆえに無効」および「過度広範ゆえに無効」の法理と名誉毀損という、限られた場面でのみ登場する。しかし、この概念は、20世紀中期のアメリカにおいて、表現の自由の保障を様々な文脈に及ぼしていく際の鍵概念として機能していたことからも示唆されるように、表現の自由の保障のあり方一般に関わる基礎的視点といえるであろう。

［見平典］

2）　毛利・前掲注1）225-226頁。

36 現実の悪意 〔英〕actual malice

現実の悪意とは、アメリカで採用されている名誉毀損の法理のことをいう。簡潔にいえば、名誉を毀損された側は、表現者が虚偽であることがわかっていてその情報を発信したかあるいはその情報の真偽を確かめもしないで発信したということを証明しなければ、名誉毀損に基づく損害賠償は認められないという法理のことである。そのため、表現の自由を厚く保障する法理といえる[1)]。

一方、日本の最高裁は現実の悪意とは異なる法理を採用している。最高裁は、刑法230条の2に基づき、問題となっている情報が公共の利害に関する事柄であるかどうか、公益目的で発信されたかどうか、真実であると信じるに足る相当の理由があったかどうかを基準としている[2)]。この判断基準は刑事事件の分野で発展したものであるが、民事事件でもほぼ同様の基準が用いられている[3)]。

アメリカと比べると表現の自由が十分保障されていないようにみえるので、日本でも現実の悪意を導入して表現の自由を厚く保障すべきであるとの主張もある[4)]。だが、現実の悪意の法理は公務員の名誉毀損の文脈で登場した法理であり、その導入を提唱するとしても、現実の悪意の法理がどのような形で登場し、その後いかなる展開を見せたのかを知っておく必要がある。以下では、現実の悪意の法理の展開を考察する。

1 サリバン判決の概要

アメリカでは、名誉毀損の問題は州レベルで対応されてきた。そして、伝統的なコモン・ローの法理によれば、評価を低下させたり、犯罪の嫌疑をかけたり、侮蔑の対象とさせたりした場合には名誉毀損が成立し、その表現が

1) なお、アメリカでは、表現の自由が重視されることから、名誉毀損が刑事事件となることはまれである。
2) 最大判昭和44年6月25日刑集23巻7号975頁。
3) 最一小判昭和41年6月23日民集20巻5号1118頁。
4) たとえば、松井茂記『日本国憲法〔第3版〕』462頁（有斐閣、2007年）。

すべて真実でなければ損害賠償責任が発生するとされてきた[5)]。そうした中、連邦最高裁が名誉毀損の免責法理を示したのが1964年のサリバン判決であり、そこで登場したのが現実の悪意の法理であった[6)]。この事件では表現の自由の問題がクローズアップされることで合衆国憲法が絡む問題となり、連邦最高裁が連邦の管轄事項として取り上げることになったのである。

サリバン判決は、ニューヨークタイムズ（1960年3月29日）が「高まる声に耳を傾けよ」(Heed Their Rising Voices) と題する意見広告を掲載したことが問題となった事件である。この意見広告は、キング牧師を援護し、黒人差別の解消を求める内容となっていた。具体的には、アラバマ州モンゴメリー市の警察が黒人たちを差別して、まるで弾圧しているかのような状況を記述するものであった。

問題となった内容は、市庁舎に向かって歌いながら行進していた学生運動のリーダーたちが退学させられ、カレッジのダイニングホールには南京錠が付けられて抵抗者が飢え死にさせられようとしており、大勢の武装した警察官がアラバマ州立カレッジのキャンパスを包囲しているとの記述や、キング牧師が7回も逮捕されて様々な嫌がらせや不当な暴力を受けていることなどの記述であった。

その記述には、原告らの名前はなかったものの、警察批判を行っていたことから、警察を監督する地位にある公安委員会の委員サリバンは名誉を毀損されたとして訴えを提起した。サリバンによれば、この意見広告は虚偽だらけであるという。実際には、退学させられたリーダーたちは別の理由で退学させられた、ダイニングホールには南京錠が付けられたことは一度もなかった、警察官が派遣されたことはあったがキャンパスを包囲したことはなかった、キング牧師は3回しか逮捕されておらず暴力も受けていなかった、というのである。

第一審（事実審）は、サリバンの主張を認容して、50万ドルの損害賠償を命じる判決を下し、州の上級審もそれを認容したので、最終的に連邦最高裁で判断することになった。

---

5) 紙谷雅子「パブリック・フィギュアと現実の悪意」法学教室236号15頁（2000年）。

6) なお、サリバン判決の示した法理と、コモン・ロー上の現実の悪意の法理とは別物であるという指摘がある。阪本昌成「『現実の悪意』(Actual Malice) ルールの背景にあるもの——民事名誉毀損と表現の自由との調和——」近大法学61巻2・3号301頁（2013年）。

2　現実の悪意の法理

連邦最高裁は、表現の自由の擁護者として名高いブレナン判事が法廷意見を書いた[7)]。法廷意見によれば、本件のような公務員の活動に関する表現は表現の自由として保障される公的議論に当たり、憲法上の保護を受けるとする。それにもかかわらず、アラバマ州の裁判所は憲法が保障する表現の自由の観点が抜けているため、それを考慮した判断基準が必要である。その基準こそが現実の悪意の法理である。すなわち、「憲法が保障する表現の自由は、名誉毀損の記述が“現実の悪意”――名誉毀損の記述が虚偽であることを知っていたか、それが虚偽であるかどうかについてまったく注意しなかったか――をもってなされたという証明がなければ、公務員が自らの行為について名誉毀損的な虚偽の情報を流されたことに対して損害を回復することを禁じていると考える」（376 U.S.at 279-280）としたのである。その結果、本件では原告（サリバン）が現実の悪意を証明できていないとして、名誉毀損の成立を認めた原審を破棄した。

この基準は、名誉毀損によって損害賠償責任を負う可能性が高いと、公的議論が萎縮してしまうおそれがあることから、そうした萎縮効果を避けるために構築されたものであるといえる[8)]。ブレナン判事は、萎縮効果を懸念して表現の自由の保障をはかるアプローチをとっており、本件もそうした判決の1つといえる。

3　その後の動向

サリバン判決が示した現実の悪意の法理は、その後、その射程をめぐって物議をかもすことになった[9)]。とくに、サリバン判決における名誉毀損の対象が公務員であったことから、公務員以外の場合にもこの法理が適用されるかという問題が残った。

サリバン判決後、連邦最高裁はいくつかの事案で名誉毀損について取り扱ったが、現実の悪意の対象をある程度明確化したのが、サリバン判決から10年後に下されたガーツ判決であった。ガーツ判決では、現実の悪意の法理は公務員やパブリック・フィギュア（公的関心事に影響を及ぼす人々）を対

---

7)　ブラック判事（ダグラス判事同調）の同意意見があるが、全員一致の意見であった。
8)　毛利透『表現の自由――その公共性ともろさについて』137-151頁（岩波書店、2008年）。
9)　Len Niehoff, *Three Puzzling Things About New York Times v. Sullivan : Beginning the Anniversary Convention*, 29 COMM. LAWYER 10 (2013).

象とすることが示された。

そのため、名誉毀損の問題は、パブリック・フィギュアに該当するかどうかが大きな争点となった。パブリック・フィギュアに該当しないとされた場合、原告側は現実の悪意を証明する必要がなくなるため、裁判の行方に大きな影響をもたらすからである。ただし、私人に対する名誉毀損については、各州の法律で対応することができる[10)]。

このように、パブリック・フィギュア該当性が重要な要素になっているにもかかわらず、連邦最高裁は明確な判断基準を提示しておらず、ケースバイケースの対応を行っている。ファイアストーン判決では私的事項であることに着目してパブリック・フィギュア該当性を否定し、ハッチンソン判決では名誉毀損的表現のせいで世に知られることになってしまったが自発的に公的議論の対象になったわけではないことからパブリック・フィギュア該当性を否定した。また、ウォルストン判決では刑事事件で訴追されたことでパブリック・フィギュアにはならないとしている。

なお、下級審では、公的関心事項かどうかを判断したり、その議論における原告の役割を考慮したり、名誉毀損的表現がその議論における原告の役割に関連しているかどうかをみたり、原告がメディアにアクセスできる程度を考えたりする傾向にある[11)]。

4　日本での反応

日本の判例法理はアメリカの現実の悪意の法理を採用していないが、最高裁の補足意見や意見では現実の悪意に言及した判例がある。北方ジャーナル事件判決における谷口正孝判事の意見や伊藤正己判事の補足意見である。北方ジャーナル事件判決は公職立候補者の名誉を毀損する記事の事前差止が問題となった事案であり、表現の自由を侵害する度合いが強いケースである。谷口意見は、表現の事前規制は事後規制の場合に比して格段の慎重さが求められ、その表現内容が公的問題に関する場合には、表現にかかる事実が真実に反していてもたやすく規制の対象とすべきではないとした上で、「その表現行為がいわゆる現実の悪意をもってされた場合、換言すれば、表現にかか

10）Kimberly Chow, *Handle with Care: The Evolving Actual Malice Standard and Why Journalist Should Think Twice Before Relying on Internet Sources*, 3 N.Y.U. J. of Intell. Prop. & Ent. L. 53, 56 (2013).

11）Erik Walker, *Defamation Law : Public Figures-Who Are They?*, 45 Baylor L. Rev. 955, 968-969 (1993).

る事実が真実に反し虚偽であることを知りながらその行為に及んだとき又は虚偽であるか否かを無謀にも無視して表現行為に踏み切った場合には、表現の自由の優越的保障は後退」すると述べた。この意見に対し、伊藤補足意見は、現実の悪意の有無が表現行為者の主観に立ち入るものであるだけに、仮処分のような迅速な処理を要する手続において用いる基準として適当でないことも少なくなく、この基準は公的な人物に対する名誉毀損に関する事後の制裁を考える場合の判断の指標として保留したいとしている。その後、最高裁レベルでは現実の悪意に関する言及が見られなくなったが、下級審ではインターネット上の名誉毀損の問題につき、対抗言論[12)]を持ち出しながら、現実の悪意の法理に近い基準を提示するものがある[13)]。

◆コメント

日本の学説では現実の悪意の法理を採用すべきという議論もあるが、最高裁判事の一部の意見や下級審を除き、裁判所は現実の悪意の法理の採用に消極的である。日本の裁判所は人格権の保護を重視する傾向にあり、名誉毀損に対してもそうした姿勢が表れているといえる。現実の悪意の法理を確立したアメリカでは、現実の悪意の法理を適用すべき事案かどうかが主な争点になっており、パブリック・フィギュアに当たるかどうかが重要になっている。

［大林啓吾］

12）言論には言論（反論）で対抗すべきということを意味し、公権力が規制すべきではないという趣旨が含まれる。
13）ラーメン花月事件（東京地判平成20年2月29日判例タイムズ1277号46頁）。

37 象徴的表現 〔英〕symbolic expression

人は自己の思想等を、言葉によらずに、当該思想を象徴する行為によって伝達することがある。公衆の面前で国旗を焼却することによって政府の政策や国旗が象徴するものに対する反対を伝達することや、公衆の面前で徴兵カードを焼却することによって反戦思想を伝達することなどはその例であるが、このような「言葉によらないコミュニケーション行為」のことを「象徴的表現」(symbolic expression) あるいは「象徴的言論」(symbolic speech) という[1]。日本の一般的な学説においては、この象徴的表現も表現の自由の射程内にあるとされるが、現在のところこの概念が取り上げられた判例は乏しい[2] (稀少な例として、1995年の沖縄国体日の丸焼却事件控訴審判決を参照)。ただ、この概念の母国アメリカにおいては、星条旗焼却をはじめとする象徴的表現に関する判例は数多く存在しており、日本の前記判決も学説も、それらアメリカの判例理論を参照してきた[3]。(たとえば、前記日の丸焼却事件判決は、象徴的表現の法理がアメリカの判例の中で形成されたものであることを指摘したうえで、同法理が日本国憲法の下で認められるか否かについて判断を留保しつつ、仮にその法理に従ったとしても本件は可罰的であるとした。)

以下では、母国アメリカにおける象徴的表現論の歴史的な展開をみることにしよう。アメリカの象徴的表現論では主に、①いかなる行為が表現の一形

1) 芦部信喜『憲法学Ⅲ 人権各論(1)増補版』432頁 (有斐閣、2000年)。
2) もっとも、このことは日本において象徴的表現が問題になりうる事件が存在しないことを意味しているわけではない。たとえば、公立学校の入学式・卒業式等における、教員による日の丸への不起立行為については、これまで思想・良心の自由の問題として論じられてきたが、象徴的表現の問題としても構成しうることが指摘されている。森脇敦史「象徴的言論——象徴への態度が示すもの」駒村圭吾＝鈴木秀美編『表現の自由Ⅰ——状況へ』(尚学社、2011年)。
3) アメリカの象徴的表現の法理に関する詳細な邦語文献として、榎原猛『表現権理論の新展開』(法律文化社、1982年)、紙谷雅子「象徴的表現(1)－(4・完)——合衆国憲法第1修正と言葉によらないコミュニケーションについての一考」北大法学論集40巻5・6号730頁 (1990年)、同41巻2号464頁 (1990年)、同41巻3号232頁 (1991年)、同41巻4号582頁 (1991年)、長峯信彦「象徴的表現(1)－(4・完)」早稲田大学大学院法研論集67号167頁 (1993年)、同69号197頁 (1994年)、同70号321頁 (1994年)、早稲田法学70巻4号161頁 (1995年) 参照。

態として、合衆国憲法修正1条（表現の自由規定）の射程に入るのか、②ある行為が修正1条の射程内と認められた場合、いかなる基準に基づいて、それに対する規制の合憲性を審査すべきかが問題とされてきた[4)]。このため、以下の説明においても、これらの点を中心にみることにする。

1　象徴的表現論の起源

アメリカにおいて、象徴的表現を保護する判例の嚆矢とみられているのが、1931年のストロムバーグ判決である。連邦最高裁はこの事件において、「組織された政府への反対」のシンボルとして赤旗を掲げることを禁止した州法に対して、漠然として不明確であり、「自由な政治討論のための機会」を制限しているとして違憲判断を下した。この判決は、1910年代末から20年代にかけて、反戦思想や共産主義思想の表明に対する抑圧を合憲とする連邦最高裁の多数派に抗して、ホームズ判事やブランダイス判事が強力な反対意見・個別意見を執筆し続けた努力が結実したものであり、連邦最高裁が表現の自由の保障に動き出した画期とみられている[5)]。それは同時に、赤旗の掲揚のような非言語的行為であっても、思想の表明として修正1条によって保護される場合があることを示している点で、象徴的表現に対する憲法的保護の先例としての意義も有していた。もっとも、この判決においては、上記①②について立ち入った議論がなされたわけではなく、象徴的表現に関する法理が姿を現すまでには至らなかった。

2　象徴的表現の法理の形成

象徴的表現の法理が明確な姿を現すようになったのは、ベトナム反戦を訴える象徴的表現が相次いで取り締まりを受けた、1960年代から70年代にかけてのことである。とりわけ上記②に関する法理形成の上で重要な役割を果たしたのが、1968年のオブライエン判決であった。この事件では、ベトナム反戦思想の表明として公衆の面前で徴兵カードを焼却する行為を、徴兵カードの故意の損壊を禁止した選抜徴兵法に違反するとして処罰することの合憲性が争われた。

法廷意見は、象徴的表現行為に対する規制には、その言論的要素（表現内

---

4)　Erwin Chemerinsky, Constitutional Law : Principles and Policies 1097 (4th ed., 2011).

5)　アンソニー・ルイス〔池田年穂＝籾岡宏成訳〕『敵対する思想の自由』57頁（慶応義塾大学出版会、2012年）。

容）に向けられた規制と非言論的要素（行動的側面）に向けられた規制があるとの理解に立った上で、後者については、重要な政府利益を実現するためであれば、表現の自由を付随的に制約しても正当化されうるとの基本的立場を示した。そして、このような立場から、次の要件を満たしている場合には、象徴的表現行為に対する規制は正当化される旨を判示した（オブライエン・テスト）：ⓐ規制が政府の憲法上の権限内のものであること、ⓑ規制が重要ないし実質的な政府利益を促進するものであること、ⓒその政府利益が表現の自由の抑圧に関係していないこと、ⓓ表現の自由に対する付随的制約が、政府利益の促進にとって必要な程度を超えていないこと。その上で、徴兵制の効率的で円滑な運用を目的とした本件規制は、いずれの要件も充足しているとして、被告人オブライエンに対する処罰を合憲とした。

本判決は、上記①については曖昧なまま残しているが、②については重要な点を明らかにしたといえよう。それによると、象徴的表現行為の中の非言論的要素に向けられた規制、すなわち、政府の規制利益が表現抑圧（表現内容）に関係していない規制に関しては、オブライエン・テストが用いられる。このテストは文言のみみれば必ずしも緩やかなものではないが、本件における適用のあり方をみると、緩やかなテストとみることもできるであろう。

他方、象徴的表現行為の中の言論的要素に向けられた規制、すなわち、政府の規制利益が表現抑圧（表現内容）に関係している規制については、1969年のティンカー判決により、一般的な表現内容規制と同じく、厳格な審査に服することが示された。本件では、ベトナム反戦思想を伝達するために黒の腕章を装着して登校した生徒に対して、出席停止処分を科すことの合憲性が争われたが、連邦最高裁は、本件の腕章着用はかく乱的でもなく「純粋な言論」に限りなく近いとして、修正1条の射程内であるとした。その上で、本件規制の経緯や、規制対象が標章一般ではなく黒の腕章のみに限られていることに照らし、本件規制が表現内容に向けられた規制であるとして厳格な審査を行い、違憲判断を下した。

このように、オブライエン判決およびティンカー判決により、規制が象徴的表現行為の中の言論的要素・非言論的要素のいずれに向けられているか、すなわち、政府の規制利益が表現抑圧（表現内容）に関わっているかどうかによって、審査のあり方が変わりうることが示された。

3　象徴的表現の法理の成立

連邦最高裁はオブライエン判決において、上記①に関して、行為者が思想の表明を意図しているからといって、直ちに行為が「表現」として認められるわけではないことを指摘していた。これは、それを認めれば、違法行為を働いた者が皆、自己の行為を思想の表明として正当化しかねないことを懸念したものと考えられる。ただ、前記のように、連邦最高裁はオブライエン判決では、それ以上①に立ち入ることをしなかった。

そのような中、①に関する連邦最高裁の考え方が示されたのが、1974年のスペンス判決である。本件では、アメリカによるカンボジア侵攻とケント州立大学における殺人事件に抗議するため、平和のマークを張り付けた星条旗を自宅に逆さに吊るした行為に対して、国旗への書き込みを禁止する州法に違反したかどで処罰することの合憲性が争われた。法廷意見は、ⓐ本件行為には特定のメッセージを伝達しようとする意図が存在していること、ⓑ周囲の状況を踏まえれば、それを見た者が当該メッセージを理解する蓋然性が高いことを指摘して、本件行為が修正1条の射程内の表現であることを認定した。そのうえで、本件表現行為は穏当で節度あるものであり、それを規制することによって促進される政府利益はそもそも見出されないとして、適用違憲の判断を下した。

このスペンス判決により、象徴的表現行為規制をめぐる審査の基本的な枠組みが整うことになった。すなわち、まず問題となっている行為が修正1条の射程に入るか否かを行為者の主観（ⓐ）と行為の客観（ⓑ）に照らして判断する（一般にスペンス・テストと呼ばれる。ただし、射程に入ることを仮定して次の判断に入ることもありうる）。そして、射程に入ることが肯定されれば、次に当該規制の政府利益が表現抑圧（表現内容）に関わっているかどうかによって、厳格審査もしくはオブライエン・テストに基づく審査が行われることになる（なお、スペンス判決では、そもそも本件事実関係の下では政府利益が見出されないとされた）。

4　象徴的表現論の現在

現在のアメリカの象徴的表現論において、もっとも論争の対象になっているのが、政府の政策等に抗議するために、公衆の面前で星条旗を焼却する行為である。その背景には、国旗の焼却は、国家の象徴としての国旗に対する冒瀆であり、スペンス判決のような「穏当」な国旗の使用とは異なるとの見方が社会に存在していることにある。1989年のジョンソン事件では、共和党政権の政策に抗議するために行われた国旗焼却に対して、国旗の冒瀆を禁止する州法に基づき処罰することの合憲性が争われたが、連邦最高裁はまずスペンス・テストにしたがって、本件焼却が修正1条の射程内の表現行為であることを認めた。そのうえで、国旗が持つ国家統合の象徴としての価値を保全するという規制利益は、国旗を用いた象徴的表現行為が特定のメッセージを伝達する場合にはじめて意味を持ってくることから、本件規制は表現の抑圧に関係しており、オブライエン・テストの範囲外であることを指摘した。そして、本件規制は行為のコミュニケーション効果に向けられた表現内容規制であるとして、厳格審査を実施し、適用違憲の判断を下した。

その後、連邦議会はこの判決を受けて、「国旗保護」のための新たな法律（1989年国旗保護法）を制定したが、連邦最高裁は当該法が国旗の象徴的価値を損なう可能性のある行為のみを規制している点で、やはり表現内容に関する規制であるとして厳格審査を実施し、処罰を違憲としている（アイクマン事件）。そこでは、表面的には言論的な要素と無関係な形をとっている規制が、実は行為のコミュニケーション効果に向けられているのではないか、慎重に見定めようとする姿勢がみられる。象徴的表現が、表現活動にとって有する意義――非日常性ゆえに社会の注目を集めやすく、メディアへのアクセスが限られた市民にとって有効であること――に照らせば、こうした姿勢は重要であるといえよう。

◆コメント

日本では、象徴的表現に関する判例が乏しく、象徴的表現行為に対する規制の審査手法については確立していない。これに対し、アメリカでは、まず問題となっている行為が合衆国憲法修正1条の射程に入るか否かを、行為者の主観と行為の客観に照らして判断する（スペンス・テスト）。そして、射程に入ることが肯定されれば、次に当該規制の政府利益が表現抑圧（表現内容）に関係しているかどうかによって、厳格審査もしくはオブライエン・テストに基づく審査を行っている。

［見平典］

38 パブリック・フォーラム

〔英〕public forum

パブリック・フォーラム論とは、市民の表現の場を確保するために、アメリカにおいて形成された判例法理である。それによると、道路や公園等の一定の公有地・公共施設は、市民が集い表現をする場（パブリック・フォーラム）としての性格を有しており、市民が表現活動のためにそうした場を利用することは憲法上保障される。したがって、政府はパブリック・フォーラムにおける表現活動に安易な規制を行うことは許されず、そうした場における表現活動規制には、高められた基準に基づく司法審査が行われるべきであるとされる。

日本の最高裁は長年、アメリカにおいてパブリック・フォーラムの典型と目される道路や公園における表現活動規制についても、公共の福祉などを理由に簡単に肯定する傾向にあり、パブリック・フォーラム論を採用してこなかった。ただ、伊藤正己・元最高裁判事はかつて補足意見の中で、この法理を独自に再構成した上で援用しており（駅構内ビラ配り事件、大分県屋外広告物条例事件）、また、近年にはこの法理の影響を受けたとみられる判例も現れてきている（泉佐野市民会館事件）。また、学界はかねてより、アメリカ連邦最高裁によるパブリック・フォーラム論の展開の仕方にはいくつかの問題があるとしつつも、この法理の基本的発想については、市民の表現の場を確保するという観点から肯定的な評価を下してきた。

表現の自由保障にとってのパブリック・フォーラム論の可能性と問題を理解するためにも、以下では、アメリカにおけるこの理論の起源と展開をみていくことにしよう[1)]。

1）なお、アメリカのパブリック・フォーラム論の展開に関する詳細な邦語文献としては、長岡徹「アメリカ合衆国におけるパブリック・フォーラム論の展開」香川大学教育学部研究報告第1部64号53頁（1985年）、紙谷雅子「表現の自由（三・完）——合衆国最高裁判所にみる表現の時間、場所、方法および態様に対する規制と、表現の方法と場所の類型」国家学会雑誌102巻5・6号243頁（1989年）、市川正人『表現の自由の法理』（日本評論社、2003年）、城諒一「合衆国最高裁判所におけるパブリック・フォーラム法理——その問題点と最近の動向」比較法雑誌45巻4号179頁（2012年）。

1 公共の場所における表現活動に関する旧来の立場

かつてのアメリカ連邦最高裁は、公有地・公共施設の財産権・管理権は政府が有していることから、政府はそこにおける表現活動を全面的に禁止することも可能であるとの立場をとっていた。こうした見解を示すのが、1897年のデービス判決である。この事件では、公園で演説した被告人が、市長による許可なしに公有地において演説することを禁止した条例に違反したかどで訴追されていたが、連邦最高裁は本件前審（マサチューセッツ州最高裁）の判決に沿って、被告人の有罪を肯定した。州最高裁の判決は、次のように述べていた。

「議会が道路や公園における演説を絶対的ないし条件付きで禁止しても、それが市民の諸権利を侵害したことにならないのは、私邸の所有者が邸内における演説を禁止しても、市民の諸権利を侵害したことにならないのと同様である。」(162 Mass. 510, 39 N.E. 113, at 511(1895).)

道路や公園は一般市民にとって表現活動のための重要な場所といえるが、連邦最高裁は上記前審の判決論理を肯定し、それらの所有権が政府にあることを理由として、表現活動のために道路や公園にアクセスする権利というものを認めなかった。

2 パブリック・フォーラム論の起源

1937年の「ニュー・ディール憲法革命」以降、連邦最高裁は「二重の基準」の原型となる考え方を提示し、自己の役割を経済的自由の擁護から精神的自由の擁護へと再規定するようになったが（47「二重の基準」論参照）、それに伴って、公共の場所における表現活動についても、上記のような旧来の立場を変更するようになった。その流れの中で特に重要であるのが、1939年のヘーグ事件とシュナイダー事件である。ヘーグ事件では、市の許可なく公道や公園で集会を開くことを禁止する条例の合憲性が争われたが、ロバーツ判事は相対多数意見の中で次のように述べて、パブリック・フォーラム概念の原型となる考え方を示した。

「道路や公園は、その権原がどこに存するのであれ、遠い昔から市民の利用のために信託されてきたし、はるか昔から集会や市民間の思想の伝達、公的問題の討議のために利用されてきた。道路や公共の場所をそのように利用することは、太古より、市民の特権、免除、権利、自由の一部であった」。(307 U.S. 496, at 515.)

ここでは、道路や公園を表現のために利用することは、市民の伝統的な特権・権利の一部であるとの認識が示されている。さらに、続くシュナイダー事件では、道路や公園におけるビラ配りを禁止する条例の合憲性が争われたが、ロバーツ判事執筆の法廷意見は、表現の自由の重要性を強調した上で、ゴミの散乱防止や美観の維持という立法目的は、ビラを捨てた者を処罰することなどにより達成可能であり、ビラ配りの全面禁止を正当化するには十分ではないこと、「道路は情報や思想を人々に伝達するための自然で適切な場所」であり、他の場所での表現活動が可能であるとの理由によって、そうした「適切な場所」において表現する自由を制限してはならないことを指摘して、条例を違憲とした。ここには、表現の自由の価値を重視する姿勢にくわえ、表現活動の場としての道路や公園の意義を重視する姿勢がみられる。

こうして連邦最高裁は、政府は自己の所有する道路や公園における表現活動を任意に規制できるとの立場を退け、表現活動のために道路や公園を利用することに憲法上の保護を与えるようになった。これらの判決では「パブリック・フォーラム」という言葉は用いられていなかったが、パブリック・フォーラム論の原型が形作られることになった。

3　パブリック・フォーラム論の定式化

1960年代に入ると、公民権運動の高まりに伴って、道路や公園のみならず、様々な公共の場所において集団的な表現活動が行われるようになり、これに対する規制が相次いで法廷で争われるようになった。そうした中、シカゴ大学ロー・スクールのカルヴェン教授は、「道路、公園、その他の公共の場所は公的討議や政治過程にとって重要な施設」であり、市民が利用できる「パブリック・フォーラム」であると位置づけた上で、この観点から前記ロバーツ判事の意見等を分析して、パブリック・フォーラム論の端緒を開いた[2)]。そして、1970年代に入ると、連邦最高裁も「パブリック・フォーラム」という言葉を用いるようになり、1983年のペリー判決において、それまでの判例の蓄積を踏まえながら、公共の場所における表現活動規制に対する違憲審査のあり方を定式化するに至った。

それによると、公共の場所はその性質に照らして次の3つに分類することが可能である。第1は、「伝統的パブリック・フォーラム」（traditional public

---

2)　Harry Kalven, Jr., *The Concept of the Public Forum : Cox v. Louisiana*, 1965 THE SUPREME COURT REVIEW 1, 11-12.

forum）である。これは、「長い伝統や政府の認可によって、集会や討議に供されてきた場所」であり、道路や公園がその典型である。この伝統的パブリック・フォーラムにおいては、表現活動を規制する政府の権限は厳しく制限される。具体的には、①表現活動の全面禁止は許されない。②表現の内容に対する規制は、それが、やむにやまれぬ政府利益を実現するために限定的に作られたものでない限り許されない。さらに、③表現の時・場所・方法に対する規制は、それが、重要な政府利益を実現するために限定的に作られており、かつ、表現のための代替手段を十分に残していない限り許されない。

第2は、「（政府によって）指定されたパブリック・フォーラム」（designated public forum）である[3)]。これは、政府が「表現活動の場として、市民の利用のために開放している公有財産」である（特定グループの利用や特定主題の討議という限定された目的で設置されている公有財産（「限定的パブリック・フォーラム」（limited public forum））も含む）。ペリー判決では、その具体的な例として、公営劇場、登録学生団体による利用が認められた公立大学の会合施設、教育委員会の公聴会が挙げられている。政府はこれらの場を設置することやその開放性を維持することまでは求められないが、開放している限りは、表現の内容や時・場所・方法に関する規制に関して、第1類型と同様の拘束を受ける。

第3は、「非パブリック・フォーラム」（nonpublic forum）である。これは、「伝統や政府の指定によって市民のコミュニケーションのためのフォーラムとされてきたもの以外の公有財産」である。市民はこのような公有財産にアクセスする権利は有しておらず、政府は、単に話者の見解に反対であるとの理由によって表現活動を抑圧しようとするのでない限り、表現活動に対して合理的な規制を行うことが認められる。本件ペリー事件は、排他的代表組合にのみアクセスが認められている学校間郵便システムに、他の教員組合がアクセスを求めた事例であるが、判決は学校間郵便システムを非パブリック・フォーラムであるとして合理性審査を行い、請求を退けた。他に判例上、非パブリック・フォーラムとされたものには、軍事基地や刑務所などがある。

このように、連邦最高裁はペリー事件において、公共の場を伝統的パブリック・フォーラム、指定されたパブリック・フォーラム、非パブリック・フォーラムの3つに分類して、パブリック・フォーラムにおける表現規制に

3）なお、本判決ではこの表現（designated public forum）は直接には用いられていないが、現在では一般に、この類型はこのように称されている。

は高められた審査を、非パブリック・フォーラムについては合理性審査を実施するという枠組みを完成させた。

4 パブリック・フォーラム論の評価

パブリック・フォーラム論は、もともと市民の表現の場を確保するために生成した理論である。ペリー判決の枠組みも、伝統的パブリック・フォーラムとされる場所における表現活動の全面禁止を許さず、表現活動のためにそこに市民がアクセスする権利を保障している。その意味で、パブリック・フォーラム論自体は、表現の自由の保障を高める上で重要な意義を有すると考えられている。

ただ、連邦最高裁がペリー判決において構築した枠組みとその後の運用に対しては、批判も根強い。その理由は多岐にわたるが、1つには、道路や公園といった伝統的パブリック・フォーラム以外の公有地・公共施設については、政府が表現活動のために開放する意図があったかどうかが、パブリック・フォーラムかどうかの判断の決め手とされていることにある。これでは、政府の意図次第で、表現活動の場の広さが大きく左右されることになる。さらに、非パブリック・フォーラムであるとされると、その場所の設置目的と当該表現活動との両立可能性や、当該表現活動にとっての当該場所の重要性、政府による規制の必要性などが十分に問われることなく、合理性審査により簡単に規制は肯定されてしまう[4)]。つまり、具体的な状況を十分にみることなく、形式主義的に結論を導くことになってしまう。

このように、現在の連邦最高裁の判断枠組みは、パブリック・フォーラム論の本来の趣旨とは反対に、伝統的パブリック・フォーラム以外の表現活動の場をかえって狭める機能を果たしかねないことが指摘されている。パブリック・フォーラム論それ自体の意義と、現在の連邦最高裁の判断枠組の意義については、分けて考える必要があるであろう。ただし、ペリー判決の枠組みが、伝統的パブリック・フォーラムにアクセスする権利を憲法上明確に保障したことの意義は見逃されるべきではないように思われる。

---

4) たとえば、ブラックマン連邦最高裁判事は1985年のコーネリウス事件において、場所の設置目的と表現活動との両立性を検討する必要性等を説いて、そうした衡量を行おうとしない多数意見を批判する。473 U.S. 788, 819-822 (Blackmun, J., dissenting).

◆コメント

本文冒頭で述べたように、日本の最高裁は従来、法廷意見レベルではパブリック・フォーラム論を採用してこなかったが、伊藤正己・元最高裁判事はかつて駅構内ビラ配り事件の補足意見の中で、この概念を援用していた。ただ、伊藤判事は、当該場所がパブリック・フォーラムか否かということを利益衡量時の1つの判断要素として用いていたのに対し、現在のアメリカ連邦最高裁は、当該場所がパブリック・フォーラムか否かということを違憲審査基準の選択のために用いている点で、両者は異なる。また、伊藤判事は、私的な所有権・管理権下の場所（たとえば、私鉄が所有・管理する駅前広場）にもパブリック・フォーラム性を見出していたが、現在のアメリカ連邦最高裁のパブリック・フォーラム論は、政府が所有・管理する財産にのみ関わっている。

［見平典］

39 知る権利 〔英〕right to know

知る権利は、日本の憲法学では表現の自由から派生した権利として論じられる。マス・コミュニケーションの発達した今日において、国民の多くは大量の情報の受け手であり、十分な情報を得ることができなければ、十分な表現をすることができない。知る権利は、表現の自由をそうした受け手の立場から再構成したものとされる。その内容も、コミュニケーションの多様化が進む中で、読む自由や視る自由といった自由権の側面、公権力に対し情報等の公開を請求する権利といった社会権としての側面など、多様な内容を包含するとされる。

この知る権利は、1950年代にアメリカで主張されるようになったものであるが、今日アメリカの憲法学や憲法判例で詳細に検討されているわけではない。ロースクールで使われる一般的な憲法ケースブックでも、right to know を索引でみつけることはできない。ブラック法律辞典でも、環境法分野の right-to-know act という法律が出てくるが、表現の自由に準ずる知る権利の見出しはみあたらない。では、知る権利はアメリカにおいてどのように存在しているのだろうか。

1 「知る権利」の登場

アメリカにおいて「知る権利」が唱えられる素地は、ニュー・ディール期以降に肥大化した行政国家と、第二次世界大戦中の厳格な言論統制にあった。大戦終結後も言論統制が維持されるのに批判的なジャーナリストらが、政府に対し情報開示を求める旗印として、知る権利を主張したのである。こうしたジャーナリストを中心とした知る権利の主張が、1966年情報公開法の成立へとつながっていった。

アメリカの動向は、日本の学界や判例にも影響を与えた。「知る権利」という用語は、既に1950年代にジャーナリストを中心に用いられるようになった。日本の最高裁も、1969年博多駅テレビフィルム事件において、「報道機関の報道は、民主主義社会において、国民が国政に関与するにつき、重要な判断の資料を提供し、国民の『知る権利』に奉仕するもの」だとして、報道の自由を、憲法21条の規定する表現の自由の保障のもとにあることを明らかにした。これを契機に「知る権利」は日本の憲法学界にも受容され、概念的精緻化が図られていった。情報公開法の成立は、国レベルでは1999年まで待たなければならなかったが、各地の地方自治体では1980年代以降、情報公開条例の制定が進められた。

日本と比べると、アメリカでは、知る権利を憲法上の概念として精緻化する議論はあまりない。報道の自由が憲法に明文で規定されない日本と異なり、アメリカでは合衆国憲法修正1条において表現の自由と並び報道の自由が保護されているため、知る権利を憲法学上の媒介項として用いる必要性も低かったかもしれない。むしろアメリカにおける知る権利は、一般市民が情報の開示請求する権利として、端的に立法上設定される権利として扱われている。例えば、「知る権利」という用語は、環境分野での連邦法「緊急計画及び地域の知る権利に関する法律」で用いられている。これは、有害物質を出す施設について、連邦や州の政府や地方自治体に緊急事態対応計画を策定させるとともに、有害物質の使用や排出についての情報へのアクセスを促進する立法である。ここでの知る権利は、私企業の有する情報に対する地域住民のアクセスを問題にしており、必ずしも憲法上の権利として議論されたわけではない。近年も、消費者が遺伝子組み換え食品や電力に関する企業の情報にアクセスできる立法を求めるような文脈で、知る権利が主張されている。

2　知る権利とメディア

「知る権利」が憲法上の概念として精緻化されなかったアメリカでも、1960年代・70年代のメディアは、肥大化した行政国家の秘密を暴き、一般市民の間で言論を喚起する役割を果たした。アメリカは、公民権運動からベトナム戦争、さらにウォーターゲート事件へと激動期にあった。アメリカの表現の自由に関する判例法理は、そうした時代を背景に、政府と対決するメディアを連邦最高裁が擁護する形で展開していった。

例えば、「現実の悪意」の法理を生んだサリバン判決は、深南部モンゴメリーの人種差別政治を批判したニューヨーク・タイムズ紙の広告記事に端を発した事件である。怒ったモンゴメリーの政治有力者がアラバマ州裁判所で名誉毀損の民事訴訟を提起し、ニューヨーク・タイムズ紙は陪審審理で敗訴した。この50万ドル（1億8000万円）の評決を覆し、北部の新聞社を救ったのが、表現の自由を保障する修正1条を私人間適用した連邦最高裁だった。

また、事前抑制の禁止を明らかにしたペンタゴン・ペーパー事件は、ベトナム戦争に関する国防総省の秘密文書をニューヨーク・タイムズ紙が入手し、これに基づく記事を連載しようとした事件である。連邦政府は国家秘密文書の公表の差止を求める訴訟を提起したが、連邦最高裁は、事前抑制を正当化する証明責任は果たされていないとして政府の主張を退けた。ベトナム戦争は、国内外で湧きあがった批判に促され、2年後に終結した。

連邦最高裁のリベラル派の判事が、表現の自由と並んで修正1条の出版の自由を明記する文言に照らし、メディアを第四の権力として憲法上積極的に位置づけようとしたのもこの時期だった[1)]。しかし、メディアを一般市民と比べて優遇することについて、幅広い合意が成立したわけではなかった。例えば連邦最高裁は、ブランズバーグ事件において、新聞記者らに修正1条に基づく証言拒絶権を認めることはできないと判示した。憲法に定められた大陪審の地位、刑事事件の重要性に照らすと、証言強制による報道への負担は、やむにやまれぬ政府利益として正当化されるとされたのである。そこでは、大陪審に対する証言拒絶はあくまで例外だとして、市民はあらゆる人から証拠を得る権利を有することが強調された。市民による情報の取得、すなわち知る権利との関係において、大陪審という一般市民からなる機関は、メディアと並び立つ役割を期待されているのである。

3　メディアを取り巻く環境の変化と政府の機密へのアクセス

1960年、70年代を過ぎ、英雄的なメディアの記憶が薄れてゆく中、アメリカのメディアを取り巻く環境も変化していった。1980年代から90年代、メディアの寡占が進み、政府と対決的な姿勢も緩んでゆく中、市民のメディアへの信頼度も徐々に低下していった。21世紀に入るとインターネットが普及し、誰もが容易に情報を受信しまた発信もできるようになった。購読料の課金の困難や広告媒体の多様化から、経営に困難をきたす大手メディアも出た。さらに9.11のテロをきっかけに、アメリカは2003年にイラク戦争に突入し、政府によるテロ対策・戦争遂行とメディアの関係が問われるようになる。

象徴的なのがミラー事件である。ブッシュ（子）政権下でCIAスパイの身元が暴露され、情報漏洩罪で大陪審の捜査が開始された。イラク戦争開始へ

1）　Saxbe v. Washington Post Co., 417 U.S. 843, 863-64 (1974) (Powell, J., dissenting) ; Potter Stewart, *"Or of the Press"*, 26 HASTINGS L.J. 631, 633-34 (1975).

の政権内の批判に対する報復が噂される中で、ニューヨーク・タイムズのジュディス・ミラー記者が大陪審に召喚され、関係記事の取材源を明らかにするように求められた。ミラー記者は表現の自由を根拠に証言を拒絶したが、裁判所には受け入れられず、裁判所侮辱罪で連邦刑務所に収監された。自らの身柄の自由をかけて争ったミラー記者だったが、彼女の戦いは、必ずしもメディアの英雄的活動とは受け止められなかった。ミラー記者は、大陪審による起訴の対象となる犯罪行為に加担した当事者となってしまった。証言拒絶に対しても、政府の内部通報者を護るのではなく、政府が反対派を貶める企てを庇い立てするものだとの非難が寄せられたのである。

2010年には、ウィキリークスのホームページ上で、アメリカのアフガニスタン戦争に関する諜報活動や報告書などの秘密文書が大量に公開された。ニューヨーク・タイムズやガーディアンなど主だった新聞社も協力し、秘匿されてきたアメリカ政府の戦争追行上の問題も明らかにされた。他方で、軍事情報を詳細に公表することが、兵士の生命を危険にさらし、作戦行動を困難にするとの批判もなされた。

これらの事件は、政府の機密へのアクセス、情報の公表・報道のありかた、刑罰法規を含む規制の是非について、新たな問題を提起している。知る権利に関わるこれらの問題は、インターネット時代、さらにグローバル化の中で広い視野からの検討を必要としている。

◆コメント

日本でも、近年は政府によるテロ対策を含めた安全保障が強調され、国民の政府秘密情報へのアクセスと報道機関の役割が問題となっている。

2013年に成立したいわゆる特定秘密保護法（特定秘密の保護に関する法律）は、防衛、外交、特定有害活動、テロリズムに関する分野の情報を特定秘密と指定し、その漏洩と不正取得に対する罰則を強化するとともに、それを共謀、教唆、煽動した者に対しても懲役刑を定めている。同法22条は、「この法律の適用に当たっては、これを拡張して解釈して、国民の基本的人権を不当に侵害するようなことがあってはならず、国民の知る権利の保障に資する報道又は取材の自由に十分に配慮しなければならない」と規定している。ここでいう「国民の知る権利」がどのような射程をもち、そこで報道機関がいかなる役割を果たせるかは、重要な問題である。

［溜箭将之］

40　政府言論　〔英〕Government Speech

政府言論とは、政府広報や警察の記者発表など政府の国民への情報提供活動をいう。政府は、新法の施行や政策の実施などその説明責任を果たすために国民に情報を提供する必要がある。だが、政府の言論は国民に必要な情報を伝えるだけでなく、政府に都合のよい情報、一定の見解に立脚する情報のみを伝達するという意味で、必ずしも中立公平とはいえない。しかも政府は情報発信の機会が圧倒的に多く、国民意識の誘導が容易にできる問題もある。

1　政府言論と表現の自由

アメリカにおいても、政府言論は政府がその統治を行う際に発せられる表現を指す[1)]。政府が国民に政策の内容や実施について情報を提供することは、民主主義においては不可欠な統治活動である。そして政府は、国民に提供する情報の内容を決定する独占的な権限があると考えられている。この考えを理論的背景として、政府言論の法理は形成された。すなわち、その伝達する情報の内容を明確にするために、政府は自らの政策の実施を毀損するようなデータや見解を国民への情報提供の際に包含する必要はないと考えられ、国民に伝える内容に関して、見解に基づく選別が許されるのである。これは、政府言論には表現規制に関わる最低限の制限である「見解による表現差別禁止」法理が適用されないことを意味する。

もっとも、政府自体が宗教的もしくは人種差別的な表現を行うことは、政教分離および平等保護の点から許されない。他方、私人の表現を政府が支援あるいは排除する場合には、見解による差別は許されないとされる（パブリック・フォーラム論）。両者の区別は、表現内容の帰属が政府にあるか、私人にあるかでもってなされる。

1）　アメリカの政府言論に関する邦文文献として、蟻川恒正「政府と言論」ジュリスト1244号91頁以下（2003年）、同「政府の言論の法理」駒村圭吾＝鈴木秀美編『表現の自由 I―状況へ』434-440頁（尚学社、2011年）、横大道聡『現代国家における表現の自由』221-238頁（弘文堂、2013年）参照。

2 政府言論の法理の形成と発展

政府言論の法理を最初に示したのは、ラスト判決であると考えられている。連邦の補助を得た避妊クリニックで避妊の手段として中絶を奨励することを禁止する連邦規則を合憲とするにおいて、連邦最高裁は、政府は一定の内容の情報を国民に提供する際に、情報提供に関与する者がその内容とは異なる見解を述べるのを制約することができると判示した。

公立大学が学生の課外活動の費用を補助する制度から宗教雑誌を発行する学生団体を排除するのは違憲だとしたローゼンバーガー判決は、政府言論の法理を明示して、政府はその情報提供の際に内容を監督することができ、そのときに見解の選別は許されると述べた。そして、政府の情報伝達に私的団体が関与する場合、政府は当該団体がその伝達内容をゆがめないよう適切な手段をとりうるとして、当法理の及ぶ範囲を示した。公立大学の学生活動費の強制徴収に関するサウスワース判決では、政府の国民に対する説明責任が政府言論の法理を正当化することを示唆した。ローゼンバーガー判決及びサウスワース判決は、政府言論と私的表現を奨励する政府の制度とは区別されることを明らかにした。私的表現の奨励の場合、上述のようにパブリック・フォーラム論が適用されるのである。

連邦議会の設立する法律扶助会が現行の社会福祉法の改正を求めてその合憲性を争う依頼人を弁護する法律団体に資金を提供するのを禁止する連邦歳出法を憲法違反としたヴェラスケス判決は、政府自体が発言者である場合やその政策に関連する情報の伝達のために私人を活用する場合、見解に基づき補助金の支出先を決定することができるとした。そして、その伝達する内容の表現への制約は政府の説明責任から導出されると説示した。

このように政府言論の法理は、政府の説明責任を前提に、国民に提供する情報の内容を決定する政府の独占的な権限の承認を理論的背景として確立されてきた。当法理は、政府自体が発言する場合にかぎらず、政府が資金提供して情報伝達のために活用する私人の発言にも適用される。さらには、その求めに応じて発言する者にだけ政府が資金提供することにも及ぶのである。対立する見解を排除することで、政府はその意向と立場を明確にすることができる。国民は、そうしたはっきりした政府の立場に対して賛否を表すことができる。この民主主義への貢献が、政府言論の法理を正当化するといえよう[2)]。

3　政府言論の法理の拡大

連邦最高裁は、その後、政府の説明責任と民主主義への貢献をいう枠を超えて、政府言論の法理を適用するようになる[3)]。牛肉製品の宣伝活動のための資金提供を牛肉生産者に義務付ける連邦法が争われたジョハンズ判決は、宣伝文句の作成を業界団体が行い、「全米牛肉生産者による」宣伝と明記されたにもかかわらず、政府が宣伝内容全体を決定・承認し、伝達される内容を監督している限り、政府言論の法理は及ぶと判示した。すなわち、政府言論の法理を適用するためには、政府はその表現が政府に帰属することを明確にする必要はなく、表現内容に対する事実上の監督と文言への最終承認権の行使があればよいとしたのである。

ガルセッティ判決は、政府の内部文書にも政府言論の法理を適用し、公務遂行のために政府は公務員の表現を監督でき、内部文書を理由に当該公務員を懲戒することは許されるとした。連邦最高裁は、公務としてなした公務員の表現には憲法上の保護は及ばないこと、国民への情報提供を目的としない政府の表現にも政府言論の法理を適用することを明示した。

政府言論の法理は、政府言論の要素と私的言論の要素とをあわせもつ複合的言論にも適用される。宗教団体の寄付する石碑の公園設置を拒否した市の判断を容認したスンムン判決は、市立公園での石碑の常設的設置をパブリック・フォーラムでの表現活動とみなさず、設置された石碑の内容は土地所有者に帰属すること、市は設置を選別する最終決定権を行使してその伝達する内容を事実上監督したことから、石碑の設置は政府言論だと判示した。

このように、連邦最高裁は政府言論の法理の適用範囲を拡大し、政府の自らの表現活動に対する監督を強く認めてきた。これに対して、政府の説明責任と民主主義への貢献をいう枠を超えて、私的団体のものと誤解される可能性のある表現や国民への伝達を目的としていない表現に、このような敬譲的な法理を適用することは正当化されるのかといった疑問や、複合的要素のある言論に政府言論の法理を適用することで、政府の好もしいと思う私人の表現を政府が吸収し、対立する見解を大衆に知らせることなく差別するのを許すという批判もある[4)]。

---

2)　Ross Rinehart, *Note, "Friending" and "Following" the Government*, 22 S. Cal. Interdisc. L.J. 781, 807 (2013).

3)　Helen L. Norton & Danielle Keats Citron, *Government Speech 2.0*, 87 Denv. U. L. Rev. 899, 912-913 (2010).

◆コメント

政府言論の法理は、政府の情報伝達の独占管理権を承認する判例法理であり、パブリック・フォーラムの法理と政府の見解による表現差別禁止法理の適用を排除するものである。かつて日本では美術館や図書館など公的空間での私的表現に対する政府の管理や援助の問題として当法理を理解することがあったが、それはアメリカの判例法理とは異なるものであることに留意が必要である[5)]。また、日本における政府言論の問題は、教科書検定や学習指導要領の作成といった問題に表出されると指摘されている[6)]。

［高畑英一郎］

---

4) Erwin Chemerinsky, *Moving to the Right, Perhaps Sharply to the Right*, 12 GREEN BAG, 2d 413, 426-427 (2009).

5) 同旨、横大道・前掲注1）223、235頁。

6) 蟻川恒正「思想の自由」樋口陽一編『講座憲法学3』119-123頁（日本評論社、1994年)、同・前掲注1)「政府の言論の法理」440-452頁、内野正幸『表現・教育・宗教と人権』154-156頁（弘文堂、2010年）参照。

41 付随的規制 〔英〕incidental restrictions

付随的規制とは、政府が権利あるいは自由を直接の対象として意図的にする規制（直接規制）とは異なり、権利の行使とは通常考えられていない行為の規制の結果として権利あるいは自由の行使を制約するような効果を付随的にもつ規制をいう。日本の裁判所は、1974年の猿払事件判決においてこの法理を適用し、その調査官解説ではアメリカ法に言及している。そこで、アメリカにおいて付随的規制はどのように理解されているのかを検討することにしよう。

アメリカにおいて「付随的規制（incidental restrictions）」は、自由や権利に対して直接的ではなく付随的に影響する規制をいう。付随的規制は表現の自由のみならず、信教の自由やプライバシー権においても見られるが[1)]、ここでは表現の自由に限定して論じることにしたい。

アメリカ連邦最高裁が付随的規制について論じた判決で重要なのは1968年のオブライエン判決である。ベトナム戦争反対の意思表示として徴兵カードを焼却したことが問われた当判決において、連邦最高裁は法規制が①憲法上認められた政府権限の枠内にあり、②政府の重要または実体的な利益を推進するものであって、③その政府利益は表現の自由への抑圧と無関係で、④表現の自由への付随的規制が当政府利益を推進する必要性を超えないならば、規制は合憲であるという基準のもとで、徴兵カードの破損を罰する法律は表現への付随的規制にすぎないとして合憲と判決した。

付随的規制では、内容規制と異なり、政府利益を推進するための手段がもっとも制約の少ない、あるいは侵害の程度の少ないものである必要はなく（ワード判決）、その合憲性判断基準は内容中立規制の合憲性判断基準と異なるところがないとされる（クラーク判決）。そのため、付随的規制は内容中立規制と同視できるものだと評されることもあるが[2)]、付随的規制には合憲性

1） Michael C. Dorf, *Incidental Burdens on Fundamental Rights*, 109 HARV. L. REV. 1175, 1210-32 (1996).

2） Geoffrey R. Stone, *Content-Neutral Restrictions*, 54 U. CHI. L. REV. 46, 105-14 (1987).

の推定が及ぶ点に違いがあると考えられている[3)]。

付随的規制に合憲性の推定が強く及ぶ理由としては、これらの規制に特定の思想や意見を否定する政府の意図が見られないからだと理解されている[4)]。

またターナー判決において連邦最高裁は、ケーブルテレビ事業者に弱小テレビ局のチャンネルを設定するよう義務づける法規定に関して、その判断を単に尊重するのではなく、連邦議会が実質的な証拠に基づき合理的な判断をしたと踏み込んで審査することで、付随的規制に対する審査基準の厳格度を高めたといわれる。

付随的規制とは別に、（例えばわいせつとはいえないが性的な）表現が周囲にもたらす害悪を制約する規制を内容中立規制として審理する「（表現の）間接的効果の法理」（secondary effects doctrine）があるが（例えばレントン判決）[5)]、ここでは触れない。

◆コメント

日本の裁判所は、猿払事件判決以降も裁判官の政治的活動の禁止（寺西判事補分限裁判事件判決）や選挙運動の戸別訪問の禁止（戸別訪問禁止事件判決）に関して、当該行為の制約は意見表明の自由そのものへの制約ではなく、またその自由に対する間接付随的制約に過ぎないので許されると説示してきた。近年では結果としてその権利あるいは自由の行使を制約するような効果をもつ規制（間接規制）と、別の行為を規制するのに伴って付随的に権利あるいは自由を制約する規制（付随的規制）とを区別する見解が提唱され[6)]、裁判所も信教の自由に関する「オウム真理教解散命令事件」や内心の自由に関する「国旗国歌起立斉唱事件」において、制約が自由に対する（付随的ではないが）間接な規制であり合憲だとする判決を下している。

［高畑英一郎］

3) Geoffrey R. Stone, *Free Speech in the Twenty-First Century : Ten Lessons from the Twentieth Century Lead Article*, 36 PEPPERDINE L. REV. 273, 297-298 (2008).

4) Elena Kagan, *Private Speech, Public Purpose : The Role of Government Motive in First Amendment Doctrine*, 63 U. CHI. L. REV. 413, 495-496 (1996).

5) *Id.* at 483-484. 長谷部恭男教授はこれを「間接的付随的規制」として単なる「付随的規制」と区別する。長谷部恭男『Interactive憲法』134-142頁（有斐閣、2006年）、同「表現活動の間接的・付随的制約」戸松秀典＝野坂泰司編『憲法訴訟の現状分析』237-240頁（有斐閣、2012年）参照。

6) 例えば、小山剛『「憲法上の権利」の作法〔新版〕』36-37頁（尚学社、2011年）、宍戸常寿『憲法　解釈論の応用と展開〔第2版〕』39頁（日本評論社、2014年）、曽我部真裕「間接的制約・付随的制約」曽我部真裕ほか編『憲法論点教室』95-98頁（日本評論社、2012年）など参照。

42　内容規制 〔英〕content-based restriction

表現の自由は、世界各国において、基本的人権・市民的権利の中核にあるものとして憲法上の保護を受けている。例えば、日本国憲法21条やアメリカ合衆国憲法修正1条において、表現の自由が保障されている。アメリカでは第二次世界大戦後、修正1条の下で表現の自由をめぐる法理が大きく発展し、これが日本の憲法理論に大きな影響を及ぼした。ここでは、表現の自由保障の中核ともいうべき、内容を理由とした規制に関するアメリカの判例法理を概観する[1]。

表現内容規制は、アメリカでは表現内容中立規制と対照して説明される。日本でもこの区別は知られているが、有力な異論もある。内容規制と内容中立規制とを明確に区別できない場合があり、表現の自由の保障を脅かす恐れがある点では、内容規制とほとんど同じともいえる、というのである。ここには、違憲審査の厳格さを緩めると、表現の自由に対する司法審査の保護が損なわれるのではないかという危惧が伺える。この論者によれば、時・所・方法の規制であれば、原則として裁判所の実質的な審査を可能にして、内容規制にほぼ準ずる基準を用いるべきだとされる[2]。

アメリカにおける表現内容規制をめぐって、アメリカの裁判所は、古典的な判例法理（コモン・ロー）の伝統も踏まえつつ、裁判所が個々の表現類型に応じた対応をとってきた。そしてそうした対応には、表現の自由の保護に際して裁判所の果たすべき役割についての議論とともに、一定の変遷がみられる。

1　内容規制と内容中立規制

内容を理由とした規制、すなわち特定の表現の内容について制約を課すことは、まさに修正1条が禁じようとしたものであり、制定法や政府の行為に

1）　樋口範雄『アメリカ憲法』12-14章（弘文堂、2011年）；KATHLEEN M. SULLIVAN AND GERALD GUNTHER, CONSTITUTIONAL LAW (17th. ed., 2010) chs11-13.

2）　芦部信喜〔高橋和之補訂〕『憲法〔第6版〕』195-197頁（岩波書店、2015年）。

よってこうした制約を課すことは、憲法の保障する表現の自由に反し違憲無効と推定される。そのような立法について、推定を覆して合憲性が認められるのはごく例外的な場合に限られ、そのためには政府の側が、立法による制約の目的が、やむにやまれぬ政府利益に基づくもので、当該目的を実現するために必要最小限の手段をとっていることを証明しなければならない。

内容を理由とする規制と対比される概念が、「内容中立的」(content-neutral)な規制である。これは、表現内容にかかわりなく、表現の時、場所や方法を規制するものである。こうした規制は、内容を理由とした規制よりやや緩やかな、いわゆる中間審査基準の適用を受ける。具体的には、規制目的の重要性と規制手段が最小限度であることが必要とされ、かつ当該規制がなされてもなお十分に表現を伝える他の回路がなければならないとされる。

内容中立規制といっても、表現の自由を制約するものであるから、一般の立法よりも高度の合理性を求められる。また、本当に内容中立であるかも重要な問題となる。例えば、授業時間帯に、学校から150フィート以内でピケを張ることを禁ずる規制は、時・場所・方法の規制の典型例である。モズレー事件で問題となったのも、そのような規制をした条例だった。しかしこの条例は、労働紛争に伴う平和的ピケを例外としていたことから、連邦最高裁はこれを内容規制として違憲と判断したのである(時、場所、方法の規制に関係する諸法理として、37「象徴的表現」・38「パブリック・フォーラム」・40「政府言論」を参照されたい)。

2 観点規制(viewpoint restriction)と主題規制(subject matter restriction)

内容規制が厳格審査にかかるとされる中で、連邦最高裁の判例では、観点規制と主題規制との区別がなされることがある。観点規制とは、表現をする人がある特定の見解(point of view)をとるがゆえに規制する立法で、典型的な修正1条違反として扱われ、まず合憲となることはない(ただしその例外となる局面として40「政府言論」)。これに対し主題規制は、ある特定のトピックについて、表現をする人がどのような立場をとるかを問わず、すべての表現を規制することを指す。

この2つの概念は、区別があいまいで、連邦最高裁の判例も結論先取り的な用い方をしているとの批判も強い。しかし、とりわけ政府が公費や場の提供を通じて表現を助成する場合のように、一定の主題について政府が働きかけることを是認しつつも、特定の観点・見解を優遇または冷遇することは許されないとする場面も考えられる。その意味で、観点規制と主題規制の区別は、問題をはらみつつ、政府の社会的に大きな役割を果たす現代において特に意義の大きな区別となりうる[3)]。

3　表現の自由の保護が及ばない表現

表現内容に基づく規制には、厳格審査が適用されるが、例外的に憲法上の保護が薄いとされてきた表現類型がある。すなわち、「喧嘩言葉」(fighting words)、名誉毀損、わいせつや児童ポルノ、商業的表現は、保護を受ける程度は低いと位置づけられる。これらの表現については、カテゴリーごとに保護の程度や審査基準について判例法理が発展してきた。

喧嘩言葉については、連邦最高裁は、表現が暴動などの違法行為に結びつく場合については、保護の程度が低いとしてきた。もともと煽動的な言論や破壊活動を促す言論は、コモン・ローで犯罪とされて規制されてきた。しかし合衆国憲法修正1条は、こうした表現に対する刑事訴追の濫用に抗する中から生まれた側面もある。有名な判例が1919年のシェンク判決である。これは第一次世界大戦下の事件で、被告人は徴兵拒否を呼び掛けるパンフレットを配布して逮捕され、その根拠となった防諜法の合憲性を争った。連邦最高裁は結論として問題の立法を合憲としたが、その際にホームズ判事が法廷意見の中で「明白かつ現在の危険」を生む性質の言動として線引きをした(その後の展開も含め32「明白かつ現在の危険」参照)。

名誉毀損にあたる言論も、伝統的に憲法上の保護を受けないとされてきた。しかし連邦最高裁はサリバン判決において、州の不法行為上の名誉毀損に対し、憲法上の保護が及ぶことを明らかにした。事件は、ニューヨーク・タイムズ紙上の広告で人種差別的な統治を批判された南部の政治家が、同紙を名誉毀損で訴え、州の陪審裁判で50万ドルの損害賠償を勝ち取った事件である。連邦最高裁は、公の人物についての名誉毀損の訴えでは、原告による真実に反する言論が「現実の悪意」に出たものであることが証明されなければ、損害賠償は認められないとして、合衆国憲法修正1条を根拠に被告の新聞社の言論が守られた（詳細について36「現実の悪意」参照)。

商業的表現は、詐欺・誤導的な場合には規制することが許され、そうでなければ、①規制をする政府利益が相当程度のものであり、②規制が当該利益

---

3)　横大道聡『現代国家における表現の自由――言論市場への国家の積極的関与とその憲法的統制』211-300頁（弘文堂、2013年)。

を直接推進するもので、③当該利益を達成するためにより制限的でない手段がない場合に、規制が許される。性的な表現については、わいせつな表現と児童ポルノは修正1条の保護の範囲外とされるが、一般のポルノグラフィーは修正1条の保護対象とされ、その内容規制に対しては厳格審査にかかる。

4 ヘイト・スピーチ

人種問題はアメリカにとって大きな問題であるが、特定の人種に憎悪をぶつける、いわゆるヘイト・スピーチについては、表現の自由による保護を与える立場がとられている。人種のほかにも特定の宗教や性に対するヘイト・スピーチも同様に保護される。有名なのが、1970年代のイリノイ州シカゴの郊外にあるスコーキーという小さな村で起きた事件である。スコーキーにはユダヤ系の住民が多く、ホロコーストの生き残りも住んでいた。そこでアメリカのナチス党がデモをしようとした。しかし、これに対して州裁判所の差止命令や、町での条例によってデモを阻止する試みが行われたが、連邦最高裁はいずれも退け、憎悪に基づく表現というだけでは、修正1条による保護の対象から外れるわけではない、と判示した。

より最近においても、連邦最高裁はR.A.V.判決において、十字架焼却などのシンボルの設置を秩序破壊行為として軽犯罪とした市条例を違憲と断じた。法廷意見は、挑発的言辞が伝統的に価値の低い言論とされてきたことを認めつつ、それでも一定の憲法的保護を受ける、と述べた。そして、この条例が、人種、皮膚の色、信条、宗教またはジェンダーに基づき、他人に怒り、恐怖心、または憤怒を催させるようなシンボルの設置を禁じたものである点で、特定の観点を規制したものだとして、文面上違憲の判決を下したのである。

1990年代以降、保守化した連邦最高裁は、こうした伝統的に保護されないとされてきた分野においても表現の自由による保障を広げる態度を強めている。象徴的な例が、選挙資金規正法の扱いである。アメリカでは、バックリー判決以降、選挙運動に絡む支出については、政治的表現として表現の自由の保護の対象としつつ、法人による支出には一定の規制を認め、また個人・法人を問わず政治献金についての規制については緩やかな合憲性の審査をする判例法理が定着していた。しかし、連邦最高裁はシチズンズ・ユナイテッド判決において、法人の政治献金の支出に対する規制について、厳格審査を行い違憲とする判決を下した。

◆コメント

本項目で触れたカテゴリーの多くは、今日でも維持されている。しかし、時代がウォーレンやブレナンなどの有力なリベラル派の判事の影響力が強かったころから、保守化の著しい時代に移行したときに、それらがもつ意味あいは変化しつつある。近年の連邦最高裁は、表現の自由を根拠に少なからぬ違憲判決を下しているが、それは憎悪表現や選挙資金規正について顕著である。こうした展開に対しては、表現を通じた政治的熟議の深化に結びつくものではなく、リバタリアン的な反動政治が進むだけだとの批判も強い[4)]。表現の自由をめぐるカテゴリーと、実際の訴訟や社会へのインパクトとの関係は、一筋縄ではいかない難しい問題である。また、裁判所に憲法の番人としての役割をどこまで期待すべきかも、慎重な検討を要する。

［溜箭将之］

4）Robert C. Post, *A Progressive Perspective on Freedom of Speech*, *in* THE CONSTITUTION IN 2020 (Jack M. Balkin & Reva B. Siegel, eds., 2009).

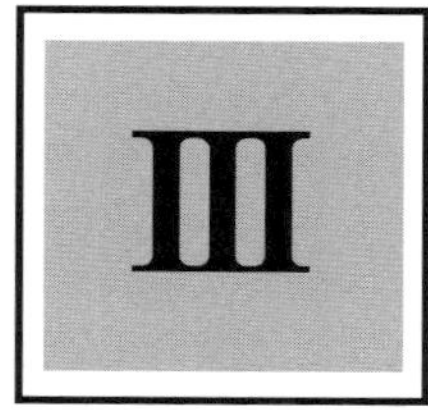

統　治

43　権力分立〔英〕separation of powers

権力分立とは、権力をその作用によって分け、抑制と均衡の関係を維持することをいう[1]。権力が1つに集中し、それを1つの機関（または1人）が独占してしまうと、必ず腐敗してしまい、専制に陥ってしまう。そのため、国家権力の濫用から人権を守るために権力分立が採用されたと理解されている。もっとも、ここでいう権力分立は近代立憲主義における意味であり、そのような理解に至るまでの説明が必要である。

もっとも、権力分立を採用するまでのプロセスは歴史的背景に大きく左右されることから、当然ながら国によってその内容は異なる。ここでは、英米流の権力分立に焦点を絞り、その歴史をひも解くことにする[2]。

1　混合政体としての権力分立

イギリスは今なお君主制をとっているが、かつてはまさに君主が国を統治する政治体制をとっていた。もっとも、君主だけが権力を握っていたわけではなく、もともと各地に封建領主が点在し、その下に平民が存在していた。イギリスでは、古代ギリシャやローマの哲学者の意見を参考にし、「混合政体」(mixed government) を採用していたのである[3]。それは、君主制、貴族制、民主制を混ぜた政治体制であり、それぞれの社会階層を基に権力のバランスを取ろうとするものであった。

混合政体は、単独の体制下で生じる問題を補正するという役割を担う。君主制は、政治を効率的に進めることができる反面、専制に陥るおそれがある。貴族制は、専制に陥る可能性は低くなるが、自己利益の追求に走るおそれがあり、一般的な利益を実現することが難しくなる問題があった。民主制は一般的な利益を実現する可能性が高まる代わりに、集団が暴走して専制に至る

1)　清宮四郎『権力分立制の研究』2頁（有斐閣、1950年）。

2)　以下の歴史的概観については、Steven G. Calabresi, Mark E. Berghausen and Skylar Albertson, *The Rise and Fall of the Separation of Powers*, 106 Nw. U. L. Rev. 527 (2012) に負うところが大きい。

3)　混合政体の確立時期については諸説あるが、それが良い制度だと評価され始めたのは近代に入ってからのことである。

おそれがあった。そこで、3階層がそれぞれの利点を生かしながら、かつデメリットを回避するために、混合政体という体制をとったのである。

混合政体は現在の権力分立に見られるような抑制と均衡のシステムが設置されているわけではなかったが、異なる社会階層を権力組織に見立て、権力集中の危険性を分散したという点で権力分立の基礎を構築したともいえる。ゆえに、混合政体は当時最も優れた制度とされ、安定した政治を実現するのに最適なものと理解されていた。また、17世紀以降、イギリスでは議会主権の確立とともに、国王といえども法の下にあるという観念が広がり、近代立憲主義における権力分立思想の基盤が築かれていった。

このような政治システムはアメリカの植民地にも導入された。国王に代わって植民地を統治する総督、総督に助言する参議会、植民地議会に分かれた。イギリスの制度と構成員は異なるが、単独の代表者、少数の代表者、多数の代表者という点では同じスタイルとなっている。

2　アメリカの権力分立

ところが、貨幣経済の発展に伴う労働者の移動などにより、イギリスではすでに封建制が崩壊し始めていた。また、アメリカで独立戦争が始まると、君主制への反発から、新たに共和政体が提唱されるようになった。すなわち、全ての者は平等であるという前提の下、人民自らが選んだ代表者が政治を行うべきであるという発想である。このような見解は社会階層に基づく区分を認めないので、混合政体は大きく見直しを迫られることとなった。つまり、民主主義を前提とした統治システムの構築が求められるようになったのである。

ただし、アメリカではイギリス本国で議会が強くなりすぎていることへの懸念も強く、議会優位の政治体制にもアレルギーがあったことも重要である。民主主義を強調して議会を強くしすぎることも問題であると考えていたことから、憲法起草者らは、権力機関は相互に同等でなければならず、かつ抑制と均衡のチェックシステムが重要であると考えた。

とりわけ、ハミルトンやマディソンらは、ロックやモンテスキューの意見を参考にしつつ、権力を作用に応じて分割し、抑制と均衡のシステムの必要性を説いた。ロックは、立法権に対抗するために執行権と司法権を1つにまとめて立法権と対峙させる構造を説いた点、そしてモンテスキューは三権分立を説いた点が注目されたのである。様々な議論を経た結果、アメリカ憲法は権力作用を立法、司法、執行の三権に分けた上で、抑制と均衡の関係を構築した権力分立システムを採用した。

もっとも、アメリカの権力分立システムは突如として現れたわけではなく、イギリスに由来する混合政体が基礎になっていたからこそ、現在の統治システムに移行できたということを忘れてはならない。もしイギリスが絶対君主制を維持し続けていたら、権力の分割という発想に至るかどうかもわからないからである。実際、モンテスキューの権力分立観が混合政体をモデルにしていたことは混合政体の重要性をうかがわせているといえよう。

なお、アメリカでは中央政府による権力集中に抵抗感があり、州の権限を確保していくことが重視された。そのため、連邦制が採用され、州の自治を基本として、連邦政府が行使できる権限を憲法に列挙するというスタイルをとった。そのため、権力分立は、権力を中央と地方に分ける垂直的分立と、中央政府内で各機関に権限を割り振る水平的分立とに分かれている。

3　近代立憲主義の権力分立

アメリカが採用した権力分立という統治形態は立憲主義にとって重要な意味があった。1788年にアメリカ合衆国憲法が制定されてから、しばらくするとフランスではフランス人権宣言が出された。フランス人権宣言16条は、権利保障と権力分立が定められていなければ憲法とはいえないとし、権力分立が憲法にとって不可欠の要素であることが述べられた。こうして、立憲主義には権力分立が欠かせない構成要素になったのである。

このような歴史的経緯を基に、憲法学では、権力分立を自由主義的政治原理として捉えるようになっている。というのも、権力の分割は多数派による権力行使から少数派の権利を守り、抑制と均衡は1つの機関が暴走することを防ぐための装置となっていることから、権力分立によって権力の濫用を防ぎながら人権を保障する構造になっている。そのため権力分立は、「すぐれて『自由主義的な政治組織の原理』であると言われる」[4)]わけである。

4　権力作用と権力分担

以上のように、混合政体と権力分立を1つの流れとして捉えると、①3つあった権力層を練り直して、立法、司法、執行の三権に作り変えたとみるか、

---

4)　芦部信喜〔高橋和之補訂〕『憲法〔第6版〕』287頁（岩波書店、2015年）。

②権力層を完全に解体して権力作用という別物として創出したかいう、2つのアプローチが可能である。①の観点からすると、三権はもともと異なる権力層からなっていたことから、それぞれの機関に認められる独立性は高くなろう。ただし、何がどれに変わったのかは必ずしも明らかではなく、その因果関係を説明しなければならない[5)]。他方、②の観点からすると、各機関が自らに付与された権力作用を独占するという捉え方と、1人の者が2つ以上の権力作用を担ってはならないことを意味するという捉え方が可能である。三権の作用の中には他権が関与する部分もみられること[6)]や兼職禁止規定があることからすると[7)]、②の見解の方が妥当であるように思えるが、各機関の権限の中には専権的な権限もあるので、①がまったく不適切ともいえない。各機関にどの程度独立性を認めるか否かについては、三権の独立性を強く認める形式主義（formalism）と三権の作用を柔軟に解する機能主義（functionalism）との争いにもつながっており、今日でもなお重要な論点になっている。

◆コメント

権力分立は、国や時代によってその形が変わるので、「権力の分割」と「抑制と均衡」の2大要素以外に普遍的原理を見出すことは難しい。また、形式的には権力分立を採用していても、実際の運用次第でその実態は大きく変容する可能性もあるので注意が必要である。

近時、多くの国に共通する課題として、行政国家や政党を権力分立の中でどのように位置づけるかという問題がある。とくに、行政国家は執行権の拡大を招き、政党はねじれ国会を引き起こして政治的停滞を招くことが問題視されている。こうした問題は一筋縄ではいかないものであり、権力分立の意味があらためて問われているといえる。

［大林啓吾］

5)　Martin H. Redish and Elizabeth J. Cisar, *"If Angel Were to Govern" : The Need for Pragmatic Formalism in Separation of Powers Theory*, 41 DUKE L.J. 449, 458 (1991). なお、混合政体と権力分立の接合をはかるとしても、各機関が権限を担うようになった点と司法権が創設されたという点は大きな変化であったと指摘される。

6)　長谷部恭男『Interactive 憲法』61-69頁（有斐閣、2006年）。

7)　Steven G. Calabresi and Joan L. Larsen, *One Person, One Office : Separation of Powers or Separation of Personnel?*, 79 CORNELL L. REV. 1045 (1994).

44 議院内閣制

〔英〕parliamentary government
〔仏〕régime parlementaire

議院内閣制とは、議会と内閣とを原理的に独立で対等な地位に置くものの、組織・権限行使の上で両者が密接な関係をもつことを認めた上で、内閣は議会（特に下院）の信任の上に在職することができ、議会は内閣に対する批判・監視権をもつという政治形態を指す。議院内閣制の主要な特徴は、国家元首（君主・大統領）が任命する首相と首相によって指名された大臣とで組織された内閣は、その権限行使について議会に対して連帯して責任を負い、一方で議会は内閣不信任決議権をもつが、他方でこれに対抗して内閣（あるいは国家元首）は議会解散権をもつことである。また、議院内閣制は、国家元首と議会に対する内閣の責任のあり方に応じて、両者に対して実質的な責任を負う二元型議院内閣制と、実質上議会に対してのみ責任を負う一元型議院内閣制とに区別される[1)]。

これに対して、大統領制とは、政府の長たる大統領と議会が、それぞれ国民によって選出され、相互に独立して行政権と立法権を行使する政治形態を指す。ここでは、大統領は議会解散権を持たず、議会も大統領に対する不信任決議権を持たない。また、議会支配制とは、政府は議会の一委員会にすぎず、政府は議会に一方的に従属する政治制度を指す。政府は当然議会の解散権を持たず、議会は政府に対する監督を行う。

議院内閣制の本質について、我が国の憲法学において、①内閣と議会の対等性・均衡を重視し、とりわけ、内閣による議会解散権を重視する考え方（均衡本質説）と、②内閣の存立には議会の信任を必要とするという内閣の議会に対する連帯的政治責任の原則を重視し、それ以上の要件は必ずしも必要ないとする考え方（責任本質説）とが対立している。この議論がなぜ生まれたのかを考えるために、イギリスの議院内閣制とフランスの議院内閣制の生成過程を見ていく。

なお、本項目では、「政府」という用語を国家元首及び内閣を含むものと

1）　大石眞『憲法講義Ⅰ〔第3版〕』114-116頁（有斐閣、2014年）。

して用いる。

1　イギリスにおける議院内閣制の成立と発展[2)]

議院内閣制は、18世紀から19世紀にかけてのイギリス憲政において成立・発展した政治形態である。イギリスの議院内閣制は、新しい事実を少しずつ積み重ねることを通じて、結果的に発展した制度である[3)]。

まず、名誉革命以前において、イギリス議会は二院制を確立していくと同時に、議会は国王の絶対意思によりその統治の道具として誕生したにもかかわらず、やがて徐々に国王から立法権を奪っていった。

次に、名誉革命後には、議会は国王から立法権を獲得し、次いで行政権を行使する機関である内閣が誕生した。内閣は、国王の諮問機関である枢密院に由来しており、初期においては、内閣を構成する大臣は国王の単なる顧問官であった。すなわち、助言するのが大臣で、決定するのはあくまでも国王であった。しかしやがて行政権の国王から内閣への移譲が見られるようになり、ついにジョージ1世[4)]の施政の下で、権力構造の頂点に1人の大臣が位置するようになり、閣議を主宰し、国政全般を指導するようになった。その大臣が「首相」(Prime Minister) であり、ウォルポールがイギリス憲政史上初の首相となった。この時期に、内閣の一体性が確立されるが、それは首相の存在のみならず、内閣を構成する大臣の同質性によるものである。この同質性を可能にしたのが、下院の多数党に基盤を置く政党内閣の出現である。大臣が同一政党の党員であることによって、内閣の一体性と同質性が保障され、連帯責任性も確立されるようになったのである。

こうして内閣は、「国王の内閣」から「議会（特に下院）の内閣」すなわち「議院内閣」に変質していったが、内閣が議会のコントロールに服するようになったのは、①内閣の対議会連帯責任（特に不信任制度）の確立、②議員と大臣の兼任制度の確立を通じてである。①に関して、1742年、ウォルポールは国王（ジョージ2世）の信任を受けていたにもかかわらず、議会（下院）の信任を失ったことを理由に、首相の職を辞任した。ただし、他の大臣はそ

---

2)　小平修「議院内閣制の発生史的考察――イギリスにおける生成・発展の段階的把握試論――」産大法学1巻2号53-88頁（1968年）参照。

3)　K.レーヴェンシュタイン〔阿部照哉訳〕『イギリスの政治』90頁以下（潮出版社、1967年）。

4)　ジョージ1世は、ドイツから迎えられたため英語を話すことができず、イギリスの法や習慣に疎かったので、内閣の閣議に出席することをやめてしまった。

の職にとどまったので、内閣の連帯責任又は不信任制度はまだ完成していなかった。しかし、1792年、ノース内閣が反対党の不信任によって総辞職した。これによって、連帯責任または不信任の制度が確立した。②については、ウォルポールが首相になってから、上下院いずれかに議席をもたない首相はいない。そして、首相も大臣もその出身は次第に上院から下院へと比重が移って行った。こうして、議員と大臣の兼任制度が確立したのである。

このようにしてイギリスの議院内閣制は確立されたが、当初のそれは、内閣は国王と議会に対して責任を負う二元型議院内閣制であった。しかし、ヴィクトリア女王時代以降、次第に、内閣は議会にのみ責任を負う一元型議院内閣制へと移行していった。

また、イギリスの議院内閣制にとって重要な制度は下院の解散である。解散権は、元来国王が有していたが、国王が実権をもたなくなるとともに、実際において、内閣が行うこととなった。内閣が下院の実質的解散権をもち、下院は内閣の不信任決議権をもつというのが、イギリスの議院内閣制の核心であり、この慣行は長らく維持された[5)]。

2　フランスにおける議院内閣制の成立と発展[6)]

イギリスで生まれた議院内閣制は、19世紀になって、フランスに継受されることになる。

フランスの議院内閣制は、王政復古期の1814年の憲法シャルト（Charte Constitutionnelle）の下で始まった。このシャルトは、議院内閣制を明文化していなかったが、1820年頃から、議院内閣制の慣行ができつつあった。1827年11月5日、下院の反対にあったヴィエル内閣はこれを解散したが、選挙で反対党が勝ったので、内閣は総辞職した。1928年1月4日、シャルル10世は、下院の多数党に立脚するマルティニャック内閣を成立させた（デュギーは、このマルティニャック内閣の成立をフランスにおける議院内閣制の実施の第一歩であったとしている[7)]）が、失政により、1829年8月8日、内閣は総辞職した。そこで国王は、下院の多数を無視して、ポリニャック内閣を成立させた。これに対して多数党は、議院内閣制の名において国王の態度に抗議した。国王

5）　2011年に、下院議員の任期を固定し、内閣不信任決議が成立した場合と下院で選挙前倒しについて3分の2以上の賛成があった場合にのみ解散を認めるという法律が成立し、現在では、内閣の実質的下院解散権は失われている。

6）　今井威『議院内閣制の研究』103頁以下（大学教育社、1980年）参照。

7）　Léon Duguit, *Traité de droit constitutionnel*, II, 2e ed., 1928, p. 820.

は下院を解散したが、総選挙の結果、ポリニャック派は敗れたので、1830年7月、国王は下院の召集に先立ち、さらに下院を解散した。この暴挙が7月革命を生むことになる。

1830年憲法シャルトも明文で議院内閣制を定めたわけではなかったが、7月革命は議院内閣制の否認に対する抵抗として起こったものであり、その目標は完全な議院内閣制の実施にあったので、7月王制では、内閣は国王と議会に対して責任を負うという二元型議院内閣制の慣行が成立した。この7月王制の下では、国王が下院の解散を行っていたが、この国王の解散権行使について何ら疑問をもたれることはなかった[8)]。

この状態は、2月革命によって変わる。1848年憲法は、共和制を採用し、大統領は国民から直接選挙されることとなった。国家元首が国民によって直接に選挙されるので、権力の分立が強調され、大統領に下院解散権は認められなかった。

その後、第二帝制を経て、第三共和制になる。1875年憲法[9)]は、明白に一元型議院内閣制を採用した。その規定によれば、内閣は議会に対して政治的な責任を負い、一方、大統領は名目上の存在であり、両院によって選出され、上院の同意によって下院を解散することができ、また、必ず内閣の助言によって行動し、自らは責任を負わない。しかし、大統領による下院解散権は、この一元型議院内閣制の実施後まもなく、実際の慣行において事実上行使できなくなった。いわゆる5月16日事件である。1876年5月16日、マクマオン大統領は、下院の信任を得ていたシモン共和派内閣を罷免してブロイ王党派内閣を成立させ、下院を1か月停止させた後、下院を解散した。しかし、10月の選挙では、再び共和派が多数を占め、上院も反対したため、結局マクマオン大統領は辞職した。それ以来、大統領の下院解散権は行使されたことはなく、ここに議会支配型の議院内閣制が誕生した。すなわち、政府は下院解散権を有せず、議会が政府に優位する議院内閣制である。

3　議院内閣制の本質と基本構造

レズローブは、議院内閣制の研究[10)]の第一人者である。レズローブは、議

---

8)　Jean-Jacques Chevallier, *Histoire des institutions et régimes politiques de la France moderne*, Paris, 1967, p. 231.

9)　元老院の組織に関する1875年2月24日法律、公権力の組織に関する1875年2月25日法律、公権力の関係に関する1875年7月16日憲法法律（Loi constitutionnelle）を合わせて1875年憲法と称される。

会と政府との均衡を重視し、政府の下院解散権を議院内閣制の本質としている。政府に下院解散権が認められないと、議会が政府に対して不当に強力になり、議会と政府との間の正しい均衡が失われてしまうからである。また、議院内閣制の基本構造として、二元主義的概念を採用し、一方で国家元首、他方で議会の対立の中で、内閣が両者の中間に立って政府と議会との間の均衡を果たす役割を有すると解する。レズローブによれば、1875年憲法は一元型議院内閣制を採用しており、そして、1877年以降の第三共和制の議院内閣制では、大統領に事実上下院解散権がなく、政府と議会との間に均衡が存在しない。したがって、1877年以降の第三共和制での議院内閣制は、不完全な、非正規な議院内閣制である、としている。

これに対して、カレ・ド・マルベールは、議院内閣制の基本構造として、レズローブの二元主義的概念を批判し、一元主義的概念を採用した[11)]。すなわち、内閣は国家元首に対して責任を負わず、議会に対してだけ責任を負えばよいのである。カレ・ド・マルベールによれば、フランス第三共和制の議院内閣制が、真正の議院内閣制であり、ヴィクトリア女王以降のイギリスの議院内閣制もそうである。

4　カピタンによる議院内閣制の分類

カピタンは、国家元首の地位を基準として議院内閣制を3つの類型に分ける[12)]。第1の類型は、国家元首が下院解散権などの強い権限を有している場合で、均衡型の議院内閣制である。これは、典型的にはフランス七月王政下で行われたとして、オルレアン型議院内閣制と呼ばれる。第2の類型は、国家元首が下院解散権を有しないなど強い権限を有せず、名目上の存在であり、一方内閣が議会だけに依存している場合で、議会優位型の議院内閣制である。これは、1877年以降の第三共和制フランス、ヴィクトリア女王以降のイギリスで行われたものであり、西欧型議院内閣制と呼ばれる。第3の類型は、国家元首がそもそも存在しなくなった議院内閣制であり、第一次大戦後プロイセンのラント憲法で見られた無元首型の議院内閣制である。これは、

10）Robert Redslob, *Le régime parlementaire*, Paris, 1924. なお、ドイツ語版は1920年に出版されている。

11）Raymond Carré de Malberg, *Contribution à la théorie générale de l'Etat*, II, Paris, 1922, p. 74.

12）René Capitant, Régimes parlementaires, *Mélanges R. Carré de Malberg*, Paris, 1933, pp. 33 et s. 樋口陽一『議会制の構造と動態』6-9頁（木鐸社、1973年）参照。

プロイセン州型議院内閣制と呼ばれる。

5 フランス第五共和制における二元型議院内閣制

1877年以降のフランス第三共和制の議院内閣制においては、大統領に事実上下院解散権がない一方で、ヴィクトリア女王以降のイギリスの議院内閣制においては、内閣が実質的に下院解散権を有しているという違いはあるものの、内閣が議会に対してのみ責任を負うという点でどちらも一元型議院内閣制であった。しかし、フランス第五共和制においては、政府内において大統領が内閣よりも強い立場にあり、そして、大統領が下院解散権を有し、内閣は大統領に対しても議会に対しても責任を負うという二元型議院内閣制を採用している。

◆コメント

日本における議院内閣制の本質をめぐる議論において、均衡本質説はレズローブの議論に多大な影響を受けている。しかし、レズローブの議論は、1877年以降のフランス第三共和制における統治機構、すなわち、大統領が下院解散権を事実上失い、議会が政府に対して優位に立った状況をどう捉えるかという論争であった。したがって、その根拠については学説上争いがあるものの、内閣が衆議院解散権を有していることが明らかである我が国においては、議院内閣制の本質を「均衡」と捉えるか「責任」と捉えるかについてはあまり意味がない。むしろ、イギリスにおいて議院内閣制が実際の運用の中で生成され、また、フランス第三共和制において憲法の定める議院内閣制が実際の運用によって変質してしまったことに鑑みると、日本国憲法の定める議院内閣制が実際にどのように運用されているかを検討することが重要であろう。

[奥村公輔]

45 執行権

〔英〕executive power
〔独〕vollziehende Gewalt

日本国憲法65条は、「行政権は、内閣に属する。」と規定する。憲法学において議論される「行政」概念は、この65条にいう「行政」とは何かをめぐるものである。連合国による占領期間中に存在した英文官報においては、65条の「行政権」は“executive power”となっており“administrative power”ではない[1)]。比較憲法的にみても、三権の一角たる内閣や大統領に帰属する権限について、「行政」を意味する“administration”や“Verwaltung”といった語が用いられるのは稀と思われる[2)]。

ところが従来の憲法の「行政権」論は、ややもすると、行政法学が「行政」概念を論じるのと同じ土俵に立って、「行政」概念を論じるきらいがあったように思われる。実際、伝統的通説たる控除説をとる概説書の説明は、ほとんど行政法の概説書における「行政」概念についてのそれと同じである。これに対し、近時有力になりつつある「執政」権説は、その問題意識の少なくとも1つに、内閣に帰属する権限には通常の「行政」(administration、Verwaltung)とは異なるものが含まれている、という認識を有していると思われる。

1 「執行権」(vollziehende Gewalt、Exekutive) の概念

ドイツ連邦共和国基本法は、国家作用を、「立法」(Gesetzgebung)、「執行権」(vollziehende Gewalt)、「裁判」(Rechtsprechung) の3つに分けている (1条3項、20条2項2文)。代表的な概説書によれば[3)]、この「執行権」とは、「統治」(Regierung)

1) アメリカ合衆国憲法も、第1編第1節において、アメリカ大統領に帰属する権限を「執行権 (executive power)」と呼んでいる。

2) もっともオーストリア連邦憲法69条1項1文やスイス連邦憲法178条1項1文は、連邦政府に帰属する権限について「行政」(Verwaltung) という語を用いて表している。前者は、「第3編　連邦の執行」(Vollziehung des Bundes) の「A　行政」(Verwaltung) と題する章に置かれたものであり、「連邦の最高行政事務については、連邦大統領に移譲されたものを除き、連邦首相、副首相およびその他の連邦大臣に委ねられる。」というものである。後者は、「第5部　連邦の官庁」の「第3章　連邦政府および連邦行政」(Bundesrat und Bundesverwaltung) と題する章に置かれたものであり、「連邦政府は連邦行政を指導する。」というものである。

3) Hartmut Maurer, Staatsrecht I, 4.Aufl., 2005, § 18 Rn. 2ff.

と「行政」(Verwaltung) の双方を含む概念で、組織的な意味、つまり「連邦政府」(Bundesregierung) や「行政官庁」(Verwaltungsbehörden) などを指す概念として理解すべき場合と、作用的意味、つまり「統治活動」(regierende Tätigkeit) や「行政活動」(verwaltende Tätigkeit) を指すものとして理解すべき場合とがあるとされる。

このような統治活動と行政活動を包含するものとして理解された作用的意味における執行権は、やはりドイツにおいても、控除説的に定義されている。そこでは、日本と同様に歴史的な経緯による説明、つまり国王が掌握していた全国家権力から裁判と立法が分離していき、残ったのが執行権であるという説明が加えられている[4)]。結局のところは、執行権の定義は、日本と同様に控除説に落ち着いているわけであるが、その前提として、統治と行政の区別がふまえられている点に注目すべきであろう。

2 「統治」(Regierung) の概念

作用としての「統治」(Regierung) を論じる上でのキーワードとなるのが、「国家指導」(Staatsleitung) である。これは、基本法が明示的に行っている概念規定ではなく、執行部に属する諸々の権限に共通する特徴をゆるやかに表現したものである。そのような基本法の規定としては、まず、65条の、「連邦総理大臣は、政治の基本方針を定め、これについて責任を負う。この基本方針の範囲内において、連邦大臣は、それぞれ独立して、かつ自己の責任において、その所掌事務を指揮する。〔以下略〕」という規定があげられる。また、59条の外交や条約締結に係る連邦大統領の権限、65条aの国防に関する連邦国防大臣の権限、110条以下の予算の作成・執行に係る連邦政府の権限、76条1項の連邦政府の法律案の提出権、ラントが負担する連邦義務の強制執行に係る連邦政府の権限などもこれに数えられる。

もっとも、これらの任務は連邦政府に専属するものではなく、議会のさまざまな関与のもとに置かれている。国家の基本政策も多くの場合は立法の方法によってのみ実現される。また、執行権のもう1つの角をなす「行政」は、法律の執行、国家の任務の個別事案における実現、大臣の統治任務の処理の

4) 執行権を積極的に定義しようとする説として、日本における法律執行説のような、執行権とは、一般的抽象的法規を具体的事案に執行しそれを実現する作用であるとする説もあるが、執行権の作用は法律の執行に限定されるものではなく、国家生活および社会生活を直接形成するものとしてより広く理解されなければならないとの批判があり、通説には至っていないようである。Maurer, a.a.O., § 18, Rn. 3.

補助に仕えるものとされるが、「統治」との差異は相対的なものにすぎない。統治という作用が、政府にのみ専属するものではなく、また、通常の行政作用との区別も相対的なものにすぎないとすれば、これを執行権の内容として積極的に規定する必要性がどのあたりにあるのかという疑問も生じてこよう。

3 「統治」概念と統治行為論

執行権の作用のなかに通常の行政とは異なる統治という作用を認め、これを憲法論として主題化したのは、もともとワイマール期のスメントの学説である。そしてスメントの議論は、統治の領域に属する行為について裁判所の審査がどこまで及ぶかという問題、すなわち統治行為の問題と結び付いていた（なお、53「政治問題の法理」も参照）。

スメントは1931年に公表された論文「ドイツにおける統治行為」において、統治作用を立法作用と並ぶ政治作用と位置づけ、その法的統制のありかたについて論じている[5)]。スメントによれば、「政治」とは「いまだ規律されていない問題の規律が行われるような領域」、「自由な決定の領域」であり、この課題を担うのが立法と統治という2つの国家作用である。そして、この2つの国家作用を受けて政治的決定を事実の領域へと移すのが、行政と司法である。「あらゆる政治的決定が一般的な立法の方法によって行われると考えるのは誤りであり」、「ユニークで予見不能な事例」、「不測の緊急事態」に対処し、また、「国家活動の一般的方向づけ」を行うのが政府の仕事であり、これが統治作用の本質である。政府は統治作用を行うにあたって法律に拘束されるが、法律は政府の活動に一定の指針と障害を与えるにすぎず、政府の活動は単なる法律の執行ではなく、その外で自由な政治的決定を行っている。政治的機関である立法部と執行部は、政治的事項の決定について人民の意思にかなう問題解決を行えるように憲法上特別な保障をともなって設置されており、その終局的決定権を裁判所の手に委ねようとすることは、民主的な憲法秩序を変更しようとするものである。以上のように論じて、スメントは、統治行為は法的拘束のもとに置かれている限りにおいて裁判的統制が部分的に可能としつつ、その外で裁判所が政治的事項について決定を下すことの問題点も指摘する。しかし、少なくとも同論文においては、スメントは、

---

5) Rudolf Smend, les actes de gouvernement en Allemagne, Annuaire de L'institut international de droit public, vol.2, 1931, p.218.

フランスの統治行為論が裁判所の審査を全面的に排除するものであるのに対し、ドイツは裁判官の法律の合憲性の審査権、そして憲法争訟に関する国事裁判所の管轄という限定的ではあるが非常に強力な統制手段をもっているとして、ドイツ的法治国の発展を高く評価し、フランス法に対する優越性を強調している。これは、同論文がもともと国際公法協会における報告であったことによるところが大きく、スメントの本来の立場とは考えにくい面がある[6)]。しかし、統治行為に対する裁判的統制の一つのあり方として、ドイツ的な裁判制度、とりわけ憲法機関同士の間の権限争議である憲法争訟についての国事裁判所の権限が数えられていることは注目に値する。

今日のドイツにおいて統治概念を論じる上では避けては通れないショイナーの所説[7)]も基本的にスメントの学説を継承したものである。ショイナーは、政治的行為に対する裁判的審査の範囲は、裁判官の権限とその任務の本質にかかわるだけでなく、その時々の憲法の体系的構造の問題でもあるとし、以下の3つの観点を考慮すべきであるとする。すなわち、第1に、憲法の領域が法的に規律されている程度、第2に、裁判官の任務と地位、権力分立と国民主権、そしてとりわけ法の本質と解釈に関する考え方、第3に、裁判所の構成と行政の裁判的統制の程度。そして、固有の憲法裁判権、すなわち憲法機関による憲法的生に関する行為を直接否認することができる可能性が存在する国々では、憲法裁判権の領域において「裁判の対象にならない(justizlos)」行為について語ることはできないとし、憲法裁判権という制度は、政治的決定も、これを内容的に規制し、または少なくとも限界を引く法的な規定が存在する限りにおいて、法的に形態を与えられ、裁判所によって判断されうることを示しているという。他方で、法的な規律が欠けている、すなわち裁判官が憲法の明文規定や憲法秩序的な不文法の手がかりなしに決定を下さねばならないようなところでは、憲法裁判権も限界に突き当たるし、法的な憲法秩序の領域においても、裁判官は、不完全な法を充填し、補充することによって、あるいは不確定な価値概念を解釈し、確定することによって、政治的な形成に一定程度関与することになるのであり、非常に広範な権限を

6) スメントの主著である“Verfassung und Verfassungsrecht”においてはかなりトーンが違い、「統合」をめぐる紛争の裁判所による解決に対してかなり慎重な姿勢がとられている。Rudolf Smend, Verfassung und Verfassungsrecht (1928), in : ders., Staatsrechtliche Abhandlungen und andere Aufsätze, 3.Aufl., 1994, S.240.

7) Ulrich Scheuner, Der Bereich der Regierung (1952), in : ders., Staatstheorie und Staatsrecht, 1978, S.455ff.

有する連邦憲法裁判所にとっても、このことを否定することはできないとする。

◆コメント

本文で述べたように、ドイツでは執行権を統治と行政に分けるのが一般的となっているが、両者が明快に境界づけられているわけではないし、統治は議会のさまざまな関与のもとに置かれるものであることが指摘されている。このような問題点は、日本の執政権説が抱えている問題とも共通する面があるといえよう[8)]。

他方で、統治の概念は、当初より統治行為論、すなわち統治行為の裁判的統制の可能性と結び付けられて論じられてきたものであり、ドイツでは、それはとりわけ憲法裁判制度のありかたの問題であったことは注目に値する。統治概念の問題は、政治をどこまで法のもとに置くことができるかという憲法の究極的課題と深く結びついているのである。

［鵜澤剛］

8) 阪本昌成「行政権の概念」憲法の争点222頁以下（2008年）、およびそこに掲げられた文献を参照。

46 司法審査 〔英〕judicial review

司法審査とは、裁判所が、政府の行為（不作為を含む）が憲法に反していないかどうかをチェックすることをいう。これは憲法適合性を審査するものであることから、憲法保障のための重要な手段になっている。日本の憲法学では、司法審査を人権保障のための必要不可欠なツールと考えるのが一般的な理解である。しかし、それは最初からそのような役割を担っていたわけではない。

司法審査は、1803年のアメリカのマーベリー判決で確立したと理解されている。本判決においてマーシャル連邦最高裁長官は、憲法が国の最高法規であることに触れながらこれに反する行為は無効であるとし、「何が法であるのかを宣言するのは司法の役割である。」（5 U.S. at 177）と述べた。つまり、いかなる政府機関も憲法に反することはできず、そのチェックを行うのは裁判所であることを宣言したのである。合衆国憲法は裁判所にそのような権限があるかどうかについて何も規定していないにもかかわらず、裁判所は自らに司法審査権があることを宣言することで司法審査を創り上げた。したがって、当然ながら、そのような権限が認められるか否かについてはなお議論の余地がある。しかも司法審査はその運用次第では憲法構造に大きな影響をもたらす可能性があることから、その正当性をめぐって今日に至るまで物議をかもしつづけている。

もっとも、司法審査はマーベリー判決によっていきなり登場したわけではないことに注意が必要である[1)]。そもそも、本判決において「司法審査」という言葉は一切でてこない[2)]。それどころか、現在のように、この権限が人権保障として機能するようになるのは、20世紀になってからのことである。また、司法審査の原形はマーベリー判決によって登場したわけではなく、そ

---

1) 関誠一『アメリカ革命と司法審査制の成立』（ぺりかん社、1970年）。
2) 司法審査という言葉は、20世紀初頭にコーウィンが論文で使ったことで定着したとされる。*See* Edward S. Corwin, *The Supreme Court and the Fourteenth Amendment*, 7 MICH. L. REV. 643 (1909).

の源流はイギリス、そして植民地時代の州裁判所の判例法理にたどることができるという見方がアメリカでは有力である[3)]。それでは、アメリカの司法審査とはいつどこで発生し、いつ頃から現在のような機能を担い始めたのであろうか。以下では、「司法審査」の歴史を紐解きながら、その本来の意味を探ることにする。

1 イギリスにおける萌芽

司法審査は、イギリスにおけるコモン・ロー（common law）[4)]の発達に付随する形で形成されていったとされる。それには諸説あるものの、コークが1610年のボナム判決において判示した内容が重視されることが多い。この事件は、医学博士号を持つボナム医師が医師会の許可をとらないまま医療行為を行ったため、医師会によって罰金を科されたというものである。コークは、そもそも医師会には収監を命ずることができるような権限がなく、仮に授権されたとしても、コモン・ローに反するような行為はできないと判示した。つまり、たとえ法律であってもコモン・ローの統制を受けるとしたのである。ここでは、コークが法段階構造を基にしながら司法審査の原型を作り出した点が重要である。

ただし、この判決をもって、司法審査の萌芽とすることに対しては批判も根強い[5)]。コークはその後議会主権論者になったことからコモン・ロー優位の思想を持っていなかったのではないか、コモン・ロー優位を語った箇所は傍論にすぎないのではないか、などの批判があるからである。

そのため、ボナム判決だけをもって司法審査の祖とすることはできないが、ボナム判決のみにとらわれず、その前にコークが下した一連の判決を振り返ったとき、コークが法の有効性に関する判断方法を打ち出していった点を看過してはならない。コークは、ローマ法における法段階論をコモン・ローに取り込みながら、上位法と衝突・矛盾する下位法は無効であるとの判断を下しているからである。

その代表例として挙げられるのが、1608年のカルビン判決である。この判決においてコークは、神の法および自然法の普遍性に言及し、それを頂点と

---

3) *See, e.g.*, Larry D. Kramer, *Marbury at 200 : A Bicentennial Celebration of Marbury v. Madison : Marbury as History : Marbury and the Retreat from Judicial Supremacy*, 20 Const. Commentary 205 (2003).

4) 「コモン・ロー」は多義的な意味を持つが、ここでは判例法を指す。

5) 鵜飼信成『司法審査と人権の法理』65-91頁（有斐閣、1984年）。

して各法が存在しているとした。そして法段階構造に立脚しながら、自然法は主権者をも拘束すると述べたのである。このように、ボナム判決以前からコークは法段階論を唱え、下位法は上位法に反してはならないとしてきたことがわかる[6)]。

2 アメリカにおける源流

このような「抵触性審査」(repugnant review) は、アメリカにおいても引き継がれることになる[7)]。植民地時代の例としては1782年のカトン判決が有名である。この事件では州憲法と法律との抵触が問題となったが、ヴァージニア州最高裁は司法が州憲法と当該法律の抵触性を判断することができることに言及した。

その後、合衆国憲法が制定された後も、下級審において同様の判断が下されることがあった。たとえば、1794年のステイト判決では、司法は法律が憲法に反しないようにチェックしなければならないとしている。

そのような流れの中で、司法審査を確立させたのが冒頭のマーベリー判決である。この事件は、フェデラリスツとリパブリカンズという党派的対立の中で起きたものだった[8)]。1800年の選挙（大統領選挙および連邦議会選挙）で敗れたアダムズ大統領（フェデラリスツ）は、その勢力を温存するため、リパブリカンズの息のかかっていない司法府に狙いをつけた。そこでアダムズ大統領は、多くのフェデラリスツ党員を連邦裁判所の判事に任命し、フェデラリスツの勢力を残そうと画策した。ところが、職務執行令状を作成したもののそれを交付しないまま、大統領はリパブリカンズのジェファーソンに代わった。ジェファーソン大統領は交付を行わなかったため、連邦裁判所の判事に就任予定だったマーベリーが職務執行令状の交付を求めて提訴したのが本件である。マーベリーは、裁判所法13条に基づきいきなり連邦最高裁に判断を求めたが、これが事件の帰趨に関わることになる[9)]。当時、連邦最高裁の長官を務めていたのは、フェデラリスツ側のマーシャルであった[10)]。

---

6) Lawrence Joseph Perrone, *The Fundamental and Natural Law "Repugnant Review" Origins of Judicial Review : A Synergy of Early English Corporate Law with Notions of Fundamental and Natural Law*, 23 BYU J. PUB. L. 61 (2008).

7) Matthew P. Harrington, *Judicial Review Before John Marshall*, 72 GEO. WASH. L. REV. 51 (2003).

8) フェデラリスツは中央集権・親英派で、リパブリカンズは州権・親仏派であった。

9) 裁判所法13条は、職務執行令状の発行を求める場合、いきなり連邦最高裁に訴えを提起することができるとしていた。

マーシャルは、政治を掌握したリパブリカンズを刺激しすぎないように、かつ司法に権力を蓄える方法を考えた。そこでマーシャルは、マーベリーの請求を退けつつ、司法審査を確立するという道を選ぶ。すなわち、裁判所法13条は第一審管轄権を連邦最高裁に付与しているが、これは第一審管轄権を限定する憲法の規定に反するとして、訴えを却下したのである[11)]。もっとも、それだけでは政敵を利するだけになってしまう。そこで、マーシャルは、ある法令が憲法に違反するかどうかを判断する権限が司法にあることに言及する。そして法段階構造に依拠しながら、憲法の最高法規性を基に裁判所には司法審査権があることを宣言したのである。

もっとも、司法審査を創造したものの、これを連邦政府の権限に対して行使してしまうと、政治との摩擦が激しくなる。場合によっては政治が司法審査を無視してしまうおそれもあることから、この権限の行使については慎重でなければならない。そのような思惑のもと、マーシャルは州の行為に対しては違憲判決を下していくものの、連邦政府の権限については違憲判決を行わなかった。その後、連邦政府の行為が違憲となったのが、約半世紀後のドレッドスコット判決においてである。しかも、この判決は黒人に市民権を認めなかった悪名高い判決であり、奴隷を所有する白人の財産権は守ったことにはなるものの、一般に想定される人権保障とは遠いものであった。

3　司法審査の展開

連邦最高裁がこの伝家の宝刀を本格的に使い始めるのは、政治状況も社会状況も大きく変容した19世紀末から20世紀初頭にかけての頃であった。当時、アメリカは領土が拡大し、産業革命を迎えていた。そうした状況下で、労働立法が経済的自由権を侵害しないか否かが司法の場に上がってきた。連邦最高裁は憲法のデュー・プロセスを用いながら違憲判決を下していった。中でも有名なのは、パン屋の最長労働時間を規制したニューヨーク州の法律を違憲としたロックナー判決である。この時代は、連邦最高裁が金持ちの味方との批判を浴びながらも経済的自由権を保護するために司法審査を行使していった時期であり、ロックナー期と呼ばれる。

10）ただし、マーシャルは必ずしもフェデラリスツを強く信奉していたわけではなかったともいわれるが、ここでは一般に言われているようにフェデラリスツ的立場として描くことにする。

11）合衆国憲法3条2節2項は、外交使節等に関する事件と州が当事者の事件については連邦最高裁が第一審管轄権を有すると定めている。

ただし、現在のように、司法審査が人権保障の要と目されるようになったのは、ニュー・ディール期の転回を経て、戦後のウォーレン・コート（1953～1969年）を待たなければならない。この頃になると、連邦最高裁は少数派の人権や表現の自由を保護するために司法審査を行使するようになるからである。とくに有名なのが、人種分離政策を違憲としたブラウン判決である。連邦最高裁は、人種ごとの学校区割を違憲としただけでなく（ブラウンⅠ）、人種統合に向けたプランを作成するように迫ったことから（ブラウンⅡ）、司法が積極的に人権保障を実現しようとした例であるとされている。

こうして現在のように、司法審査が人権保障を行うものという位置づけがなされるようになった。ただし、以上に概観したように、もともとの司法審査は抵触性審査として始まったものであることを忘れてはならない。司法審査はあくまで憲法の最高法規性を根拠に行うものであり、そこに人権が付随してきたという歴史的経緯があったのである。したがって、司法が人権保障を行う場合でも、憲法をベースにしなければならず、そこから離れて特定のイデオロギーを実現するために司法審査を行使することはその論理構造に反する。司法審査の運用については、もともとの出自にも留意していかなければならないのである。

◆コメント

憲法学における司法審査は人権保障の要として語られることが多い。しかし、最初からそのような役割を担ってきたわけではなく、イギリスやアメリカの歴史の中で現在のような役割を担うようになった。現在、多くの国が司法審査制を採用するようになっているが、少なくとも付随的違憲審査制をとる場合にはこうした歴史的経緯に注意を払う必要がある。司法審査の原形は、上位法たる憲法と下位法との抵触を判断することにあるのである。

もっとも、このことは司法審査を消極的に解すべきというわけではなく、人権規定が憲法に盛り込まれている今、当然ながら司法は人権を侵害する法令をチェックしなければならない。また、日本の裁判所は統治機構や条例に関する司法判断が少ないが[12)]、憲法との抵触性はこうした領域にも生じるものであり、より積極的に憲法判断をしていくべきであろう。

［大林啓吾］

12）なお、これについてはそもそも事件自体が少ないという側面もある。

47　「二重の基準」論　〔英〕double standard

「二重の基準」論とは、日本では、精神的自由は立憲民主政の政治過程にとって不可欠の権利であるから、それは経済的自由に比べて優越的地位を占め、したがって、人権を規制する法律の違憲審査（46「司法審査」参照）にあたって、経済的自由規制立法に比べ、より厳格な基準によって審査されなければならない、とする理論をさす1)。この理論を支える論拠としては、①民主政の過程を支える精神的自由は壊れやすく傷つきやすい権利であり、それが不当に制限された場合には、国民の知る権利が十全に保障されないおそれがあり、このため裁判所は、民主政の過程を回復すべく、規制立法を厳格に審査する、②経済的自由規制立法については、社会経済政策問題が関係することが多く、裁判所の審査能力上限界がある、といった点が挙げられる。日本の最高裁判例も、（公共的事項に関する）表現の自由や集会の自由といった精神的自由は憲法上重要な権利であり、裁判所は、その制約について、経済的自由の制約以上に慎重な姿勢で審査しなければならない、という考え方自体は、受け入れているといえる（北方ジャーナル事件、成田新法事件、小売市場事件、薬事法距離制限事件、泉佐野市市民会館事件）。

「二重の基準」は、アメリカ憲法判例に由来するといわれているが、現在、アメリカのロースクールで用いられている概説書等で、「二重の基準」という言葉自体を見かけることは多くはない。「二重の基準」とは、日本国憲法の下で成立した違憲審査制の拡充を志した日本の憲法学説が、アメリカの地で学んだ憲法法理の基底にある思考を抽出し、体系化した部分があるように思われる。

---

1)　芦部信喜〔高橋和之補訂〕『憲法（第6版）』103-104頁、193-194頁（岩波書店、2015年）。「二重の基準」論をめぐるアメリカでの展開と、日本での受容とその問題点を分析した包括的研究として、松井茂記『二重の基準論』（有斐閣、1994年）がある。本項の内容は、次の文献に負う。5 Ronakd D.Rotunda & John E. Nowark, Treatise on Constitutional Law : Substance and Procedure § 20.7(5th ed. 2013).

1 「二重の基準」論の淵源

「二重の基準」論の淵源とされるのは、脱脂ミルクを各州間で輸送することを禁止する法律（連邦法）が、連邦議会の州際通商規制権限を逸脱しないかなどが争われた、1938年のキャロリーヌ判決である[2)]。法廷意見を執筆したストーン連邦最高裁判事（のちに長官）は、通常の商取引にかかる規制立法について、立法府の知識・経験における合理的基礎に依拠するとの推定を排除するものでない限り、違憲ということはできない、などとして、連邦議会の判断に敬譲する姿勢を示した。その過程で、ストーン判事は有名な脚注（「脚注4」）を付し、立法に対する司法審査のあり方を示唆した。つまり、①合衆国憲法の明示的な禁止規定に該当する立法については、合憲性の推定は狭まりうること（「合衆国憲法の明示的な禁止」の例として、合衆国憲法の権利章典などが挙げられている）、②ふつうに機能していれば不適当な立法が排除される政治過程をゆがめてしまうような立法（選挙権や情報の頒布を制限する立法など）については、他のものに比べてより厳密な司法審査が妥当しうる余地がありうること、③特定の宗教的・民族的・人種的少数者に向けられた立法や、「分離して孤立した」(discrete and insular) 少数者に対する偏見（この種の立法は、通常の政治過程の動きを重大に圧迫する）について、より厳密な司法審査が妥当するかもしれないこと、である。ストーン判事は、これらについて、より積極的な司法的保護が妥当することをほのめかしたが、この延長線上に、最高裁はその後、出版の自由、言論の自由、そして信教の自由が「優越的地位（preferred position）」にあることを明らかにした（マードック判決〔1943年〕）。

この「脚注4」に示された方向性は、司法審査にとって強力な指針を提供した。つまり、政治過程の産物である経済規制立法は、ある程度民主政過程内部での抑制を期待することはできるが、言論（表現）は、民主政過程それ自体の一部をなすものであり、言論の規制は、民主政過程そのものを変容させるのであって、この点で、立法に対して司法府が敬譲すべき前提は崩れ去るのである。加えて、言論への規制は、ときの政府の施策を批判から遠ざける効果を持ち、それは表現の自由が保障する、「開かれた討論」という価値と矛盾する。この場合も、裁判所は、その時々の多数派に抗して、この価値を保護すべく積極的な役割を引き受けるのである。

---

2) 合衆国憲法1条8節3項「連邦議会は、次の権限を有する。…外国、各州間及びインディアン部族との通商を規制すること」。

もっとも、精神的自由の「優越的地位」については、実は異論もあった。連邦最高裁のフランクファーター判事は、「優越的地位」という用語法を厳しく批判していた[3]。というのも、彼によれば、その言い回しは、コミュニケーションにふれる立法はすべて違憲と推定される印象を与えてしまいかねないからである。ただ、フランクファーター自身、（ホームズ判事にならいつつ）表現の自由について真理発見の可能性等を指摘し、経済的自由とは異なる重要な意義を見出していたが、彼の「優越的地位」という言い回しへの批判ののち、そのように表現されることは少なくなった。しかしその後アメリカ憲法判例は、事前抑制の禁止や合憲限定解釈の手法、そして、違憲性を主張する適格（スタンディング）を広く解するなど、表現の自由の重要性をふまえた数々の判例法理を形成し、「優越的地位」の実質は、アメリカ憲法論において確固たる地位を占めている。

2 「二重の基準」論登場の背景

経済規制立法について裁判所は立法府の判断を尊重するアプローチには、アメリカ憲法史固有の背景があることも指摘しうる。20世紀初頭、連邦最高裁は、連邦政府や州が行う社会的規制立法の多くを違憲とし、政治部門との深刻な対立を生じさせていた。その代表例として最も知られるのは、1905年のロックナー判決である。ここでは、パン工場等につき週60時間以上の労働を規制するニューヨーク州法の合憲性が争われたが、連邦最高裁は、この州法を違憲とした。つまり、この種の法令は、合衆国憲法の適正手続条項で保障される[4]、事業主と労働者との間の「契約の自由」を制約し、州に認められた「警察規制的権限」(police power) を逸脱するものである、というのであった。19世紀末から20世紀初頭まで、この判決に象徴される時期は「ロックナー期」(Lochner era) と呼ばれ、連邦最高裁は、適正手続条項で経済的自由にかかる実体的権利を強く保障したが（「実体的デュー・プロセス」論（20「デュー・プロセス」参照））、1890年から1934年まで、約200ほどの州法を違憲にしたといわれる。こうした最高裁の姿勢に政治部門の反発が強まり、ときのルーズベルト大統領は、「裁判所抱き込み案」(court-packing plan) を計画し、最高裁構成員を変えようとした。最高裁は、その後、1937年、女

---

3)　コバックス判決（kovacs v. Cooper, 336 U.S. 77(1949)）の同意意見。
4)　合衆国憲法修正14条1節「…いかなる州も、法の適正な過程なくして、人から生命、自由、及び財産を奪ってはならない…」。

性等についての最低賃金について規制する州法を合憲としたウェストホテル判決で態度を変化させ、経済規制立法について合憲性を推定し、(目的と手段の) 合理的な (reasonable) 関連性があると考えられればその合憲性を支持する、という姿勢に転ずる。「二重の基準」論の淵源とされるキャロリーヌ判決は、その直後に出されたものであり、経済的自由規制立法について裁判所は立法府に敬譲を示す、という論理は、こうした歴史的文脈とも関係している。

ただ、最近の連邦最高裁は、経済規制立法とされるものでも、必ずしも立法府に敬譲を示すとは限らない姿勢をみせている。例えば、1995年のロペス判決は、学校区域に武器を所持することを規制する連邦の法律の合憲性が問題となった事案であるが、政府側は、この法律は通商規制 (連邦議会の州際通商条項) として規制しうる、などと主張した。これに対し、最高裁は、本件規制の規定は刑罰規定であり、「通商」とは関係がなく、銃の所持は経済活動とはいえない、などとして、違憲と判断している。

3 「二重の基準」論の意義

このように、「二重の基準」論は、アメリカ憲法史を背景として形成された憲法法理の基底にある思考、ということができるが、ここで注意すべきは、「二重の基準」論は、憲法体制における裁判所の適切な役割とは何か、という問いとかかわっている、という点である。キャロリーヌ判決に立ち返っていえば、そこで想定されていたのは、民主政に対する「信頼」の有無、ということもできる (「ふつうに機能していれば不適当な立法が排除される政治過程をゆがめてしまうような立法」については厳格な審査を行う、というのは、政治過程をゆがめてしまう立法については、立法府の判断に合憲性について「信頼」を置くことはできない、という考え方が背後にあるといえる[5])。つまり、「二重の基準」論とは、憲法体制を実施していくにあたって、当該問題の解決はどの国家機関に託すべきか——誰を「信頼」できるか——という、政治部門の活動に対する裁判所の姿勢を指し示す意義を持っている、ということができる。

---

5) アメリカの憲法学者のイリィは、こうした観点からキャロリーヌ判決を読み解き、民主政過程を補完する司法審査のあり方を模索した。ジョン・H・イリィ〔佐藤幸治＝松井茂記訳〕『民主主義と司法審査』(成文堂、1990年) 参照。

◆コメント

最近では、「二重の基準」論に代表される違憲審査基準論と、ドイツ憲法論にみられる「三段階審査論」との間をめぐる議論が盛んである。違憲審査基準論については、その定型的・図式的なあてはめが問題とされているが、「二重の基準」の以上のような由来と、裁判所の司法審査の基本姿勢を方向付けるという本来的意味を踏まえると、より理解が深まるだろう。

［尾形健］

48　三段階審査〔独〕Drei Schritt Prüfung

三段階審査とは、いわばドイツにおける違憲審査基準論であるが、正確には、体系的な検証により、憲法上の議論のルール化・高度化を目指す論証作法と捉えるべきであろう。当該作法は連邦憲法裁判所の判決だけでなく、司法試験の答案の書き方においても用いられている。

日本において違憲審査基準と言えば、自由権のみならず、平等権、社会権などの憲法上の様々な権利についても論じられているが、三段階審査はあくまで、基本法上の自由権に限られ、「自由権の制限」を制限する論理と言ってもよい。

日本では、松本和彦によって先駆的に紹介され[1]、ドイツ憲法判例研究会の判例研究等[2]を通して、徐々に学説として定着し、小山剛らを通じて日本国憲法解釈論として広められた[3]。

1　三段階

三段階審査の三段階とは、保護領域（Schutzbereich）[4]、制限（Eingriff）[5]、正当化（Rechtsfertigung）であり、憲法教科書の定番として用いられているボード・ピエロートとベルハルト・シュリンク[6]による『基本権（Grundrechte）』[7]によ

---

1)　松本和彦『基本権保障の憲法理論』（大阪大学出版会、2001年）。

2)　ドイツ憲法判例研究会編『ドイツの憲法判例（第2版）、Ⅱ（第2版）、Ⅲ』（信山社、2003年、2006年、2008年）。最新の判例研究は自治研究（第一法規）に掲載されている。

3)　小山剛『「憲法上の権利」の作法〔新版〕』（尚学社、2011年）、宍戸常寿『憲法　解釈論の応用と展開〔第2版〕』（日本評論社、2014年）、渡辺康行ほか『憲法Ⅰ』（日本評論社、2016年）など。

4)　Schutzbereichは、「保護範囲」とも訳される。とりわけ石川健治は民法学及び刑法学との関係から、「保護範囲」と訳すべきとする（同「憲法解釈学における『議論の蓄積志向』」樋口陽一ほか『国家と自由・再論』15頁以下〔日本評論社、2012年〕）。

5)　Eingriffは、「介入」、「制約」、文脈によっては「侵害」とも訳される。

6)　シュリンクは世界的なベストセラー小説『朗読者』の作者でもある。

7)　Bodo Pieroth / Bernhard Schlink / Thorsten Kingreen / Ralf Poscher, Grundrechte, C.H.Beck, 2014. 本項目は本書を中心的に参照して執筆している。なお、2015年には31版（ebookの付録付）が発売されており、30版からキングレーンとポッシャーが著者として加わっている。同書の翻訳書である永田秀樹・松本和彦・倉田原志訳『現代ドイツ基本権』（法律文化社、2001年）は、第15版（1999年）の翻訳である。

れば、以下のような段階として概ね紹介されている[8)]。

Ⅰ. 法律によって規制されている基本権主体の行為は、基本権の保護領域に含まれるか。
Ⅱ. 法律の規制が保護領域への制限となるか。
Ⅲ. 制限を憲法上、正当化できるか。
1. 法律は、権限及び手続上、問題ないか。
2. a) 制限に対する制限を伴う基本権の場合：法律は制限に対する制限を遵守しているか。
b) 特別の法律の留保を伴う基本権の場合：法律は特別の要件を満たしているか。
c) 法律の留保を伴わない基本権の場合：その他の基本権または憲法上の利益のために法律による制限がなされているか。
3. 法律は議会留保の要請を満たしているか。
4. 法律による制限は、比例原則に合致しているか。
5. 制度的保障を伴う基本権の場合：法律は制度を存続させているか。
6. 法律は、基本権の本質的内容を侵害していないか。
7. 法律は、一般性を有するか、個別の事件だけに適用されないか。
8. 法律の留保を伴う基本権の場合：法律は、何条の基本法を制限するのかを明示しているか。
9. 法律は、要件及び効果を明確に規定しているか。
10. 法律はその他の憲法規定を満たしているか。

以上からも分かるように、通常、日本の憲法の教科書では統治分野で論じられているような論点（措置法、委任立法など）も、三段階審査の中に含まれている。

2　保護領域

第1段階(I)の保護領域とは、国家が個人の自由の領域に踏み込む際に、それが基本権に保護されている領域に含まれるか否かという審査である。たとえば基本法8条1項には集会の自由が規定されているが、文言上、「平和的

8)　判例、学説の定義・理解がすべて一致しているわけではない。たとえば審査段階について、概ね三段階が主流であるが、二段階や四段階も主張されている。また人権享有主体性（基本権主体）の問題について、保護領域に含める教科書もあり、日本の司法試験予備校で指導されているものと同じような構成も見られる。

で、武器を持たない」集会とされている以上、参加者の多くが鉄パイプを武器として持参したような集会はそもそも保護領域に含まれず、このような集会を禁止したとしても基本権侵害の問題とはならない。なお言うまでもないが、保護領域の確定については、基本法の文言だけでなく、解釈上の問題にもなる。

3　制限

第2段階(Ⅱ)の制限とは、目的性、直接性、法的行為性、命令・強制・執行性のある国家行為に該当するか否かの審査である。しかし福祉国家への進展に伴い、現在、制限の概念も拡大され、個人に対して基本権の保護領域に属する行為を不可能にする国家行為として、先に掲げた条件に必ずしも捉われる必要がないとされている[9]。

もっとも制限概念の拡大についてはその問題点も指摘されている。たとえば国家行為によるあらゆる事実上の効果を制限段階で考慮することになると、国家行為によって基本権行使が不可能である状態なのか、または単に困難である状態に過ぎず、主観的な不快感や迷惑に過ぎないのかの境界線が曖昧になってしまうと批判されている。

4　正当化

第3段階(Ⅲ)の正当化については、形式的正当化と実質的正当化の2段階に分けられる。

まず形式的正当化とは、法律の根拠があるか否か、すなわち法律の留保の問題となる。ドイツの基本権解釈では、基本権と法律の留保の関係について、文言により、単純な法律の留保を伴う基本権、特別の法律の留保を伴う基本権、法律の留保を伴わない基本権に分けられる。まず単純な法律の留保を伴う基本権は、「法律によって、または法律の根拠に基づいてのみ制限することができる」等の文言が挿入されている基本権であり、まったくそのような文言がないものが法律の留保を伴わない基本権である。「法律によって、または法律の根拠に基づいてのみ、かつ十分な生活の基礎がなく、そのために公衆に特別の負担が生ずる場合、……差し迫った危険を防止するために必要な場合、……制限することができる」(傍点筆者)といったように、法律の

9)　詳しくは斎藤一久「基本権の間接的侵害理論の展開」憲法理論研究会編『憲法学の最先端』56頁（敬文堂、2009年）参照。

留保にプラスして制限に対して制限を加えている基本権を、特別の法律の留保を伴う基本権と称している。法律の留保を伴わない基本権（たとえば基本法5条の学問の自由）については、一見、無制約のようにも思われるが、実際上は他の憲法規定との矛盾・衝突による制限を認めている。

形式的法治国家から実質的法治国家への変容が語られるように、以上のような形式的な正当化があれば、制限が正当化されるわけではない。実質的な正当化が最も重要なポイントとなる。実質的正当化は、Ⅲの3以下であるが、その中で最も重要な点は、4の比例原則（Verhältnismäßigkeitsprinzip）である（25「比例原則」参照）。比例原則とは、①国家の追及する目的が、それ自体を追及することが許されるものであること、②国家の講じる手段が、それ自体講じることが許されること、③講じる手段が目的達成のために適合的な（geeignet）ものであること、④講じる手段が目的達成のために不可欠な（notwendig）ものであること、とされる[10]。

③の適合性とは、たとえば森林保護のために近くの道路の速度規制を行う場合、自動車が排出する有害物資の量が規制によって減少し、森林の現状維持または環境改善という結果との関係が実証されなければ、適合的とは言えない。また④の不可欠性とは、日本の違憲審査基準で言われるところの必要最小限を求めるものであり、先の森林保護の例で言えば、植林によって同じような結果が得られるのであれば、速度規制は不可欠ではないと言える。

さらに狭義の比例性という基準も存在する。これは制限手段とそれによって追求される目的との均衡がとれていなければならないものである。例えば窃盗犯のDNAを調べるために、髄液を採取するような場合があたるが、このような審査自体が必要ないとする見解もある。

◆コメント

刑法の教科書では、所与の前提のように、犯罪とは構成要件に該当し、違法であり、有責な行為であると説明され、構成要件該当性、違法性、責任の三段階構成で記述がなされている。これはドイツに源があり、三段階審査も、このような三段階構成の論証作法と捉えればよく、今後の普及によっては刑法同様、自明のものとなる可能性もある。

［斎藤一久］

10）石川は前掲注4）論文において、日本の判例上の用語法を前提に、geeignetを「合理的」、notwendigを「必要不可欠な」と訳すべきとしている。

49 立法事実 〔英〕legislative facts

「立法事実」(legislative facts) とは、立法の背後にあって、立法目的とその達成手段の合理性を支える社会的・経済的・文化的な一般事実をいう。これは、具体的事件解決の際、当該事件に関する事実（誰が、何を、いつ、どこで、いかに行ったか）である「司法事実」(adjudicative facts.「判決事実」ともいわれる) と区別されて用いられる[1]。わが国最高裁判例では、薬事法距離制限事件判決（最大判昭50・4・30民集29巻4号572頁）が、「立法事実」を厳密に審査したことでよく知られている。ここで最高裁は、薬事法の薬局配置適正規定について、その必要性と合理性を裏付ける理由として公権力側が挙げた理由（薬局等の偏在——競争激化——一部薬局等の経営不安定—不良医薬品の供給の危険性等）は、「いずれもいまだそれによって〔…〕必要性と合理性を肯定するに足り」ないものとしたのであった。これ以外にも、最近では、国籍法違憲判決や、平成25年の非嫡出子相続分規定違憲決定などで、問題となる立法を取り巻く社会状況の変化等を重視して違憲判断を導くなど、憲法判断で「立法事実」を広く参照することは、日本の最高裁において定着しつつある判断方法の一つということができる。ここでは、その端緒となったアメリカ憲法論の展開を、簡単に概観したい。

1 立法への合憲性審査と「事実」の問題

アメリカにあっては、ある立法が合憲かどうかを判断することについて、古くは、次のように説かれることがあった。—問題となる立法と憲法の規定を対置させ、「二つの法がたがいに対立するならば、裁判所は、各々の効力について決しなければならない」(マーベリー判決〔1803年〕)。つまり、違憲の主張の根拠となっている憲法規定と、争われている立法の規定とを並べて、「後者〔立法〕が前者〔憲法〕に適合しているかどうかを判断するのである」

---

1) 芦部信喜〔高橋和之補訂〕『憲法〔第6版〕』383頁（岩波書店、2015年）。なお参照、江橋崇「立法事実論」芦部信喜編『講座憲法訴訟　第2巻』69頁（有斐閣、1987年）所収、時國康夫『憲法訴訟とその判断の方法』1頁以下、53頁以下（第一法規出版、1996年）。

（バトラー判決〔1936年〕）。

しかし、憲法問題は、憲法と立法とを単に比較して判断する、ということではなく、立法が想定し、あるいはそれが適用される「事実」の問題について知ることが必要な場合もあり、立法の合憲性も、裁判所がこうした「事実」の問題について抱いた結論に左右されることがある。例えば、合衆国銀行設立の合憲性が争われたマカロック判決（1819年）では、合衆国銀行の創設が、憲法上付与された連邦議会の権限行使にとって必要ないし適切かが争われたのであるが、これも、19世紀初頭のアメリカにおいて、実際のところどこまで中央銀行が「必要」・「適切」といえるのか、という、「事実問題」（question of fact）に大きく関わるものでもあった[2)]。また、パン工場等での労働時間を規制した州法が争われたロックナー判決（1905年）では、その根底に、当時の労働者の身体状況や労働環境等についての事実問題が横たわっていた。このように、憲法判断が、たんに問題となる規定の（客観的な）解釈にとどまらず、問題となる社会的な文脈において検討されなければならないとすると、その前提となる「事実」への視点が重要となる[3)]。

2　立法事実論の展開

こうして、憲法判断における立法事実への関心が、20世紀はじめごろにアメリカ憲法論でも意識されるようになった。その有名な例としては、わが国の憲法概説書でもよく指摘されるように、当時弁護士であり、のちに連邦最高裁判事となった、ブランダイスが執筆した上告趣意書がある。これは、工場や洗濯場で働く女性の労働時間を制限する州法の合憲性が争われた、ミュラー判決（1908年）において、州法の合憲性を支持するべく、女性の身体的特徴等により、労働条件等につき格別の立法措置をすることが正当化されるような統計等をまとめたものであった（113頁に及ぶものとされ、この種

---

2)　合衆国憲法上、連邦政府は、憲法上委ねられた権能のみ行使しうる、とされている（マカロック判決もまさにこの点を指摘する）。ここでは、合衆国銀行の創設が、連邦議会が有する様々な権限（課税権や州の間の通商の規制権限など）との関係で、どこまで正当化できるかが問題とされた。

3)　これらの点も含め、20世紀はじめの立法事実論については、*See* Henry Wolf Biklé, *Judicial Determination of Questions of Fact Affecting the Constitutional Validity of Legislative Action*, 38 HARV. L. REV. 6(1924). なお、アメリカで“legislative facts”を先駆的に論じたのはデイヴィス（Kenneth C. Davis）とされるが、これと、わが国の憲法訴訟論にいう「立法事実」との間で違いのあることが指摘されている。淺野博宣「立法事実論の可能性」高橋和之先生古稀記念『現代立憲主義の諸相』419頁（有斐閣、2013年）参照。

の文書は「ブランダイス・ブリーフ」(Brandeis brief) と呼ばれるようになった)[4)]。

立法事実の検出のあり方については、①記録に現れた事実ではなく、推論や先例等から事実問題を判断する方法がある(ロックナー判決はこの手法をとったものとされ、先験的な「推論」(reasoning) に基づく立法事実の認識にとどまるがゆえに批判された)。また、②当該事件における証拠や「司法的確知」(judicial notice) から、裁判所が立法の合憲性にかかる事実の根拠を探る方法がある[5)]。「ブランダイス・ブリーフ」のように、上訴趣意書中に、立法事実に関する統計資料や科学的根拠等を織り込み、裁判所の「司法的確知」に訴えるのも、ここに関連するであろう。そして、③問題となる立法の法案についての議会委員会報告書なども、立法事実の基礎を構成するものとされる。

20世紀後半に至り、立法事実は、あらためて注目されることとなった。カーストは、1960年に、憲法訴訟における立法事実の意義について検討した論文を発表しているが、そこで彼は、利益衡量を重視する立場にあっても、また、憲法規定が絶対的に保障されると解する立場にあっても、裁判官は、「立法事実の厳密な検討の必要性については、同意しうるのである」、と述べ、憲法問題に関して、次の点について立法事実が問題になりうることを示唆している。つまり、①政府側に関する論点として、(a)当該規制は、政府の掲げる目的をどの程度促進するか、(b)当該規制は、憲法上の権利をそれほど侵害しない他の規制に比べ、当該目的をどの程度促進するのか、②権利主張側に関する論点として、(a)当該規制によってどの程度憲法上の権利が制約されるか、(b)同じ目的を達成する他の規制手段に比べ、当該規制はどれほど制限的なのか。こうした観点から、彼は、ビラ配布を規制する市条例[6)]について、「文面上無効」(void on its face) としたタリー判決 (1960年) の法廷意見について、規制の側面(規制目的が詐欺的文書等の抑止にあるとして、市においてそれらの弊害が具体的にどの程度発生していたのか、など)と、憲法上の権利の側面(当事者にどの程度権利侵害が発生していたのか、など)に着目した検討の可能性を指摘している[7)]。

---

4) *See* Paul Brest et. al., Processes of Constitutional Decisionmaking 426-427 n. 97(5th ed. 2006).

5) 「司法的確知」とは、英米法の概念であるが、裁判所が、訴訟手続上、証拠によらずに、一定の事実の存在を認める行為をいう。ある事実が「当裁判所に顕著なものと認める」というのは、日本の裁判所もしばしば用いる表現であるが、これは "to take judicial notice" という(田中英夫編集代表『英米法辞典』483頁〔東京大学出版会、1991年〕)。

6) 具体的には、ビラ制作者・配布者等の氏名・住所を記載したものでない限り、配布してはならない、というロサンゼルス市条例が問題とされた。

3　立法事実と法解釈

このように、アメリカ憲法論にあっては、立法事実を考慮するということは、法解釈を、純粋な法的思考の空間にとどめることなく、当該事案を前提としつつ、より広い社会的文脈で検討する側面を有している。しかし、最近では、法解釈をいわば純化させ、法の文言（text）の解釈を重視し、立法者の意図や立法史といった、立法をめぐる背景的事情を法解釈において考慮することを拒否しようとする立場が現れている。スカリア連邦最高裁判事らが執筆した法解釈に関する著作では、例えば法の目的解釈について、「〔立法〕目的は、立法史のような外在的資料や、法起草者の意図についての想定からではなく、文言から導きださねばならない」と述べ、法の解釈をその文言に集中させる立場を明らかにしている[8)]。立法事実論は、「司法事実」のように、訴訟法的な事実認定の側面とは異なり、広い文脈では憲法解釈のあり方にも関わっている点も、注意しておいてよいであろう。

◆コメント

冒頭でふれたように、最近の日本の最高裁には、立法事実の変化を手がかりのひとつとして違憲判断を行う例がみられている。アメリカでは、立法事実について、「時代遅れとなった立法事実の想定は、新たな事件に及ぼす必要はないのであり、その明らかな論理的帰結として、訴訟代理人は、かつての事実認識は、現在の事実を説明するものではないことを立証する機会が与えられなければならない、といえるのである」、と指摘されている（カースト）。最近の非嫡出子相続分規定違憲決定についても、こうした観点から再読すると、より理解が深まるかもしれない。

[尾形健]

7)　Kenneth L. Karst, *Legislative Facts in Constitutional Litigation*, 1960 SUP. CT. REV. 75, 81, 84, 91-95.

8)　*See* ANTONIN SCALIA & BRYAN A. GARNER, READING LAW : THE INTERPRETATION OF LEGAL TEXTS 56(2012).

50　司法判断適合性　〔英〕justiciability

日本の憲法学では、司法権の概念の中核に「具体的な争訟」を据える考え方が有力である。裁判所法3条も、裁判所は「一切の法律上の争訟を裁判」すると規定しており、ここから裁判所の審査権の範囲が論じられる[1)]。こうした争訟性の要件を検討する際にしばしば参考にされるのが、アメリカ合衆国憲法の「事件性と争訟性」(case and controversy) の規定と、これをめぐるアメリカの判例・学説である。本項目では、このアメリカの事件性と争訟性についての定めから派生した、司法判断適合性と総称される諸法理を検討する。

アメリカでは、連邦制や三権分立といった憲法上の要請から、連邦司法府の権限を一定の枠にはめる必要があり、その際の憲法上の条文として、事件性と争訟性の規定がしばしば引用される。しかし、司法判断適合性の法理は、アメリカでは訴訟戦略上のプラグマティックな概念として扱われる。戦後の法理の変遷を理解するうえでは、そうした側面を見落としてはならない。

また英米法諸国には、当事者対抗主義の伝統がある。裁判における論点や真実は、勝訴を目指す当事者がそれぞれ自らの利益のために訴訟活動をすることによって最もよく明らかになるという発想である。裁判において紛争の具体性を求め、具体的な裁判における判断を通じて判例が発展してきた背景には、こうした伝統の影響があることも念頭に置く必要がある。

1 「事件性・争訟性」(case or controversy)

アメリカで司法判断適合性について論ずるにあたり、憲法の条文上の出発点は、合衆国憲法3編2節1項である。そこでは、連邦の司法権は、一定の「事件」(case) と「争訟」(controversy) に及ぶと定めている。ここから、裁判所が裁判をすることができるのは、訴訟当事者の間で現実に争いのある問題に限られるとする法理が発展した。この条文はアメリカの司法権についての定めであるため、憲法問題について抽象的な審査を許すと、司法府が立法府

1)　芦部信喜〔高橋和之補訂〕『憲法〔第6版〕』338頁（岩波書店、2015年)。

と同様の機能を果たし得ることになるので、三権分立に反すると考えられたのである。

これらの事件・争訟という文言を含む条文からは、連邦裁判所は勧告的意見を下すことはできないこと、また馴れ合い訴訟は受け付けられないことといった命題が導かれてきた。より具体的には、当事者適格、成熟性とムートネス、政治問題、といった法理が発展してきたので、これらを順にみてゆく。

2 「当事者適格」(standing)

当事者適格とは、原告は、裁判を求めている紛争の解決について、一定の利害関係を持っていなければならない、という制限である。原告が実際に被った損害が、被告の行為にまでさかのぼることができて、裁判所の下す命令によって、救済されるような請求でなければならない。

アメリカでも伝統的には当事者適格の要件は厳しく、訴訟を提起するには、当事者が「法的な意味での損害を被っていること」(legal injury) が必要とされていた。しかし1960年代に入ると、連邦最高裁はこの要件を緩和し、「事実として損害があること」(injury in fact) でよいとするようになっていった。背景には、アメリカの行政国家化の進展があり、国家の作用による影響が幅広い市民に及び、立法が約束する保護も伝統的なコモン・ローによって認知される法的利益よりも広いものになったとの認識があった。連邦最高裁は、シエラ・クラブ事件において、環境団体シエラ・クラブがセコイア国立公園に隣接するスキーリゾートの開発を差止めようとした事件で、シエラ・クラブ自体は開発許可を差止める原告適格を有しないものの、会員の中に個人として環境の美しさやレクリエーションとしての価値を奪われたとする者がいれば、これを代表して訴えを提起することができると認めた。

連邦最高裁は、フラスト事件において、特定の宗教に対する州の財政支援の合憲性を争う場合には、一般市民に納税者の立場で訴えを提起する当事者適格を認めていた。1960年代から70年代にかけて、アメリカの連邦裁判所が当事者適格を広く認めるようになったことで、裁判所による社会問題への深い関与と、幅広い救済を可能が可能になったといえる。

しかし1980年代になると、司法積極主義に対する批判が強まり、連邦最高裁の判例も当事者適格を厳しく判断するようになってきた。1982年のヴァレーフォージ・キリスト教大学事件で連邦最高裁は、フラスト事件ときわめて類似した事件で、当事者適格を否定した。1992年のルージャン事件で、希少生物保護法の適用を外国にも広げるよう求めて、野生生物保護団体が訴えを提起したが、やはり当事者適格を否定された。

そうした中で、当事者適格の定式化として今日定着しているのが、ルージャン事件で示された、①原告が事実として損害を受けたこと、②被告の行為との因果関係、③裁判によって適切な救済が図られること、の3要件である。

3　成熟性（ripeness）・ムートネス（mootness）

成熟性やムートネスの法理は、紛争の時間軸に沿って、司法判断適合性を判断する法理である。

成熟性とは、裁判所に事件の解決を求めるのが時期尚早である場合に、訴えの提起を禁ずる法理である。訴えを提起するには、当事者間の争いが裁判で解決するまでに熟している必要がある。裏返せば、裁判所に対し、将来生じるであろう紛争を推測して予め結論を出すよう求めることはできない。典型的には、成立直後の制定法や長らく執行されていない立法など、法執行や訴追がなされる可能性が低い法令の合憲性を原告が争う場合に、成熟性が問題となる。連邦最高裁の判例によれば、成熟性の判断にあたっては、①当該法令によって予測される損害が生ずる蓋然性、②すぐに司法審査をしない場合に生ずる損害の大きさ、③当該紛争の法的な論点を解決するに十分な記録があるか、が考慮される。

成熟性と逆に、ムートネスとは、紛争が当事者の意図したとおりであるか否かに関わらず既に解決ないし終了してしまった場合に、訴えの提起や継続を許さない法理である。学校に適用される州法の合憲性を争っていた職員が、裁判手続中に退職してしまった、というのが典型例である。

しかし、裁判には時間がかかるものであり、その間の事情の変化で常にムートとしてしまうと正義に反する場合もある。妊娠中絶規制の合憲性を争う場合を例にとれば、規制を受ける妊婦は少なくないし、原告自身も繰り返し妊娠する可能性もあるが、裁判は一般に妊娠40週で出産を迎えるまでには判決に至らない。こうした事情から、妊娠中絶に関する有名なロー判決で、連邦最高裁はムートネスの例外を認めた。

ほかにも、①原告がクラス・アクションの代表原告で、訴訟の継続が望まれる場合、②被告が原告の要求に応じたため紛争性がなくなってしまったが、被告の側ではいつでももとの状態に復旧できる立場にある場合、③当初の訴訟の紛争性はなくなってしまったものの、争われていた立法や政府の行為に伴う付随的効果が残っている場合など、いくつかの類型においてムートネスの例外が認められている。

4　政治問題（political question）

政治問題とは、紛争が裁判によって結論を出すことができるようなものであったとしても、最終的な解決は、立法府や行政府などの政治部門によってなされる方が適切と判断される場合には、裁判所が判断を控えるとする法理である。

この法理を巡っては、選挙区割りにおける判例の変遷が有名である。連邦最高裁は伝統的に選挙区割りの問題は、連邦や州の議会に委ねられるとして、「政治の茂みには立ち入らない」と述べていた。しかし第二次世界大戦後、アメリカの多くの州では都市化の加速する中で、議会が選挙区割りを放置した結果、マイノリティの流入した都市に割り振られる票数は低いままに押さえられ、逆に白人の多い郊外の地区に割り当てられる票数が高止まりするという状況が生じた。議会の不作為が、マイノリティの票の価値を薄めることになったのである。選挙区割りの問題が人種問題に発展するに及び、連邦最高裁はベーカー事件でそれまでの消極的立場を変更し、「1人1票」の原則（29「1人1票」参照）によって判断を下すことができると宣言した。その後の下級裁判所は、政治部門が選挙区割りに消極的である場合には、自ら専門家を任命して区割りをさせるなど、選挙区割りにも関与するようになった。

この分野においても、連邦最高裁は近年消極に転じつつあるが、そうした傾向は個々の争点によって異なっている。こうした展開の詳細な検討については、本書53「政治問題の法理」を参照されたい。

◆コメント

司法判断適合性は、細かな手続上の問題という印象を与えがちである。しかしこの問題は、裁判における本案審理に入るかどうか、いわば裁判の入口へのアクセスの問題にほかならない。1960年代における司法判断適合性の基準の緩和は、裁判所の社会における役割を大きく変えた。逆に1980年代以降の保守化を強める連邦最高裁による司法判断適合性判断の厳格化に対しては、リベラル派の論者を中心に、強い批判がなされた。

他方で、アメリカにおいて司法判断適合性の問題は、合衆国憲法3編2節1項の憲法問題という側面にとどまらず、裁判所が不適切な事件で抽象的な判断を下すのを自制する裁量的な側面がある。法手続についての緻密な議論の裏には、裁判官のもつ司法のあるべき姿、司法の社会における役割像という裁判哲学が横たわっている。法理の研究と同時に、法哲学や法社会学など多面的な検討を要する法理が、司法判断適合性の問題だといえる。

［溜箭将之］

51　適用違憲　〔英〕unconstitutional as applied to

1 「適用違憲」の意義

適用違憲とは、法令の規定それ自体を違憲とする（法令違憲）ことなく、法令の規定が当該事件に適用される限りにおいて違憲という処理の仕方をいう[1)]。基本的人権を侵害するような広範に過ぎる制限・禁止の法律であっても、常に違憲無効としなければならないわけではなく、原則としては当該規定の大部分が合憲とされるときは、その規定を無効とせず、合憲限定解釈を施し、またそれが困難である場合には、「具体的な場合における当該法規の適用を憲法に違反するものとして拒否する方法」として、適用違憲の手法が用いられる、と指摘される（全農林警職法事件最高裁判決における田中二郎裁判官ほか4裁判官の意見）。日本の裁判例としては、猿払事件第一審判決が有名である。同判決は、非管理職である現業公務員で、その職務内容が機械的労務の提供にとどまる者が、勤務時間外に、国の施設を利用することなく、かつ職務を利用し、その公正を害する意図なくして行った、衆議院議員選挙候補者の選挙用ポスター郵送配布行為について、国家公務員の政治的行為を処罰する国家公務員法110条1項19号を適用するのは、「このような行為に適用される限度において、行為に対する制裁としては、合理的にして必要最小限の域を超えたものと断ぜざるを得ない」、と判断した。

学説では、適用違憲の類型を、次の3つに区別するものがよく知られている[2)]。第1に、合憲的に適用される場合に限定することが解釈上不可能である法令が、違憲的な適用の場合をも含むような、広い解釈の下に具体的事件に適用されたとき、その限度において違憲である、という手法がある（先述の猿払事件第一審判決はこの例とされる）。第2に、法令を合憲的な適用の場合

1)　佐藤幸治『日本国憲法論』654頁（成文堂、2011年）。

2)　芦部信喜『演習憲法〔新版〕』306頁以下（有斐閣、1988年）。適用違憲の理解の仕方は、学説によって微妙にニュアンスが異なるが、有益な分析として、高橋和之『憲法判断の方法』序章・第4章（有斐閣、1995年）、土井真一「憲法判断の在り方」ジュリスト1400号51頁（2010年）、市川正人「違憲審査権の行使⑵文面審査と適用審査」大石眞＝石川健治編『憲法の争点』276頁（有斐閣、2008年）など参照。

に限定する解釈が可能であるのに、法令の執行者がそれを行わずに違憲的に適用した場合、そのような解釈・適用が違憲だとする手法がある（その例として、全逓プラカード事件第一審判決が挙げられる）。第3に、法令そのものは合憲でも、執行者が、それを憲法で保障された人権を侵害するような形で適用したとき、その解釈適用行為を違憲とする手法として用いられる例がある（家永教科書裁判第二次訴訟第一審判決がその例とされる）。

「適用違憲」・「法令違憲」といった違憲判断のあり方は、「適用審査」・「文面審査」という、裁判所による違憲審査のあり方とも関連している[3)]。「適用審査」は、法令の当該事件への適用関係に即して合憲性を検討するというあり方であり、「文面審査」とは、当該事件の事実関係にかかわることなく、法律そのものの文面において合憲性を判断するというあり方である。「適用審査」・「文面審査」・「適用違憲」・「法令違憲」の関係については、次のような指摘がある。裁判所は、付随的違憲審査制の下、当事者によって伝えられる法律の現実の適用を基礎に、憲法・法律に関する未成熟な観念的解釈を避け、事件の解決に必要な限りでの判断を目指すことが期待される。このため、裁判所の違憲審査は、まず①「適用審査」が出発点となる。①-1「適用違憲」はその自然な帰結であるが、①-2適用される事実が法律の重要部分を占め、法令そのものに違憲の疑いが向けられる場合には「法令違憲」となりうる。また、②「文面審査」へと転換し、「法令違憲」となる場合もある。さらに、③事件の性質や政治的・社会的背景等から、当初から「文面審査」に臨むこともありうる。

アメリカにおいては、「適用審査」をベースとしながら、特に表現の自由の領域で例外的に「文面審査」がなされてきた、と指摘される[4)]。この点について、少々検討しよう。

2　アメリカにおける「適用審査」・「文面審査」

アメリカ憲法判例において、「適用審査」が原則であることを明らかにしたものとして、ヤズー判決（1912年）がある。この判決では、鉄道等の「公共運送人」（common carriers）が、輸送上貨物等に生じた亡失・損害について、運送人が一定期間内にその請求に対処できなかったときは、業者に対し、実際の損害に加えて一定の課金を支払うべきことを訴訟で請求しうる旨定めた

3）　以下につき、佐藤・前掲注1）654-656頁参照。
4）　佐藤・前掲注1）655頁。

州法が争われた。上告人（鉄道会社）は、この法律が、過度な請求などのあらゆる請求に応ずべきことを業者に求めるなどの点で、合衆国憲法の適正手続条項・平等保護条項に反すると主張した[5)]。連邦最高裁は、本件業者がこのような主張をすることを認めなかった。というのも、この業者は、過度の請求で課金の支払を求められたものではなく、適切な請求を迅速に処理しなかったために支払を求められたのであって、「このような事案に適用される限りにおいて（as applied to）、当裁判所は、憲法が定める法の適正手続条項にも、平等保護条項にも反しない、と考える」。「当裁判所は、想像上のものではなく、面前の事件を処理しなければならない。したがって、本件のような事案に適用される限りにおいて、本法律は合憲である、と判示すれば足りる」[6)]。

ここに示された、「適用審査優先原則」ともいうべき違憲審査のあり方[7)]について、連邦最高裁は、次のように説明している[8)]。司法府である連邦裁判所が、立法府である連邦議会が制定した法律を違憲とする権限の基礎には、裁判所の面前に適切に提起された、「事件・争訟」（cases and controversies）（51「司法判断適合性」参照）を判断する権限と責務がある。連邦最高裁は、具体的な争訟における訴訟当事者の法的権利を審理するよう求められた場合でない限り、連邦・州の法律を違憲とする権限を持たなかった。この違憲審査権の行使には、2つのルールが遵守されてきた。第1に、憲法問題を、その判断の必要性の以前の段階で求めてはならない、ということであり、第2に、適用されるべき事実が要求する以上に、憲法判断を広く行ってはならない、ということである。これらのルールに類するものとして、さらに、ある法令が合憲的に適用される者は、その法令が他の者に違憲的に適用されるという理由で、その法令の違憲性を主張してはならない、というものがある。これらのルールが存在する理由として、次のものが指摘される。つまり、複雑で包括的な法令の適用場面において生じうる、想定されるあらゆる状況を検討するということは、当裁判所にとって望ましいことではない、ということである。連邦議会の法律を違憲であると宣言する、繊細な権限は、想像されるような仮説的な事案に依拠して行使されるべきではない。合憲性が疑わしい

5）合衆国憲法修正14条1節は、次のように規定する。「……いかなる州も、法の適正な手続によらずに、いかなる者からも、生命、自由又は財産を奪ってはならない。また、その管轄権にあるいかなる者に対しても、法の平等な保護を否定してはならない」。

6）Yazoo & Mississippi Valley Railroad Co. v. Jackson Vinegar, Co., 226 U. S. 217, 219-220(1912).

7）市川・前掲注2）276頁、土井・前掲注2）54頁。

8）United States v. Raines, 362 U. S. 17, 20-22(1960).

法令の適用が具体的事件でなされた場合、裁判所によって限定的な法令の解釈がなされることがある。また、このルールを適用することで、憲法問題について不必要な宣明を避けることができるだけでなく、その合憲的な適用が不明確な場合に、法令の拙速な解釈・適用を控えることを裁判所に可能にする。

これらのルールには、訴訟当事者は、自身の憲法上の権利のみを主張しうる、という論理的帰結が存する。これらについては、憲法上の要請というより、「実践上のルール」(rules of practice) であり、このため、他に重要な考慮事項が認められたときは、例外が存する。例えば、問題となる訴訟の結果により、当事者ではない者の憲法上の権利が侵害される可能性があるが、その者には自身の権利を護る実効的手段がない場合には、裁判所はこれらの権利について審査する。また、これらのルールが表現の自由を抑圧するような効果をもたらすときは、その適用はない。このルールが刑事法に適用される場合、条文の(解釈による)修正によって、当該条文が禁止された行為について明確な警告とならないような場合も同様である。

3 「適用審査」・「文面審査」の連続性

このように、事案に「適用される限りにおいて」(as applied to) 審査を行うが、一定の場合には例外的に当該事案の範囲を超えて、当該法令の文面審査を行うことを含むルールは、アメリカ憲法判例法理において広く基礎とされてきた。その背後には、①その法令について、合憲的に規制しうる適用場面と違憲的に規制される適用場面とが区別しうる限り、合憲的に当該当事者が規制の対象となるのであれば、その者は規制から逃れることはできない、ということ、②仮説的な紛争に基づき判断をするのは、憲法訴訟を抽象化するおそれがあることなどが指摘されている[9)]。

ただし、最近のアメリカの学説では、「適用審査」が原則で「文面審査」が例外である、という図式は、必ずしもアメリカでは妥当しておらず、むしろ「文面審査」が積極的に行われている、などの指摘もみられ、「適用審査」・「文面審査」のありようが問い直されている。ある論者によれば、「文面審査」は「適用審査」とカテゴリカルに区別しうるものではない、と指摘されている。つまり、憲法上、裁判所は、常に具体的事件から着手し、当事者の訴え

9) Richard H. Fallon, Jr., et. al., Hart and Wechsler's The Federal Courts and The Federal System 162(6th ed. 2009).

を審理するが、その際、当該紛争を解決する理由付けとして必要な、様々な法理や審査基準などを用いる。その結果、ある法令は、単に適用の場面において違憲となるのみならず、より一般的に、あらゆる状況で違憲とされることもありうる。このような場合に、文面上違憲であるとの判断は、適用上の判断からの帰結ということができる。このように、文面上の審査は、当該法令の合憲性について、適用上の審査とカテゴリカルに区別することができない、というのである。「裁判所は、適用上の審査をするにあたり、付随的に、その法令がより広い点で違憲であるとの結論に達するのである」[10)]。冒頭でふれた「適用審査」・「文面審査」・「適用違憲」・「法令違憲」の関係のように、付随的違憲審査制の下では、当該事件についての審理を前提としつつ、これらを関連づけて理解することも重要であろう。

◆コメント

猿払事件一審判決の適用違憲の手法に対し、上告審判決は、「法令が当然に適用を予定している場合の一部につきその適用を違憲と判断するものであって、ひっきょう法令の一部を違憲とするにひとし」い、としており、最高裁は、適用違憲という手法に消極的なようである（堀越事件〔最二判平24・12・7刑集66巻12号1337頁〕の千葉勝美裁判官補足意見は、表現の自由規制立法の合憲性審査に適用違憲の手法を用いることを疑問視した）。一方、最近の学説では、本文で挙げた適用違憲の3類型の「見直し」も指摘される。つまり、第2類型は法令を合憲限定解釈した上で適用行為を違法といえば足り、第3類型は「法律、命令、規則」（憲法81条）の適用行為である「処分」であるから処分違憲とすればよく、適用違憲としては第1類型に限定すべきだ、とされる（宍戸常寿『憲法　解釈論の応用と展開〔第2版〕』297-298頁〔日本評論社、2014年〕、芦部信喜編『講座憲法訴訟第3巻』23-26頁〔有斐閣、1987年〕〔青柳幸一〕など参照）。適用違憲の手法は、法令に違憲の瑕疵があり、その理由を示すことで、国会に対し必要な措置を講ずべきことを求める一方、いかに修正を行うかの第一次的判断は国会に委ねることができるとう点で優れた手法である、と評価されており（土井・前掲注2）57頁）、今後の議論の深化が期待される。

［尾形健］

10）Richard H. Fallon, Jr., *As-Applied and Facial Challenges and Third- Party Standing*, 113 HARV. L. REV. 1321, 1336-1337(2000).

52 抽象的違憲審査

〔独〕abstrakte Normenkontrolle

日本の憲法の概説書類においては、日本の違憲審査制を付随的違憲審査制と特徴づける一方で、ドイツの違憲審査制の特徴を示す言葉として、抽象的違憲審査制あるいはこれに類する用語が登場する。たとえば、芦部信喜〔高橋和之補訂〕『憲法』には、「裁判所による違憲審査制にも、大別して、①特別に設けられた憲法裁判所が、具体的な争訟と関係なく、抽象的に違憲審査を行う方式（抽象的違憲審査制）と、②通常の裁判所が、具体的な訴訟事件を裁判する際に、その前提として事件の解決に必要な限度で、適用法条の違憲審査を行う方式（付随的違憲審査制）がある」という説明がある[1)]。このように、抽象的違憲審査という語は、付随的違憲審査の対概念として用いられることが多く、また、違憲審査を通常裁判所が行うか専門の憲法裁判所が行うかの区別に対応する形で論じられることが多い。

しかし、ドイツ連邦憲法裁判所は抽象的違憲審査だけを行っているわけではなく、付随的違憲審査に類するようなことも行っている。そもそも上記のような抽象的違憲審査制、付随的違憲審査制の定義自体が複数の異なる観点を含むものであり、あまり明晰とは言いがたい。ドイツ連邦憲法裁判所が非常に多岐にわたる権限を有しており、具体的争訟に付随した違憲審査も行っていることは、すでにいくつかの概説書においても紹介されている[2)]。そこでまず、ドイツ連邦憲法裁判所の権限のカタログを本項目の解説に必要な限度で紹介し、そのなかで抽象的違憲審査制がどのような位置を占めているのかを確認することから始めたい。

1　抽象的規範統制手続の位置

ドイツの連邦憲法裁判所の権限のうち、国家作用の憲法適合性の審査に関するものとしては、抽象的規範統制のほか、具体的規範統制、憲法異議がある。抽象的規範統制は、後述するように、連邦政府、連邦議会議員の4分の

1）　芦部信喜〔高橋和之補訂〕『憲法〔第6版〕』379頁（岩波書店、2015年）。
2）　たとえば渋谷秀樹・赤坂正浩『憲法2　人権〔第5版〕』368-369頁（有斐閣、2013年）。

1などの政治的機関の申立てにより、法律の憲法適合性を審査する手続であり、上記の日本の教科書的説明は、この手続の存在をもって、ドイツの憲法裁判の特徴を抽象的違憲審査制と呼んでいると思われる[3)]。具体的規範統制は、裁判所が具体的事件を審判する際に、適用する法律が基本法に適合しないとの確信に至った場合などに、当該問題を連邦憲法裁判所に移送する手続である。具体的規範統制は、たしかに具体的事件に付随するものではあるが、連邦憲法裁判所は当該法律の憲法適合性を直接の対象として判断を行い、事件を当該裁判所に返すことになる。憲法異議は、公権力によって自己の基本権が侵害されたと考える場合に提起するもので、ここにいう公権力には立法権、行政権および裁判権がすべて含まれる。連邦憲法裁判所は、当該国家作用の基本権侵害の有無または憲法適合性について直接判断することになる。

このほかにも、連邦憲法裁判所は、連邦大統領、連邦首相、連邦政府、連邦議会、連邦参議院など、連邦最高機関等の間の権限争議（憲法機関争訟)、および連邦とラント[4)]間の権限争議（連邦国家争訟）を裁定する権限や、大統領等に対する訴追、基本権喪失、政党の違憲確認などの手続も管轄する。連邦機関の間の権限争議と連邦とラント間の権限争議は、あわせて「憲法争訟」(Verfassungsstreitigkeit）と呼ばれる。

上述のように、抽象的規範統制は、法律の憲法適合性について直接審判する手続の1つであるが、これを提起する資格を有するのは、連邦政府または連邦議会議員の4分の1などである。このことをもって、具体的事件を前提としない手続と特徴づけられているのである。

抽象的規範統制は、憲法問題を特別に扱う憲法裁判所制度に特徴的な制度と目されているが、件数自体としては、連邦憲法裁判所が処理する事件のうちのごくわずかにとどまっている。もっとも、そのなかには1975年2月25日の第一次堕胎判決、1985年4月24日の第二次良心的兵役拒否判決、1997年4月10日の第二次超過議席判決、2002年7月17日の生活パートナシップ判決など、政治的・社会的にインパクトの大きい判決が抽象的規範統制の申立てを受けて下されている。その意味で、ドイツ連邦憲法裁判所の諸権限のなかで、件数自体は多くはないが、存在感はあるということもできよう。

3）以下の記述でも、「抽象的違憲審査」に代えて、「抽象的規範統制」の語を用いる。
4）ドイツは連邦国家であるが、連邦の構成国のことを「ラント（Land)」と呼んでいる。「邦」や「州」と呼ばれることもあるが、ここでは「ラント」としておく。

このように抽象的規範統制の申立てによって連邦憲法裁判所に持ち込まれる事件に、政治的・社会的インパクトが強いものが比較的多く含まれているのは、1つにはその申立権者が連邦政府、連邦議会議員の4分の1などの政治的機関であることがあげられよう。抽象的規範統制は、議会等における政治闘争に敗れた少数派の「延長戦」と化している側面があり、「司法の政治化」、あるいは逆に「政治の司法化」を招いているとの批判も強い[5)]。

2　失われた抽象的規範統制のもう1つの理解

ドイツの憲法史において、抽象的規範統制は現行の基本法成立過程において確立された制度であるが、その萌芽と目しうる制度はそれ以前にもないわけではない。たとえばワイマール憲法下におけるライヒ[6)]国事裁判所の判例のなかには、議会会派等にラント法律の規定がラント憲法の規定に違反することの確認を求める訴権を認めたものがいくつか存在する。

ワイマール憲法は、ライヒ国事裁判所の権限として、(いずれも他に管轄する裁判所が存在しない限りでのものであるが) ライヒとラント間の争訟、ラント間の争訟、そしてラント内の憲法争訟を裁定する権限を付与した。ラント内憲法争訟に関して大きな問題となったのが、誰が憲法争訟の当事者たりうるかということである。この点に関する判例のなかに、たとえばザクセンの議会会派が、国家会計検査院法6条ないし10条がザクセン憲法48条に違反することの確認を求めた事案において、会派が当事者としての資格を有することを認めたものがある[7)]。また、弁護士に営業税を課すラント法律について、議員個人が、ライヒ憲法142条2文、158条、165条3項2文、152条1項などの規定を根拠に、営業税そのものの違憲または弁護士・公証人をそこから除外しない点で違憲であるなどと主張して、その旨の確認を求めた事案においては、「議決の無効が、ラント議会またはラント議会の少数派の憲法上の権利、とりわけ憲法改正法律を阻止することに関する権利の侵害によってではなく、単に議決された法律がライヒ憲法の実体的規定に違反するという

---

5)　Jutta Limbach, Das Bundesverfassungsgericht, 2.Aufl., 2010, S.55.

6)　ワイマール共和国のもとでは、連邦を「ライヒ (Reich)」、連邦の構成国を「ラント」と呼んでいた。「ライヒ (Reich)」は「帝国」と訳されることが多いが、ワイマール共和国は共和制であるから、「帝国」という訳語は適当ではない。そこでここでは「ライヒ」としておく。

7)　Hans-Heinrich Lammers / Walter Simons (Hrsg.), Die Rechtsprechung des Staatsgerichtshofs für das Deutsche Reich und des Reichsgerichts auf Grund Artikel 13. Absatz 2. Reichsverfassung, Bd.1, S.286ff.

点に求められる場合」にまで、会派などに認められてきた憲法に内容上違反する議決の無効を争う権能を認めることには疑問がある、との注目すべき説示が行われている[8)]。ライヒ国事裁判所の判例は、憲法に違反するような法律の制定は本来憲法改正手続を踏むべきであり、違憲の法律が通常法律の手続で制定された場合には議会会派は憲法上与えられた憲法改正を阻止する権利を侵害されたとの考え方を基礎として、議会会派に法律の憲法適合性を争う権能を付与したのである。

このように、ワイマール憲法下では、議会少数派の憲法改正を阻止する権利という概念を梃子として、憲法改正を阻止しうる程度の規模の議会少数派に法律の憲法適合性を争うことが承認されていた。それは、(ラント内の[9)])「憲法争訟」、すなわち国家意思の形成に関与する権限を憲法上認められている機関が、その権限の存否またはその行使を争う憲法上の機関争訟から生み出されたのである。

もともと、ドイツの憲法裁判所制度は、法令の違憲審査よりも、このような機関争訟の方が古い歴史を有している[10)]。憲法上の機関争訟[11)]は、すでにみたように、今日の連邦憲法裁判所制度にも受け継がれている。もっとも、現在の抽象的規範統制手続は、後述のように、憲法争訟の手続とは全く異なる構造を有しており、ワイマール期の理解を継承したものとはいいがたい。しかし、ワイマール期の理解は、抽象的規範統制手続の一つの可能形態として、参考に値するものではあるだろう。

---

8) Hans-Heinrich Lammers / Walter Simons (Hrsg.), Die Rechtsprechung des Staatsgerichtshofs für das Deutsche Reich und des Reichsgerichts auf Grund Artikel 13. Absatz 2. Reichsverfassung, Bd.4, S.190ff.

9) 今日の連邦憲法裁判所が連邦の最高機関の間の権限争議についても管轄をもっているが、ワイマール期の国事裁判所は、ラント内の憲法争訟についてのみ、しかも補充的な管轄をもったにすぎず、ライヒの憲法争訟についての管轄は認められていなかった。これはラント内憲法争訟に対するライヒ国事裁判所の管轄が、ライヒのラントに対する監督作用としての側面を有していたことに由来する。ライヒとラント間の争訟、ラント間の争訟に対するライヒ国事裁判所の権限が連邦制憲法であるがゆえのものであることは明らかであるが、ラント内憲法争訟に対するそれも、連邦制憲法であったからこそそのものということができる。

10) ドイツの憲法裁判権の歴史については、宍戸常寿『憲法裁判権の動態』第一部(弘文堂、2005年)。

11) 行政裁判所が管轄する行政上の機関争訟も存在する。行政裁判所法40条1項1文は「行政裁判所への出訴は、一切の公法上の争訟のうち憲法的性格のものを除くものにおいて、当該争訟を他の裁判所の管轄とする旨の明示的な連邦法の規定が存在しない限りにおいて、与えられる。」と規定している。

3　抽象的規範統制手続の構造

連邦国家的争訟や憲法機関争訟の手続は、相互の間における権限の存否またはその行使が問題となるということからして当然であるが、対審構造を有している。これに対し、抽象的規範統制においては、申立人はいるものの被申立人はおらず（いわば原告はいても被告はいないという構造である）、その手続は対審構造を有していない[12)]。さらに、抽象的規範統制においては、申立人が申立てを取り下げても、連邦憲法裁判所は、なお本案について裁判することができるとされており、手続の客観性が高められている。

これらの点において、抽象的規範統制は、申立人の主観的権利・利益（たとえばワイマール期において想定されていたような「憲法改正を阻止する権利」）の保護ではなく、客観的な憲法の保護を目的とする制度であることが明らかにされている。

◆コメント

抽象的規範統制手続に対しては、ドイツにおいてもその賛否についてさまざまな評価があるだけでなく、この制度がいかなる基礎理論の上に築かれているのかという点についても、沿革的には必ずしも1つの確定的な解があるわけではない。これは、究極的には、憲法裁判とは何かという根本問題にも連なるものである。

［鵜澤剛］

12）ちなみに、具体的規範統制に至っては、申立人すらいない（いわば原告も被告もいない構造である）。

53　政治問題の法理　〔英〕political question doctrine

日本の判例（苫米地事件最高裁判決）および一般的な学説では、国家行為の中でも高度に政治的な性格を有するものについては、それに対する法的判断が可能であっても、司法審査の対象にはならないとされる。このような考え方は、「政治問題の法理」あるいは「統治行為論」と呼ばれるが、前者がアメリカの「political question doctrine」、後者がフランス／ドイツの「acte de gouvernement」／「Regierungsakt」論の訳語であることからも示されるように、米仏独の理論・実務の影響を受けつつ形成されてきた。なかでも、アメリカにおける「政治問題の法理」は、付随的違憲審査制の母国で形成されたものとして、わが国において頻繁に参照されてきた[1)]。以下では、アメリカにおける「政治問題の法理」の由来と展開を解説する。

1　アメリカにおける「政治問題の法理」

アメリカでは「政治問題の法理」は、司法判断適合性（50「司法判断適合性」参照）にかかわる法理として、連邦最高裁の判例を通して形成されてきた。それによると、「政治問題」（political question）に該当する事案については、それが具体的事件性や当事者適格などの諸要件を充足していても、司法判断適合性が否定され、裁判所の審査が及ばないとされる。

それでは、何が「政治問題」に当たり、なぜ「政治問題」は裁判所の審査から外されるのであろうか。この点につき、アメリカでは大きく分けて2つの思考の流れがあるとされる。1つは、憲法条文が政治部門に最終的な判断権を付与した問題を「政治問題」と捉える系譜であり、そこでは司法判断の回避は憲法上の要請として把握される。もう1つは、裁判所の賢慮に基づき判断を自制するのが適切な問題を「政治問題」と捉える系譜であり、そこで

1）　アメリカの「政治問題の法理」に関する詳細な邦語の分析としては、小林節『政治問題の法理』（日本評論社、1988年）、諸根貞夫「『政治問題の法理』の再検討(一)(二)(三・完)――アメリカ合衆国最高裁判例の研究――」早稲田法学会誌30巻429頁（1979年）、同31巻313頁（1980年）、愛媛大学教養部紀要15巻2号483頁（1982年）を参照。

は司法判断の回避は司法的自制として把握される。判例は以下で見るように、両方の系譜が交錯する中で展開してきた。

2 「政治問題の法理」の形成

一般に「政治問題の法理」の形成に重要な役割を果たしたと見られているのが、1849年のルーサー判決である。この事件の背景には、ロード・アイランド州において1841年から42年にかけて発生した「ドアの反乱」がある。同州では、選挙権がごく限られた者にしか認められていなかったため、州民の不満が高まっていたが、州議会がこれに対応しようとしなかったため、ドア率いる市民が集会を重ね、新憲法を起草して人民投票を実施するに至った。投票後、彼らは新憲法の成立を宣言し、新政府の樹立へと進んだが、旧政府は戒厳令を敷いてこれに対抗し、最終的に新政府を鎮圧するに至った。本件は、この戒厳令下で旧政府側の軍務に就いていた被告が新政府側の原告の家宅を捜索したことが、民事上の不法侵入に当たるかどうかが争われたものである。そこでは、被告の行動が正当な権限に基づくものであったかどうかを判断するための前提として、新旧いずれの政府が正当であるかが争われていた。

連邦最高裁は判決の中で、もしこの問題――いずれの州政府が正当であるかの問題――を審理し、旧政府（現行政府）の正当性を否定した場合、それが制定した法令や下した判決が無効になるなど重大な帰結が生じることを指摘し、この問題の審理の可否については慎重な検討が必要であるとした。そのうえで、合衆国憲法4条4節（共和政体条項）を解釈し、このような問題は、同条項により連邦議会が他の諸機関を拘束する最終的な判断権を持つ、「本質的に政治的」な問題であるとして、その司法審査対象性を否定した。ここでは、憲法上政治部門に最終的な判断権があるとされる事項が「政治問題」と位置づけられており、司法審査を否定する根拠が憲法条文上の権限配分に求められている。ただ、正当な州政府の選択の問題がそのような事項に該当するとの合衆国憲法4条4節の解釈は、同条項の解釈として論理必然の唯一のものとはいいがたい。そうした解釈がとられた背後には、判決も指摘する、実際に裁判所が審査した場合の重大な帰結に対する考慮が働いていたといえよう。それは、裁判所の賢慮に基づく自制といえる。

このようにルーサー判決では、一定の問題が憲法条文上政治部門に委任されていることを理由に、「政治問題」として裁判所の審査から外れる場合があることが示されたが、同時に、裁判所の賢慮により、ある問題が「政治問題」とされて司法審査が自制される可能性もあることが看取された。

3 「政治問題の法理」の拡大

その後判例が蓄積されていく中で、次第に「政治問題」の範囲が広がるとともに、「政治問題」該当性の判断において、憲法上の権限配分の議論と並んで、司法的自制の議論が前面に出てくるようになった。

たとえば、1912年のパシフィック・ステイツ電話電信会社事件では、オレゴン州による州民投票制の導入が合衆国憲法4条4節の共和政体条項に反しないかどうかが争われたが、判決はこれを「政治問題」とするにあたり、ルーサー判決を引用して当該問題に関する最終判断権が憲法上政治部門にあることを指摘するのみならず、もしこの問題を審査して、同州が共和政体を欠くとの結論に至った場合に生じる「異常で破壊的な影響」(223 U.S. 118, at 141) についても強調した。

また、1939年のコールマン事件では、連邦議会による発議から13年近く経った憲法修正提案（児童労働の規制）が「合理的期間」を経過し既に失効したかどうかが争われたが、判決は何が「合理的期間」であるかにつき、司法判断に必要な基準が憲法にも法令にも見出されないことや、裁判所が判断に必要な各種情報の収集能力を欠いていることなどを理由に、当該問題を「政治問題」であるとした。ここでは、政治部門に最終的な判断権があるとされる理由が、判断基準や情報収集能力の欠如による、司法判断の困難さに求められている。この理由が、憲法上の権限配分と司法的自制のいずれに関わるのか、あるいはいずれとも異なるのかについては見方が分かれうるところではあるが、アメリカにおいては一般に司法的自制を示すものとして受け止められてきた。

さらに、1946年のコールグローブ事件では、連邦下院議員選挙区間の投票価値の格差が合衆国憲法の諸条項に違反しないかどうかが争われたが、相対多数意見はこれを「政治問題」とするにあたり、憲法上連邦議会が下院選挙の公正を保障する排他的権限を有するとの解釈を示すとともに、歴史的に選挙区割の問題が「党派的抗争・党派的利害という意味における政治上の争い」であることに触れ、「裁判所はこの政治の茂みに立ち入るべきではない」と述べて、自制の必要性を説いた (328 U.S. 549, at 554, 556)。

憲法学界においても、いわゆる「オールド・コート」(Old Court) の司法積極主義に対する批判の中で、司法の自制の必要性が説かれていたこともあって、1920年代以降、「政治問題の法理」を司法的自制の手段として位置づけ擁護する立場が有力になった。そこでは、裁判所が、実体判断を下した場合の影響（裁判所自身の権威・正統性や国家・国民に与える影響）や自己の能力（情報収集能力や判決執行能力）等に対する配慮から、この法理を援用して実体判断を回避することが肯定された。もっとも、このような立場に対しては、憲法が例外を設けている場合（最終判断権を政治部門に与えている場合）以外に、裁判所が司法審査の義務を裁量的に放棄することは許されないとの批判も強く、2つの立場の間で活発な論争が発生した[2)]。

4　「政治問題の法理」の定式化

このように、オールド・コート批判もあって司法の自制が強調される中、学界においては1920年代以降、　連邦最高裁においては特に1937年の「ニュー・ディール憲法革命」以降、司法的自制の手段として「政治問題の法理」が拡張されるようになった。このような流れの中で、「政治問題の法理」にとって大きな転換点となったのが、州議会議員選挙区間の投票価値の格差が争われた、1962年のベーカー事件である。

判決はコールグローブ事件の先例を実質的に変更し、格差が合衆国憲法修正14条（平等保護条項）に違反していないかどうかの問題は「政治問題」には当たらず、司法判断適合性が認められるとした。その際、判決は諸先例を整理し、この法理を権力分立原理に関わるものと位置づけた上で、「政治問題」とされる事案には次の要素が見出されるとした：①憲法が明文で当該問題を政治部門に委任していること、②裁判所によって発見・利用されうる判断基準が欠如していること、③明らかに司法裁量に属さない政策決定がまずもってなされなければ、判断が不可能なこと、④裁判所が独自の判断を行うと対等な政治部門に払うべき敬意の欠如になること、⑤既に下された政治決定に無条件に従うことが格別に必要であること、⑥複数の機関が1つの問題につき異なる宣言を行うことにより混乱の発生するおそれがあること（369 U.S. 186, at 217）。

---

2)　たとえば、司法的自制の系譜の代表的な見解として、ALEXANDER M. BICKEL, THE LEAST DANGEROUS BRANCH : THE SUPREME COURT AT THE BAR OF POLITICS (1962)。これと対立する代表的な見解として、Herbert Wechsler, *Toward Neutral Principles of Constitutional Law*, 73 HARV. L. REV. 1 (1959).

ここでは、「政治問題」を憲法条文に結びつけて把握する系譜（①）と裁判所の賢慮に結びつけて把握する系譜（特に④⑤⑥）の両方が挙げられており、法理の範囲・性格は広く解されている。ただ他方で、これらの要素が見出されないときにはこの法理は用いられてはならないとして、本件の司法判断適合性が認められており、この法理の援用をむしろ制限しようとする連邦最高裁の姿勢が窺えた。

5 「政治問題の法理」の「衰退」？

実際にベーカー判決後は、「政治問題の法理」が当事者によって主張されても、戦争・外交関係以外の問題においてそれが認められることは稀になり、この法理の「衰退」が指摘されている。たとえば、当選議員の議員資格が争われたパウエル事件では、本件が連邦議会の最終的判断に委ねられた「政治問題」であることが主張されたが、連邦最高裁は議員資格に関する連邦議会の憲法上の判断権の範囲を限定的に解し、その主張を認めなかった。これまで連邦最高裁の法廷意見において「政治問題」該当性が認められたのは、州兵の管理運営に関する1973年のギリガン判決、上院の弾劾手続に関する1993年のニクソン判決に止まっている[3)]。パウエル判決やこれらの判決では、いずれも「政治問題」該当性の判断にあたり、もっぱら憲法条文上の権限配分が問われており、司法的自制の要素は影を潜めている。

このように20世紀後期以降、「政治問題」該当性が認められることは稀になったが、その背景には、およそ憲法問題については連邦最高裁こそが最終判断権者であるとの強い「司法権の優越」思想がアメリカ社会において浸透したことがある[4)]。「政治問題の法理」における司法的自制の系譜の影が薄くなったことも、こうした変化により、司法的自制の必要性が低下したことと関係しているであろう。「政治問題の法理」、特に司法的自制の系譜の歴史は、連邦最高裁の権威や地位、役割期待の変化を映し出しているともいえる。

3）なお、政治的ゲリマンダリング（党派的な選挙区割り）をめぐる2004年のビース事件では、4名の裁判官の相対多数意見が判断基準を見出せないことを理由に「政治問題」該当性を認めている。また、戦争・外交関係では、条約破棄をめぐる大統領と議会の関係に関する1979年のゴールドウォーター事件の連邦最高裁相対多数意見の他、多くの下級審確定判決において「政治問題」該当性が認められている。

4）Rachel E. Barkow, *More Supreme than Court? The Fall of the Political Question Doctrine and the Rise of Judicial Supremacy*, 102 Colum. L. Rev. 237 (2002) ; Mark Tushnet, *Law and Prudence in the Law of Justiciability : The Transformation and Disappearance of the Political Question Doctrine*, 80 N. C. L. Rev. 1203 (2002).

◆コメント

現在の日本の憲法学界では、「政治問題の法理」は、国民主権下の権力分立原理に由来する司法の本質的制約と、司法的自制の両方から構成されるものとして把握される傾向にある。後者は、アメリカにおける司法的自制の系譜に対応しているが、前者は、特定の具体的な憲法条文に根拠を求めるアメリカの系譜と比べて、より抽象的な憲法原理に根拠を求めている。

また、アメリカでは、この法理の名の下で論じられてきたものは、州の共和政体の保障、選挙区割、戦争・外交、連邦議会の内部問題、弾劾裁判手続、憲法修正手続など多岐にわたるが、現在の日本の憲法学界では、法の支配の観点から「国家全体の運命に関わる問題」に限定して捉えようとする立場が一般的である。

［見平典］

54 憲法判断回避の準則

〔英〕constitutional avoidance doctrine

憲法判断回避の準則とは、憲法判断は事件の解決にとって必要な場合でなければ行わないというルールである。これは、アメリカの判例法理で形成されたルールであり、日本の憲法学においてもしばしば取り上げられている。

このルールは全部で7つあるが（後述）、日本でとくに言及されるのは4つめと7つめである[1]。④は、憲法問題が適切に提起されていても別の理由で事件を処理できる場合には憲法判断を行わないとするもので、⑦は法律の合憲性が問題になった場合でも憲法問題を避けるような法律の解釈ができるかどうかを最初に考えなければならないとするものである。いずれも、むやみに憲法問題に立ち入らないという姿勢を読み取れることから、司法消極主義[2]的要素を含んでいると理解されている[3]。そのため、憲法判断回避の準則は、どのような方法で憲法判断を行うべきかという議論の他に、司法がいかなる姿勢をとるべきかという議論においても参照されてきた。

日本の判例では、これまで恵庭事件が憲法判断回避の準則に近い立場をとったのではないかといわれるが[4]、それを本当に採用しているか否かは必ずしも定かではない。また、その準則に基づいて合憲限定解釈を行うことと、単なる法令解釈を行うことは区別されるという指摘がある。堀越事件判決における千葉勝美判事の補足意見は、憲法判断回避の準則は司法の自己抑制のルールであるが、本件は憲法判断に先立って法律の構造や理念等を総合考慮するという通常の法令解釈の手法をとっただけであり、両者は異なるものであると指摘している。

このように、日本では、憲法判断回避の準則の採否につき、必ずしも一致

1）芦部信喜〔高橋和之補訂〕『憲法〔第6版〕』381頁（岩波書店、2015年）。
2）司法消極主義には、憲法判断に立ち入らないということを指す場合と、違憲判断を下さないということを指す場合とがあるが、ブランダイス・ルールから要請されるのは主に前者の意味である。樋口陽一『司法の積極性と消極性』93-94頁（勁草書房、1978年）参照。
3）高橋和之「憲法判断回避の準則」『講座憲法訴訟　第2巻』3頁（有斐閣、1987年）。
4）芦部信喜「法律解釈による憲法判断の回避――恵庭事件」憲法判例百選Ⅱ（第6版）364頁（2013年）。

した見解があるわけではない。しかも、憲法判断の方法の場面で論じられたり、司法のスタンスの問題で論じられたりしており、文脈によって取り上げられる内容が異なる。

こうした議論を考えるためには、そもそもアメリカにおける憲法判断回避の準則とは何なのかを知る必要がある。以下では、そのルールの出自と展開を概観する。

1 憲法判断回避の準則の嚆矢

憲法判断回避の準則は、別名、「ブランダイス・ルール」(Brandeis Rule) または「アシュワンダー・ルール」(Ashwander Rule) と呼ばれるように、アシュワンダー判決におけるブランダイス判事の同意意見で定式化されたものである。しかし、このような考え方はアシュワンダー判決で突然登場したわけではなく、連邦最高裁はマーシャル・コート (Marshall Court) の時代からその片鱗をうかがわせていたとされる。

元々、アメリカの判例法理には、憲法問題に特化しない形で、回避の準則が存在していた。その代表例が連邦問題に関する事項である。連邦最高裁は連邦問題を回避する法理を形成し、それに付随する形で合衆国憲法に関する問題も回避されていたのである[5)]。

また、合憲性の文脈ではないものの、1804年のチャーミング・ベッツィー判決において、マーシャル長官は、「もし他の解釈が可能である場合には連邦議会の法律は国際法に反していると解釈してはならない」(6 U.S. at 118) と述べており、回避ルールと同趣旨のことを判示している[6)]。

憲法問題の回避については、連邦最高裁判事が連邦高裁の判事を兼ねていた時代に、またもやマーシャル長官が連邦高裁判決において回避ルールについて言及したものがある[7)]。ランドルフ判決においてマーシャル長官は、「司法の前に上がってくる事件で立法府の法律の合憲性に関する問題以上にデリカシーな問題はない。もしその問題が事件の解決に欠かせない事項であるならば、裁判所はその問題を取り上げて判断しなければならない。しかし、もしその事件が他の争点を取り上げることで解決できるのであれば、立法府が

---

5) 横田喜三郎『違憲審査』459-463頁（有斐閣、1968年）。

6) Sanford G. Hooper, *Judicial Minimalism and the National Dialogue on Immigration : The Constitutional Avoidance Doctrine in Zadvydas v. Davis*, 59 WASH. & LEE L. REV. 975, 984 (2002).

7) Lisa A. Kloppenberg, *Avoiding Constitutional Questions*, 35 B.C. L. REV. 1003, 1004 (1994).

要求するように、当該法律の責務が不必要またはきまぐれに攻撃されるべきではない。」(20 F. Cas. at 254）と述べた。

連邦最高裁レベルで憲法判断回避に触れた判決としては、州の委員会が決めた鉄道運賃の料金の合憲性が問題となったサイラー判決が挙げられる。連邦最高裁は、「連邦最高裁が連邦憲法の下で生じる問題に言及することなく判断できる場合、重要な理由がなければ通常それに言及することはない」(213 U.S. at 193）と述べている。

これらは、部分的な言述にとどまり、憲法法理として回避の準則を提示していたわけではないが、似たような見解が当初から指摘されてきた点には注意しておくべきであろう。

2　アシュワンダー判決

ブランダイス判事が憲法判断回避の準則を提示したアシュワンダー判決は環境訴訟としても有名な事件である。アラバマ電力会社はテネシー渓谷開発公社とダムの開発について政府契約を締結したところ、会社の株主が当該契約のみならず政府の開発計画自体が違憲であるとして訴えを提起した。政府側は、原告適格に欠けているとして却下するように主張したが、連邦最高裁の相対多数意見は原告適格を認めた上で、当該契約の合憲性について判断した。そして本件では、連邦議会が憲法の通商条項に基づきダムを建設する権限があるとし、当該契約も合憲であるとした。

これに対し、本件では憲法判断に踏み込む必要がなかったとして、結果同意意見を執筆したのがブランダイス判事である（297 U.S. at 346-349 (Brandeis, J., concurring))。ブランダイス判事は、そもそも本件は原告適格に欠けるので、訴えを却下すべきであったとする。なぜなら、原告である株主は当該契約によって何ら損害を受けないからである。そしてブランダイス判事は、たとえ原告適格があったとしても、法律の合憲性は憲法に反しているという合理的疑いが証明されていなければ合憲性が推定されるとし、安易に判断に踏み込むべきではないとした。ブランダイス判事によれば、司法権には確立された謙抑の法理があり、適切に憲法問題が提示されていても、司法は全てを取り上げるべきではないというのである。こうして登場したのが、以下のような憲法判断回避の準則であった。

3 ブランダイス・ルール

ブランダイス判事が定式化した憲法判断回避の準則は、全部で7つある。すなわち、①裁判所は当事者対抗主義が成立しているとは言い難い馴れ合い的な訴訟について法律の合憲性を判断してはならない、②裁判所は憲法問題を判断する必要が生じる前に、憲法問題を取り上げない、③裁判所は憲法問題の準則について、それが適用される正確な事実が要求する以上に広く定式化しない、④裁判所は、憲法問題が記録上適切に提示されていてもその事件を処理することができる他の理由が存在する場合には、憲法問題について判断しない、⑤裁判所は、原告が当該法律の施行によって損害を受けていなければその法律の合憲性について判断しない、⑥裁判所は法律の利益を利用した者の要請でその法律の合憲性について判断しない、⑦連邦議会の法律の有効性について重大な疑いが提起された場合でも、裁判所は憲法問題を回避できるような法律の解釈が可能かどうかを最初に検討しなければならない、である。

これらのルールは、いずれも司法は安易に憲法判断を行わないという点において共通しているが、ルールの性格に着目するといくつかの類型に分けることができる。たとえば、回避ルールをレベルに応じて区分するという手法をとると、手続的に回避するルール、合憲限定解釈が可能であればそれが求められるルール、重大な憲法問題が含まれていても回避を検討しなければならないルール、という3つのカテゴリーに分けられる。より詳細にみれば、①と⑤は事件性の要件の問題で却下すべき要件を示したもの、⑥は一般的法原則を示したもの、②と③は必要性の原則[8]を示したもの、④と⑦が裁判所の裁量の問題であるという類型化もできる[9]。この類型に従えば、④と⑦が裁量の問題となるので、最も物議をかもす事項となる。

4 ブランダイス・ルールの諸問題

ブランダイス・ルールは、司法に憲法判断の自制を求めるものであるため、なぜそのような要請が憲法から導き出されるのかを考えなければならない。「受身の美徳」(passive virtue) を唱えたことで有名なビッケルは、憲法原理を発展させるためには司法の謙抑が必要であり、ブランダイス・ルールを活用できる理論的基盤を提示している[10]。また、権力分立の観点から司法が憲法問

8) 裁判所は、必要でなければ、憲法問題を取り上げないという原則。
9) 長谷部恭男『続・Interactive 憲法』214-215頁（有斐閣、2011年）。

題に踏み込むべきではないことを根拠とする議論や司法の民主的正当性に着目してむやみに司法審査を行うべきではないことを理由にする議論がある[11)]。

一方、ブランダイス・ルールに対する批判も強い。憲法判断回避の準則のうち、⑦は憲法判断自体の回避と憲法上の疑義の回避という両側面があり、後者は合憲限定解釈につながる手法となる[12)]。その結果、法律自体は生き残るものの、裁判所が立法の意味を限定してしまう側面が生じることから、司法が立法府の意図をねじ曲げて解釈するものであり、立法府との緊張を高めることになるという批判が出てくるのである[13)]。また、憲法問題を回避すべきかどうかにつき、司法の裁量が広いので、不要な判断を回避しえていないという批判もある[14)]。さらに、憲法判断回避により、救済すべき権利が救済されなくなってしまう可能性があることも批判されている[15)]。

以上の議論で興味深いのは、ブランダイス・ルールが司法機能を阻害する結果になっているという批判だけでなく、むしろ司法の裁量を限定できていないという批判が根強い点である[16)]。実際、現在のロバーツ・コート（Roberts Court）は、当初ブランダイス・ルールを活用する傾向にあったが、最近では活用しないようになっていることから、事柄次第で使い分けていると指摘されている[17)]。そうだとすれば、ブランダイス・ルールは司法の裁量を十分限定できていないことになろう。

◆コメント

日本では、違憲判断は少ないが憲法判断自体はそれなりに行われているこ

10）大林啓吾「アレクサンダー・ビッケル」駒村圭吾・山本龍彦・大林啓吾編『アメリカ憲法の群像――理論家編』33頁（尚学社、2012年）以下。

11）Molly Mcquillen, *The Role of the Avoidance Canon in the Roberts Court and the Implications of Its Inconsistent Application in the Courts Decisions*, 62 CASE W. RES. L. REV. 845, 849-851 (2012).

12）芦部信喜『憲法訴訟の理論』300-308頁（有斐閣、1973年）。

13）Lawrence C. Marshall, *Divesting the Courts : Breaking the Judicial Monopoly on Constitutional Interpretation*, 66 CHI.-KENT L. REV. 481, 489 (1990).

14）Richard A. Posner, *Statutory Interpretation - In the Classroom and in the Courtroom*, 50 U. CHI. L. REV. 800, 816 (1983).

15）Lisa A. Kloppenberg, *Does Avoiding Constitutional Questions Promote Judicial Independence?*, 56 CASE W. RES. L. REV. 1031, 1036 (2006).

16）他方で、憲法判断回避の準則⑦は司法が憲法価値の実現を試みる手法であるとして、積極的に評価する見解もある。*See* Ernest A. Young, *Constitutional Avoidance, Resistance Norms, and the Preservation of Judicial Review*, 78 TEX. L. REV. 1549, 1585 (2000).

17）Richard L. Hasen, *Constitutional Avoidance and Anti-Avoidance by the Roberts Court*, 2009 SUP. CT. REV. 181 (2009).

ともあり、アメリカでいうところの憲法判断回避の準則がそのまま採用されているとはいえない。ただし、まったく参照されていないわけでもなく、先述した千葉判事は2014年の選挙無効訴訟（最判平成26年7月9日判例時報2241号20頁）において補足意見を執筆し、「裁判所が、事件の結論を導くのに必要かつ十分な法律判断に加えて、当事者の主張に対する念のための応答として憲法判断を付加的に判示することは、このブランダイス・ルールの法理に抵触するおそれがある」とし、「本件制限規定の合理性に係る判断を付加することは、上記の場合に当たるとはいえず、ブランダイス・ルールないしその精神に照らして疑問のあるところといわなければならない」と述べており、ブランダイス・ルールを援用している。なお、アメリカでも憲法判断回避の準則が常に採用されているわけではなく、ブランダイス・ルールの批判にもあったように、司法の裁量の余地が残っていることから、裁判官の考え方次第で様々な運用がなされているといえよう。

［大林啓吾］

55　先例拘束〔英〕stare decisis

日本では、判例は法的な拘束力を認められず、事実上の拘束力を有するにすぎないとされる。この考え方は大陸法でも広くみられ、先例拘束（性）を法原理として認めるのは、英米などコモン・ロー諸国の大きな特徴とされる。

先例拘束は、上級裁判所の判決が下級裁判所を拘束する場面と、ある裁判所の判決が先例として当該裁判所の以後の判断を拘束する場面とに分けることができる。前者については、英米の場合には判例の法的拘束力の帰結として、下級裁判所が上級裁判所の先例に反する判決を下すことは、端的に違法となる。むしろ先例拘束（性）をめぐってコモン・ロー諸国で争われたのは、後者の同一裁判所における判例拘束（性）の射程の問題であった。

先例に倣って裁判をするということは、コモン・ローの歴史の中で長く行われていた。ただしイングランドでも、裁判所が判決の中で述べたことが後の裁判所を拘束する、という発想が定着したのは19世紀ごろのことである。イングランド法を継受したアメリカでも、20世紀に入ってからの先例拘束（性）の観念の発展は、イングランドと位相を異にする。英米においても先例拘束性の観念は、それぞれの法域における法の観念、判例集のありかたによって、実は多様なのである。

1　先例拘束（性）の沿革

イングランドでは、正式の裁判記録が様々な理由で利用しにくかったため、法廷弁論を筆記した判例集が用いられるようになった。これら判例集は私的に編纂され、編纂者の名前を冠したもので、その質には18世紀にいたるまで大きなばらつきがあった。法廷でも厳密に判例集に依拠して弁論がなされたわけではなく、判決でも判例集の外の根拠に基づいて判断が下されることが少なくなかった。

法は判決とは別に存在するという発想は、18世紀後半に入っても依然として強かった。ブラックストンも、『イングランド法提要』[1)]の中で、判決は裁判官が法を宣言するものに過ぎないと述べている。過去の判決が正しく法を宣言していなければ、その判例を無視して判決をしてよく、換言すれば判例変更も自由だと考えられたのである。

判決自体が法として拘束力をもつと考えられるようになったのは、19世紀に入ってからである。この時期、上訴制度が確立し、法の階層性が明確化された。1865年には判例報告委員会が設立され、ロー・レポーツ（Law Reports）と呼ばれる半公式の判例集の刊行が開始された。私的判例集の刊行も今日まで続いているが、その信憑性は格段に高まり、判例法がかなり精確に認識できるようになってきた。

この時期に影響力を持った思想が、ベンサムに代表される功利主義である。「最大多数の最大幸福」を実現する場としては、当時選挙法改革も進みつつあった議会が重視された。ベンサム自身も、判例法に対し、裁判官による立法として批判的だった。こうした時代風潮にあって、裁判所は自在な判例変更はできず、法の変更は議会に委ねることを強調するようになった。19世紀後半には、裁判所は最上級審の貴族院であっても、自らの判例を変更できないとする、絶対的な先例拘束（性）が確立したのである。

2 イギリスにおける絶対的先例拘束（性）とその放棄

こうして19世紀末には「過去の判決のレイシオ・デシデンダイに従うべし」との命題として理解される先例拘束（性）の法理が確立した[2)]。判決文のうち、判例として拘束力のある部分をレイシオ・デシデンダイ（ratio decidendi：判決理由）、それ以外の部分をオビタ・ディクタム（obita dictum：傍論）という。しかし判決のレイシオ・デシデンダイをいかに同定するかをめぐり、イギリスでは1930年代以降1950年代にかけて一大法学論争が巻き起こった[3)]。

代表的論者であるグッドハートは、判決で示された抽象的な法理論そのものは、必ずしも判例法として拘束力をもたないと論じた。レイシオ・デシデンダイとして拘束力のあるのは、判決で重要とされた事実と、これに基づく結論に限られるというのである。現在争われている事件に、過去の判決で示

1） William Blackstone, Commentaries on The Law of England (1765-1769).

2） Rupert Cross & J.W. Harris, Precedent In English Law 100-101(4th ed. 1991) ; Black's Law Dictionary 1443 (18th ed. 2004) (stare decisis).

3） Arthur L. Goodhart, *Determining a Ratio Decidendi of a Case*, 40 Yale L. J. 161 (1930) ; Julius Stone, *The Ratio of the Ratio Decidendi*, 22 Modern L. Rev. 597 (1959) ; A.W.B. Simpson, *The Ratio Decidendi of a Case,* 20 Modern L. Rev. 453 (1957).

された法理論を当てはめればある結論が出るとしても、重要な事実に違いがあれば事案を区別し、異なる結論を導くことも可能である。もちろん事実に違いがあっても、類推によって同じ結論を導く議論もあり得るが、具体的な事案に即して区別する議論には、先例変更ができない状況で、個別の事件で妥当な結論を導けるという実践的なメリットがあった。

これに対し、抽象的な理論にも一定の重要性があるとしてグッドハートに批判的な論者もいた。それでも、どの程度の抽象度で判例法理を読み解くかは、のちの事件での解釈によるところが大きいとされ、やはり絶対的先例拘束（性）の下でも緩やかな判例の発展を図ることがよしとされていた。

しかし、判例変更を許さない態度は、法の硬直化をもたらした。1966年、貴族院は実務慣行声明を発し、この中で絶対的先例拘束（性）を正式に放棄することを宣言した。ただし、イギリスの裁判所は、その後も判例変更に慎重な態度を堅持し、1966年以降、貴族院によってなされた判例変更は21件にとどまっている。貴族院に代わり最高裁判所が設置された2009年前後から、徐々に判例変更に積極的な態度もうかがえるが、その傾向が続くかは予断を許さない。いずれにせよ、イギリスの法律家の間では、事件の事実を細かく検討し、区別と類推によって緻密な議論を進めるという手法は依然として維持されているように見受けられる。

3　アメリカにおける先例拘束（性）とリーガル・リアリズム

アメリカでは、厳格な先例拘束性は定着しなかった。裁判所も現地の実情に合わせてイングランド法を継受し、比較的自由な法創造を行ってきた。

公式の判例集の刊行は、1804年にニューヨークとマサチューセッツで始まり、連邦最高裁の判例集も徐々に公式化されていった。これらの判例集や体系書の出版を通じて19世紀にアメリカ法の体系化が進んだ。それでも、アメリカにおける法の観念は、20世紀初頭まではイギリス法と共通の素地をもっていた。こうした状況を大きく変えたのが、1920年代から30年代にかけて強まったリーガル・リアリズムと呼ばれる法思想である。

リーガル・リアリズムは、形式主義的な法の理解を批判した。判決は裁判官の宣明にほかならず、裁判官の判断を規定するのは、先例よりも彼を取り巻くもろもろの社会的・政治的事実だとされる。そうなれば、レイシオ・デシデンダイを厳密に画定して結論を導く緻密な議論など、真に受けるほうが愚かである。リアリズムの考え方が判例・学説で強まる中で、イギリス流の先例拘束性の理論は急速に意義を失っていった。

4 司法積極主義と先例拘束性

リアリズム法学と並びアメリカの判例観を大きく変えたのが、19世紀末以降のアメリカ連邦最高裁で展開した司法積極主義の波である。

19世後半から20世紀初頭にかけて、連邦最高裁は、州の鉄道料金規制や労働立法を、違憲無効としていった。これらの立法は、「法の適正手続なしに生命、自由、及び財産を奪われない」とした合衆国憲法修正14条から導出された、契約の自由を不当に奪うとされたのである。このレッセ・フェール的な保守主義に対しては、不当な積極主義との批判が強まっていったが、連邦最高裁は1930年代に入ると、連邦のニューディール立法を次々に違憲無効としていった。民主党議会との対立は頂点に達し、ルーズベルト大統領は裁判所抱き込み案を表明した。ここに至り、ついに連邦最高裁は判例を変更し、ニューディール立法の合憲性を認めるとともに、司法積極主義の矛を収めたのである。

その後しばらくは司法消極主義が趨勢となったが、第二次世界大戦後の連邦最高裁はウォーレン長官の下で、再び司法積極主義へと転ずる。転機は、学校における人種別学を違憲と宣言した1954年のブラウン判決だった。人種差別的な州制定法を「区別すれども平等」として合憲とした1896年のプレッシー判決を覆した、歴史上もっとも有名な判例変更である。人種隔離の下で教育の質的平等など実現していなかったから、プレッシー判決を前提としても人種別学を違憲と論ずることは可能だった。それでも、全米黒人地位向上協会を率いる弁護士マーシャルは、あえて正面から判例変更を求めた。これに応じて判例変更に踏み切る全員一致判決を実現したのは、連邦最高裁長官に就任したてのウォーレンの政治手腕だった。

ウォーレン・コートの判事は、ほかにも表現の自由や刑事被告人の権利など、幅広い分野でリベラルな判決を下し、積極的に法の改革を進めていった。1973年には、妊娠中絶を違憲としたロー判決が下された。しかし、こうしたリベラルな司法積極主義に対し、1970年代後半以降、保守化を強める連邦最高裁の巻き返しが始まった。リベラルな先例を覆すことの是非、判例変更の正統性の如何について、連邦最高裁と学界相乱れての議論が繰り広げられている（ケイシー判決）。州や連邦議会では、ロー判決に反する中絶禁止立法を敢えて行い、連邦最高裁による判例変更を促す動きさえ見受けられる。

ブラウン判決後の推移は、裁判所の正統性をめぐる議論を引き起こし、そうした中でアメリカのリアリズムも変質していったとされる[4)]。ブラウン判決前のリアリズムは、社会の趨勢に沿って法を導く裁判官像を描いていた。しかしウォーレン・コート以降の裁判官は、司法積極主義を支持する論者にとっても、それを批判する論者にとっても、自らの信念によって社会の行方を決定する存在として認識されるようになった。先例拘束性の議論の中心が、緻密な判例解釈論から判例変更の正統性論へとシフトした背景には、このようなアメリカの裁判官像の変質があったといえる。

◆コメント

日本での判例拘束（性）の議論は、これまで判例に法的拘束力があるか、事実上の拘束力があるか、という形式論に留まってきたように見受けられる。しかしコモン・ロー諸国での判例法の歴史は、裁判官による法の生成をどのようにとらえ、これをどのように掣肘するかという実践的な問題関心を喚起する。

日本における判例についての代表的な文献として、中野次郎『判例とその読み方』という本がある[5)]。裁判官を中心に編まれた本書では、盲目的な法的安定性の追求は判例の拘束力を十分に正当化しないとしながら、最高裁による判例が国の意思表示を統一する機能を果たしていることには、権威を認めないわけにはいかないとされている。裁判官にとって、第一審の段階で既に最高裁判所の示すであろう様な判断がなされることが理想であり、そのように務めることが職務上の義務だとされている。このような判例解釈論にはどのような法観念、裁判官像が反映されているだろうか。

［溜箭将之］

4） William E. Nelson, *Brown v. Board of Education and the Jurisprudence of Legal Realism*, 48 St. Louis L.J. 795, 799 (2004).
5） 中野次雄編『判例とその読み方〔三訂版〕』20-24頁（有斐閣、2009年）。

56　予防原則〔英〕Precautionary Principal

予防原則とは、とりわけ環境法分野において、環境に脅威を与える物質または活動を、その物質や活動と環境への損害とを結びつける科学的証明が不確実であっても、環境に影響を及ぼさないようにすべきであるとするものである[1)]。日本の環境基本法4条で採用されている未然防止原則（preventive principal）とは、科学的確実性を前提としない点で異なる。

予防原則の原意たる事前配慮の原則（Vorsorgeprinzip）は、ドイツ環境法においては、汚染者負担原則（Verursacherprinzip）、協働原理（Kooperationsprinzip）とともに、基本原理の一つとされているが、法的概念としては十分に明確とは言えず、環境政策におけるミニマムなコンセンサスであると位置づけるべきであろう。

1　起源と展開

予防原則は、西ドイツの環境政策で用いられた事前配慮の原則に端を発しており、1976年に出された連邦政府の環境報告書に起源がある。そこでは「環境政策は、差し迫る危険の防御、そして生じうる損害の除去に尽きるものではない。事前配慮的な環境政策においては、それを超えて、自然の基盤が保護され、大切に扱われることが必要である」とされた。

その後、事前配慮の原則はさらに広範なものとなり、1990年の連邦政府の環境報告などでは、事前配慮原則の構成要素として、危険防御（Gefahrabwehr）、リスク事前配慮（Risikovorsorge）、将来配慮（Zukunftvorsorge）が含まれるとされている。

国際的には、1982年に国連総会で決議された世界自然憲章で最初に登場し、1987年の「北海の保護に関する第2回国際会議」で採択されたロンドン宣言において本格的に取り上げられたとされている。その後、1992年の環境と開発に関するリオ宣言では「深刻な、あるいは不可逆的な被害のおそれが

1）　執筆にあたり、大塚直『環境法〔第3版〕』51頁以下（有斐閣、2010年）、Michael Kloepfer, Umweltrecht, 3. Auflage, C.H.Beck, 2004, S. 165ff. を参照した。

ある場合には、十分な科学的確実性がないことをもって、環境悪化を防止するための費用対効果の大きな対策を延期する理由として用いてはならない」とされた。当該概念は国連気候変動枠組条約、生物多様性条約等にも取り入れられている。とりわけヨーロッパでは、1992年のマーストリヒト条約などにも採用されている。

2　事前配慮の原則の内容

まず前提概念である危険防御では、ドイツ警察法（Polizeirecht）などにおける危険の概念に基づき、危険閾（Gefahrschwelle）を超える損害発生の可能性があれば、警察的介入が許される。これに対して、危険事前配慮（Gefahrenvorsorge）またはリスク事前配慮とは、まだ危険には至らない状態、すなわちリスクをその対象とする。たとえば連邦イミシオン（汚染防止）法では、1条の目的規定において、「人間、動植物、土壌、水、大気、文化財その他の財物を、有害な環境影響から保護するだけなく、有害な環境影響の発生を防ぐ」（傍点筆者）として、危険防御だけでなく、危険事前配慮の概念も採用している。

事前配慮原則は、ミハエル・クレプファーによれば、以下の事前配慮に分類できるとする。すなわち①生態系の保全といったような、現在世代の将来世代への配慮、②科学的な知見がなく、損害発生の可能性の立証がなくとも、損害が見込まれる場合の事前配慮、③危険閾以下ではあるが、総量的に有害である場合で、技術的に回避可能な環境負荷であるならば、技術の水準に適合するような措置が行われなければならないとする配慮である。

なお、事前配慮原則の経済法的解釈として、環境資源を将来の利用のために保護するという資源事前配慮（Ressourcenvorsorge）という概念も主張されている。

◆コメント

現在、予防原則は科学物質管理、地球温暖化、原子力技術、食品安全、生物多様性などの各論的領域で様々に展開しているが、適用の拡大には慎重論もある。

［斎藤一久］

判例索引

【欧米】

＊　米：アメリカ合衆国　英：イギリス　独：ドイツ

あ　行

か　行

さ 行

た 行

な 行

は 行

ま　行

や・ら・わ行

【日本】

あ　行

か　行

さ　行

た　行

な　行

は　行

や・ら行

人名索引

あ 行

か 行

さ　行

た　行

な 行

は 行

ま 行

ら・わ行

事項索引

あ 行

か　行

さ 行

た　行

な　行

は 行

ま　行

や　行

ら　行

わ 行

憲法用語の源泉をよむ

2016年7月20日　第1刷発行

編著者　大林啓吾
　　　　見平典

発行者　株式会社　三省堂
　　　　代表者　北口克彦

印刷者　三省堂印刷株式会社

発行所　株式会社　三省堂
〒101-8371　東京都千代田区三崎町二丁目22番14号
電話　編集　(03)3230-9411
　　　営業　(03)3230-9412
振替口座　00160-5-54300
http://www.sanseido.co.jp/

Printed in Japan

落丁本・乱丁本はお取替えいたします。　〈憲法用語の源泉をよむ・304pp.〉

ISBN978-4-385-32085-4